AF344740

TECNOLOGÍAS
para liderar el futuro

Esta obra ha sido galardonada con el premio
Logisnet de Literatura Técnica 2023

TECNOLOGÍAS
para liderar el futuro

MARC BUSOM

Colección: GESTIONA
Director: Adrià Gibernau

TECNOLOGÍAS PARA LIDERAR EL FUTURO
1.ª edición, mayo 2023

© 2023, Marc Busom Rodríguez
© de esta edición, incluido el diseño de la cubierta, ICG Marge, SL
© imagen de la cubierta: Shutterstock

Edita: Marge Books
Brutau, 160 - 08203 Sabadell (Barcelona)
Tel. 931 429 486 – marge@margebooks.com
www.margebooks.com

Edición: Núria Gibert
Compaginación: Mercedes Lara
Impresión: Safekat, SL (Madrid)

ISBN edición impresa: 978-84-19109-58-3
ISBN edición digital: 978-84-19109-59-0
Depósito Legal: B 11375-2023

 El papel empleado en este libro no ha sido blanqueado con cloro elemental (CI$_2$).

Índice

Tecnología e innovación

SEGUNDA PARTE
Tecnologías para la empresa

TERCERA PARTE

El futuro de la cadena de suministro

El autor

Marc Busom (Terrassa, 1991) es emprendedor y científico de datos. Cuenta con seis titulaciones académicas y ha dado conferencias en la Universidad de Barcelona sobre desarrollo tecnológico.

Ha desempeñado su actividad profesional como analista y científico de datos trabajando para empresas y clientes como el Fútbol Club Barcelona o Codelco, y en sectores tan variados como industria, farmacia o consultoría.

En 2021 cofundó la *startup* Wecaria Technologies, que emplea tecnologías como *big data,* inteligencia artificial, cadena de bloques e internet de las cosas para el sector de la movilidad, operando en distintas verticales; desde un SaaS para talleres y concesionarios hasta servicios para ciudades inteligentes y aseguradoras.

Prólogo

Conozco a Marc Busom desde los cinco años y cada día me sorprende un poco. Y eso no es fácil. Nada fácil. Hemos creado una *startup* juntos y como suele pasar en este mundillo, en los últimos años pasamos más tiempo juntos que con nuestras respectivas familias. En resumidas cuentas, que me lo encuentro en la sopa. Y lo normal, después de tanta convivencia, sería que estuviéramos aburridos el uno del otro. Pero curiosamente no es así. Marc siempre tiene algo nuevo que aportar; una mirada distinta, un comentario polémico o, en no pocas ocasiones, alguna idea de bombero. Y eso, aunque haya veces que incordie, moleste o pienses «otra vez no, por favor», tiene un valor incalculable.

Este libro es el máximo exponente de su mentalidad disruptiva. He tenido la suerte de seguir sus avances, de hacer críticas y de proponer ideas durante el proceso de redacción y edición. Y Marc siempre tenía una respuesta preparada o me mandaba a tal página, donde explicaba al detalle una cosa que yo pensaba que nadie había visto. Pues bien, él ya iba dos pasos por delante. Está claro que es un *nerd*. Un friki de la tecnología, que devora libros y que necesita, como el aire que respira, estar al día de las últimas innovaciones.

En las páginas siguientes, nos habla de tecnología de una manera fresca, divulgativa y desenfadada sin olvidar la rigurosidad ni la complejidad. Ah, y con una cantidad de matices, datos y ejemplos que abruman casi tanto como agilizan la lectura. Da las pinceladas necesarias para que cualquier persona, tenga el *background* que tenga, pueda entender los entresijos del desarrollo tecnológico. De lo que nos ha traído hasta aquí y de lo que nos puede deparar el futuro.

Porque la tecnología avanza. Mucho y muy rápido. Y a veces, tengo que confesar que me da un poco de respeto esa velocidad. Cada día se desarrollan nuevas virguerías cada vez más difíciles de entender. Y estoy seguro de que lo que está por llegar es aún más apabullante. Y lo peor es que yo me gano la vida con la tecnología pero hay muchas cosas que no entiendo. Tengo que aceptar que eso me frustra un poco. Pero supongo que es normal. El progreso tecnológico está llegando a tales niveles de sofisticación que es imposible conocer en profundidad todos los campos. Y eso fastidia. Porque ante tanta innovación, a veces me siento como si estuviera condenado a ser ignorante.

En cualquier caso, dicha ignorancia no debería suponer un problema. Nuestra generación ha aprendido a vivir sin entender aquello que le rodea. No por desinterés, sino por una simple cuestión de complejidad. Si tuviéramos que entender cómo funciona todo lo que utilizamos en nuestro día a día, desde un teléfono móvil, hasta los mecanismos que hacen que se encienda una luz al pulsar un interruptor, pasando por los algoritmos de nuestras redes sociales, tendríamos que estar dos o tres vidas enteras siendo ratas de biblioteca. Y, seguramente, una vez lo hubiéramos entendido todo, aparecería una nueva tecnología disruptiva que pondría patas arriba todo lo establecido. Y venga, a empezar de cero.

Pero seamos pragmáticos: para usar una tecnología no hace falta entenderla del todo. Y esa premisa es de la que parte este libro. Creo que somos muchos los que coincidimos en que hay un *gap,* una brecha, entre aquello que se desarrolla en las universidades y las grandes compañías pioneras en I+D+i, y lo que hacemos las pymes. Tiene sentido. Una empresa que cuente con un equipo de diez personas, por muy válidas y entregadas que estas sean, no goza de los recursos que puede tener Google, Apple o el MIT de Massachusetts. ¡Pero es que no hace falta! Las pymes, en este caso, no solo podemos, sino que estamos obligadas a ser una especie de aves de rapiña, que se aprovechan de los avances de los gigantes para crecer y optimizar procesos.

Y creo que esta es la verdadera vocación de este libro. Aglutinar ideas para que cualquiera pueda nutrirse de las innovaciones tecnológicas sin necesidad de completar un doctorado en computación cuántica. Leyendo el libro se ve. No hace falta desarrollar un supercohete espacial para optimizar una empresa. Simplemente, necesitamos entender cuáles son los mecanismos de los supercohetes que nos puedan ser útiles para nuestro negocio. Y a partir de ahí, con esa información y un poquito de ímpetu, ser capaces de dar la vuelta a unos procesos que nunca nos habíamos replanteado.

Aquí empieza un viaje fantástico; un pedacito de lo que es Marc Busom. No sé si os va a gustar su tono, sus ideas o los ejemplos que usa. ¡Supongo que para gustos, colores! Pero de lo que no tengo ninguna duda es de que este libro no va a dejar indiferente a nadie. Porque si algo tienen Marc y todos los pedacitos que va dejando es que sorprende. Y lo digo por experiencia.

Xavi Espinal

TECNOLOGÍAS
para liderar el futuro

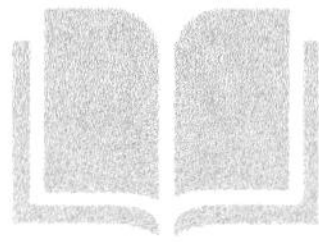

Acerca de este libro

Hay muchos libros sobre tecnología. Muchísimos. Algunos pretenden satisfacer las exigentes demandas de un público versado y otros ofrecer una introducción más amenizada y ligera. Este es de los del segundo tipo.

Pero hoy en día es difícil encontrar a alguien recién llegado a la tecnología. Quien más quien menos, todos conocemos las ventajas de la digitalización y convivimos con la nube, con la inteligencia artificial y con la *blockchain,* la cadena de bloques. Escuchamos cada vez más a menudo referencias a las impresoras 3D y a conceptos como nanotecnología o computación cuántica.

He tenido la suerte de haber leído numerosos libros de tecnología. Me gusta. Me fascina, realmente. Entre mis lecturas me he encontrado textos tan densos como fascinantes, y otros de carácter más ligero y de lectura desenfadada. Muchos que son verdaderas maravillas y algunos otros que nunca tendré lo suficientemente lejos. No obstante, y a pesar del hecho inequívoco de que en no pocas ocasiones se repetían conceptos o ideas, de todos ellos siento que he aprendido algo en tanto que todos, sin excepción, se han escrito desde una óptica distinta.

Tal vez alguien pueda pensar que un libro sobre tecnología tiene que ser aburrido. He llegado a escuchar, incluso, que un libro de divulgación tecnológica y empresarial necesariamente debe carecer de alma, pero no puedo estar más en desacuerdo con esta afirmación. En lo personal dudo de la existencia del concepto mismo del «alma» y me siento cómodo limitando la esencia de lo que sea que podemos asociar con «el alma» a una mera cuestión de química y, en última instancia, de números.

Así que un libro sobre tecnología, cuya base fundamental son los números, tiene quizá, desde mi punto de vista, más relación con el alma que un libro sobre espiritismo.

A fin de cuentas, todo, al final, se reduce a un puñado de números; el amor, el interés, la química orgánica en general y un algoritmo de inteligencia artificial. Comparten el leguaje más esencial.

Dejando lo personal a un lado, la tecnología, en los últimos tiempos, es capaz de generar debates interesantes en entornos y ambientes tan insospechados como la barra de un bar, una primera cita de Tinder o una comida familiar en Navidad. Esto es así, a mi parecer, por varias razones: la tecnología está cada vez más presente en nuestras vidas y, con el paso de los años, estamos comenzando a ver que no es oro todo lo que reluce. Y esto, más allá de un hermoso debate tecnológico, genera un alboroto social que se traduce en miedos, dudas, inseguridades e inestabilidad. Y aunque pueda parecer cínico, gracias a este estado de confusión se generan los debates más interesantes: desde la discrepancia y, a menudo, desde la inquietud.

Es un hecho que la tecnología está cambiando el mundo. En realidad, ya hace muchas décadas que las innovaciones tecnológicas son los caballos que tiran del carro de la sociedad, pero parece que últimamente, expresiones como *digitalización, 4.0* o *transformación tecnológica* se han establecido como permanentes tendencias del momento y *trending topic* en Twitter. Sin embargo, advertir sobre cuál será el resultado de este cambio es algo muy distinto. Nadie lo sabe y, por tanto, está muy lejos de insuflarnos ninguna suerte de tranquilidad. Es, metafóricamente, como navegar en un barco sin saber si se está hundiendo o no, y lo único que ves son caras estresadas de gente corriendo arriba y abajo abrochándose los chalecos salvavidas.

Calmados no estaríamos en estas circunstancias, como tampoco podemos estar tranquilos viendo que el ritmo del desarrollo tecnológico va más allá de lo que la humanidad, a pesar de ser su creadora, es capaz de comprender.

No obstante, también hay mucho espacio para la esperanza. Durante mucho tiempo me he decantado por una visión utópica del futuro de la humanidad. Esta perspectiva, dibujada siguiendo los pasos del desarrollo científico-técnico, parecía desembocar en un tipo de sociedad ideal. La tecnología tiene el poder de acabar con el hambre en el mundo, erradicar enfermedades o impulsar a la humanidad más allá de nuestro Sistema Solar, pero también es capaz de generar, por el camino, problemas de difícil resolución.

Así pues, a medida que transcurren los años, cada vez vislumbro este futuro idílico más y más remoto. No sé si será por la edad, pero mi punto de vista es cada vez más realista, hallándome hoy en día en un punto intermedio entre el catastrofismo y el optimismo; creo que el equilibrio y el análisis crítico son fundamentales para abordar cualquier aspecto relativo al impacto que puede generar la tecnología.

La innovación tecnológica es un verdadero misterio. Fascinante, ilusionante y, como veremos, a menudo aterrador. Hay muchas incógnitas nuevas que han reemplazado verdades totémicas que hace años nadie se cuestionaba. Y para qué engañarnos: se han establecido nuevas verdades aparentemente incuestionables que, en este caso, tienen forma de algoritmo, dominio o *app*. A nadie le sorprende ya que en un viaje en coche se haga más caso del satélite situado a centenares de kilómetros que se refleja en el GPS que a los carteles de las autopistas. Sin embargo, hay algo que sí tengo cada día más claro, y es lo que me impulsa a escribir estas páginas: el ritmo de desarrollo tecnológico actual permite que alguien, de la nada, se convierta en algo gigantesco, y que lo que se nos antoja enorme e inamovible pase a ser insignificante en un abrir y cerrar de ojos.

Y esto es posible gracias a (o por culpa de) la *innovación*. Los cambios tecnológicos se dan a tal velocidad y generan unas transformaciones tan profundas, que la diferencia entre asimilar una determinada innovación y no hacerlo se mide en términos de supervivencia o muerte. Una sociedad que no innova es una sociedad condenada. Una empresa que no innova es una empresa condenada.

Este libro ahonda en esta cuestión, pero desde un punto de vista distinto. Su pretensión, su *alma,* por así decirlo, es lanzar un mensaje: las empresas deben innovar para sobrevivir, y solo a través de las que innovan y sobreviven podremos resolver algunos de los mayores desafíos que la humanidad debe encarar. Nos subimos al carro de la #innovación. Pero no es para menos. La innovación nos ha traído hasta aquí. Y, sobre todo, es la que nos está llevando al futuro.

El libro se estructura en tres partes claramente diferenciadas.

La primera parte explica cómo funciona el desarrollo tecnológico. Son unas páginas que arrojan luz acerca de cuestiones como la ley de Moore o la singularidad tecnológica; se trata del contenido más genérico, pero no por ello dejan de ser páginas incisivas en sus argumentos y claras en sus ejemplos.

La segunda parte explica algunas de las tecnologías disruptivas más importantes en la actualidad y en el futuro para las empresas: inteligencia artificial, nanotecnología, impresión 3D, cadena de bloques, entre otras. ¿Hay más tecnologías disruptivas y claves en el mundo además de las que se expondrán? Desde luego que sí. La ingeniería genética, por ejemplo, será determinante, pero la mayoría de las empresas vinculadas de una manera u otra a la cadena de suministro no verán en ella un atractivo importante. Siguiendo este criterio, he optado por dejar fuera del alcance de este libro otras áreas igualmente interesantes.

En cambio, la inteligencia artificial o el *big data* son tecnologías que hoy mismo se pueden integrar en múltiples procesos de una empresa y cambiarla drásticamente para hacerla más eficiente y sostenible. En este sentido, he intentado ser lo más pragmático posible.

La tercera parte del libro repasa algunos de los principales retos que la cadena de suministro, globalmente hablando, debe afrontar: el problema de la crisis climática, la gestión de los residuos, los transportes y la última milla, la fluctuación de la demanda o la aparente necesidad de ser cada vez más rápidos en todo, entre otros. Se exponen estos problemas –verdaderos dramas que pueden llegar a generar cierta ansiedad– y se dibujan soluciones que ya han sido posibles, o que lo serán próximamente, gracias a la innovación tecnológica.

Especial relevancia tienen los últimos retos presentados, que ahondan en la relación de nuestra sociedad con el planeta. La perspectiva ecologista, como veremos, no es accidental ni arbitraria, pero tampoco es catastrofista ni derrotista. Es, en mi opinión, uno de los puntos clave del libro. Es una perspectiva realista y pragmática, fundamentada sobre afirmaciones basadas en datos oficiales, alarmistas o no, que son de consulta pública. En mi opinión es importante que las empresas sean conscientes del impacto que su actividad tiene en el medio ambiente, así como trazar algunas líneas que permitan arrojar algo de luz acerca de cómo mitigar estos efectos. Y sí, desde luego, ser una empresa sostenible puede ser sorprendentemente rentable, porque la sostenibilidad no está reñida con el querer ganar dinero.

Ante todo, sin embargo, creo que es importante ser optimistas. A lo largo del libro digo en varias ocasiones que, si la tecnología ha tenido la capacidad de crearnos unos cuantos problemas, tiene también la capacidad de solucionarlos. Solo es necesario innovar e invertir en la dirección correcta.

En la segunda y la tercera parte se exponen ejemplos y casos reales de empresas de todo el mundo y de todo tipo de sectores que han empleado la tecnología para resolver distintos desafíos. Desde grandes tecnológicas hasta nuevas *start-ups,* pasando por fabricantes de vehículos, empresas de mensajería y paquetería o profesionales de la agricultura y la ganadería.

Innovar o morir, en el mundo empresarial, es la máxima que todos debemos tener grabada a fuego. Innovar o morir, en el mundo, es la máxima que la humanidad debería tener grabada a fuego.

Este siglo XXI traerá consigo cambios sociales, económicos y culturales más profundos y pronunciados que los que ha experimentado la humanidad durante los últimos 20.000 años.

Ya sabemos que el mundo está cambiando. Ahora vamos a ver cómo y por qué lo está haciendo.

Tecnología e innovación

«El ritmo del progreso y la innovación en la última década ha sido verdaderamente asombroso. Hemos visto el advenimiento de nuevas categorías de dispositivos, la caída de viejos gigantes de la industria y la rápida ascensión de nuevas potencias. Los próximos diez años prometen ser igualmente emocionantes. La computación en la nube, la inteligencia artificial y la realidad virtual son solo algunos de los campos que están preparados para grandes avances. Pero junto con esta emoción viene una palabra de precaución. Con el poder de la tecnología viene la responsabilidad de utilizarla sabiamente.»

SUNDAR PICHAI, CEO de Google

Nadie está a salvo

El 27 de septiembre de 1998, Larry Page y Sergey Brinn lanzaron al mundo la herramienta que habían desarrollado para su trabajo de tesis doctoral. En un primer momento la llamaron BackRub, un nombre sin mucho gancho, y tras pensarlo mejor decidieron rebautizarla con el nombre de un número. Existen números con nombre propio, como el número *pi* o el número *e*. Tras reflexionarlo, los dos emprendedores decidieron tomar el nombre de un número no tan famoso pero que representaba un valor muy grande. Tan grande, de hecho, como su misión de organizar toda la información existente: Google.

Porque, en efecto, un *gúgol* es un número: un 1 seguido de 100 ceros. Y ese día el mundo cambió para siempre.

Los dos estudiantes de informática de la Universidad de Stanford dieron en el clavo con su producto, con su enfoque y con su visión de la compañía que acaban de crear. El titán que hasta entonces lideraba en el mercado de los buscadores, Altavista, todavía no sabía la que se le venía encima. Solo dos años después de haberse fundado, Google ya superaba en popularidad a Altavista, y años después, a pesar de su pretérito liderazgo en el sector, cerraría para siempre.

A partir de ese momento, Google comenzó una trepidante carrera en el mundo empresarial y tecnológico llena de alegrías y de éxitos. Y sí, para qué engañarnos, de errores. Muchos errores de millones de dólares que se tradujeron en el cierre de decenas de servicios. Google+, por ejemplo, y más recientemente Stadia, su gran apuesta para entrar en el sector de los videojuegos que acabó desapareciendo del mapa sin demasiada pena ni gloria.

Google ha sido calificada en multitud de ocasiones como un gigante aparentemente imparable. Está presente cada día en nuestras vidas y hemos normalizado darle acceso a nuestras ubicaciones, intereses y secretos más íntimos. Parece imposible imaginar un siglo xxi sin su buscador, sin su maravilloso navegador o sin las aplicaciones que empleamos cada día y que se soportan gracias a su infraestructura de Google Cloud. Pero su apuesta ha ido mucho más allá: computación cuántica, conducción autónoma e incluso la «cura de la muerte» a través de su empresa Calico, que pretende alcanzar la inmortalidad antes de mediados de este siglo.

Sus dos fundadores, Page y Brinn, abandonaron Google en 2019, dejando a Sundar Pichai como CEO de una de las compañías más grandes y poderosas del mundo entero. Google compite prácticamente en todos sus frentes contra gigantes de la talla de Microsoft, Apple, Amazon, Nvidia, Tesla… y durante décadas no ha hecho más que crecer, crecer y crecer.

Hasta que llegó noviembre de 2022, cuando OpenAI, una *startup* (muy bien financiada, desde luego), lanzó al público una herramienta revolucionaria basada en inteligencia artificial que fascinó al mundo entero. Su producto resultó ser tan sorprendente y fascinante, volviéndose viral en internet, que incluso Google se asustó al darse cuenta de que podría poner en peligro su negocio.

Un mes después, Pichai llamó a Page y a Brinn para reenfocar los esfuerzos en inteligencia artificial de Google para hacer frente a su nueva e inesperada competencia: ChatGTP.

¿Qué lección se podía extraer de esto? Desde luego era pronto para saber cómo se desarrollarían los acontecimientos, y por supuesto Google hacía años que trabajaba en chatbots como el de OpenAI (LaMBDA, sin ir más lejos, es un ejemplo claro de ello). De hecho, en febrero de 2023, Google presentó Bard al mundo, su respuesta a ChatGPT. Tenía los deberes hechos, aunque con retraso.

Sin embargo, una cosa está clara: en solo un mes, la cuarta empresa más grande del mundo vio en riesgo su hegemonía a causa de un producto lanzado por una empresa emergente, una *startup,* que ni siquiera tiene un modelo de negocio definido.

Esto es una prueba de cómo el desarrollo tecnológico transgrede, muy a menudo, toda estructura establecida. ¿Una *startup* de inteligencia artificial amenazando a una de las mayores empresas del mundo especializada, precisamente, en inteligencia artificial? Por increíble que parezca, así es.

A lo largo de este libro vamos a ver algunas de las principales tecnologías que definen el presente y dibujarán el futuro. Veremos sus aplicaciones y cómo todo tipo de empresas pueden sacar ventaja y provecho de su adopción, haciendo hincapié en la necesidad de mantenerse a la vanguardia, algo que no siempre es fácil. Y no es fácil, precisamente, porque la tecnología se desarrolla a un ritmo más acelerado de lo que solemos pensar.

Pero veremos también como el hecho de no adaptarse al mundo cambiante hace que toda empresa pueda estar, eventualmente, en peligro. Blackberry era un imperio que cayó de la noche a la mañana al no adaptarse a la realidad que Apple había traído con su iPhone. Lo mismo le pasó a Blockbuster con Netflix o al mítico Messenger de Microsoft con la irrupción de Facebook. Aplicaciones, productos y modelos de negocio que parecían infranqueables han sido desbancados por una razón muy simple: creer que el mundo seguiría siendo igual.

No mantenerse a la vanguardia es un peligro para cualquier empresa, sea del sector que sea y tenga el tamaño que tenga.

El miedo de Google a ChatGTP debería ser una prueba más de los riesgos de la obsolescencia. Una prueba, y un aviso que no debería pasar inadvertido para ninguna organización.

Una aproximación a la tecnología

La tecnología mueve la sociedad

La tecnología ha desempeñado un papel clave en el desarrollo de la sociedad, entendida esta no solo como la de nuestras modernas ciudades o la de las fábricas de hace doscientos años.

Desde los albores de la humanidad, cuando apenas podríamos distinguir lo que por entonces consideramos los antecesores del ser humano de un mono, ya había protosociedades y, también allí, la tecnología era una variable determinante.

La tecnología, en un sentido amplio, es todo aquel conocimiento, técnica, habilidad, proceso, método o herramienta desarrollado para resolver un problema. Si lo miramos desde un prisma más concreto, podemos entender por «problema» cualquier reto que tenga por delante: mejorar la calidad de vida, garantizar un suministro recurrente de comida, ahuyentar depredadores, mejorar la comunicación entre seres humanos o crear un nuevo tejido basándonos en su estructura molecular.

De esta forma, la nanotecnología es, como su nombre bien indica, tecnología. Pero también lo es la rueda, la agricultura, la escritura e incluso el dominio del fuego.

La tecnología es el resultado de la creatividad e innovación humana. Es el producto de ese anhelo de ir «más allá», desde dominar un bioma, pasando por garantizar la supervivencia de la especie hasta maximizar las probabilidades de encontrar pareja desarrollando *apps* de citas.

Así pues, no se limita a cosas electrónicas o con luces y pantallas ni a engranajes ni motores. La palanca, por ejemplo, es de lo más simple e intuitivo que hay, y aunque nuestros ancestros la inventaron en numerosas culturas y épocas distintas, posiblemente hace más de 10.000 años, sigue unas lógicas matemáticas que en absoluto comprendían. Simplemente, se dieron cuenta que si aplicaban una fuerza sobre una barra capaz de girar sobre un punto de apoyo dicha fuerza se amplificaba. Y lo mismo con los engranajes.

Así pues, aunque en el neolítico no se entendieran los entresijos de la física, las ganas de sus habitantes de aplicar menos fuerza para mover un objeto constituyeron una verdadera revolución tecnológica. No infravaloremos el mérito de aquel entonces porque hoy vivimos en esa misma ignorancia cuando pensamos en la física cuántica: sabemos que algunas cuestiones funcionan de una cierta manera y las aprovechamos para hacer todo tipo de cosas sin tener la más remota idea de por qué sucede lo que sucede en el mundo cuántico.

Cada desarrollo tecnológico, como veremos, ha impulsado un poco a la humanidad. La ha hecho avanzar por distintos estadios hasta nuestros días, hasta nuestra civilización, definiendo cómo nos relacionamos entre nosotros, con nuestro entorno y con nuestro pasado, presente y futuro como especie, como civilización y como sociedad.

La tecnología, por otro lado, no es ni buena ni mala. Todo el mundo coincidiría, en términos generales, en que la bomba atómica fue una gran innovación tecnológica y científica que marcó un antes y un después en la historia. Y todo el mundo, también en principio, debería coincidir en el hecho de que pocas invenciones ponen de manifiesto de una forma tan brutal el peor rostro del ser humano. Avanzar no es necesariamente mejorar, sino acercarnos un paso más a lo que se quiere conseguir, y lo que se quiere conseguir puede ser mejorar la vida de la gente o exterminarla.

Para entender a una sociedad, en mi opinión, debemos considerar muchos factores y elementos distintos (como las relaciones de parentesco, que difieren enormemente entre culturas), pero la tecnología es un aspecto de obligada comprensión. Si desconocemos la tecnología que está detrás de una sociedad, habrá enormes vacíos para entender sus dinámicas y estaremos completamente ciegos ante todo ejercicio de imaginación que pretenda dilucidar qué será de ella en los años, décadas y siglos por venir.

La tecnología, en todos los estadios por los que ha pasado la humanidad, ha sido la protagonista y la que ha generado saltos de distinto calado. Ha hecho posible el avance hacia situaciones más aventajadas, y no se puede entender nuestro futuro como especie, así como el futuro de la economía y las empresas, sin recurrir, antes bien, a la comprensión de nuestra tecnología. Esta afirmación se sostiene igualmente si intentamos comprender de dónde venimos y cómo hemos llegado hasta aquí; nuestra trayectoria, desde los albores más remotos, se ha visto marcada por el ingenio y la construcción y perfeccionamiento de una tecnología basada en el conocimiento.

De modo que, cuando reflexionemos en torno al futuro, debemos poner empeño en vislumbrar el desarrollo de la tecnología. Sin embargo, algo tan aparentemente simple ya resulta inmensamente problemático, pues la mayor parte de los estudios sobre el futuro de la tecnología pecan de ser demasiado conservadores.

La tecnología es un elemento clave para comprender el mundo. Es, en sí misma, una habilitadora, una generadora de cambios. Pero no solamente técnicos, científicos o materiales, sino que propicia, verdaderamente, cambios de mentalidad. Y son estos los que tienen el poder de transformar la realidad y la sociedad de manera más profunda.

La tecnología permite ampliar horizontes e imaginar cosas que no existen. La rueda fue un regalo para los perezosos hartos de cargar pesos a sus espaldas de un lado a otro y el teléfono móvil fue un regalo para quienes a última hora deciden cancelar un plan. La tecnología tiene el poder de cambiar mentalidades, subjetividades, anhelos, voluntades, necesidades y sentimientos. Y no debemos verla como un elemento más de las civilizaciones, sino como algo enraizado en lo más esencial y definitorio de las sociedades.

¿Que la tecnología trae consigo consecuencias materiales en forma de ordenadores, libros digitales o pilas recargables? Sí. Pero es el cambio de mentalidad que conlleva lo que realmente le da el poder de cambiar el mundo. Y esto es la parte sumergida del inmenso iceberg del desarrollo tecnológico.

Crecimiento exponencial y democratización de la tecnología

Normalmente, tendemos a imaginar el futuro así: observamos el presente, miramos el pasado, evaluamos el tiempo que separa ambas visiones, y proyectamos cambios y transformaciones razonablemente coherentes y realistas hacia el futuro.

Tendemos a tener una percepción del tiempo venidero basada en una proyección del presente, generalmente optimista, solo que con más luces, sobriedad y pantallas. Tiene sentido. Para imaginar el futuro tenemos que adornar el presente con aquello que somos capaces de concebir. Miramos hacia el mañana como si solo tuviese que cambiar nuestro día a día con una nueva actualización de *software* dotada de elementos que, según nuestro parecer, se nos antojan genuinamente inverosímiles hoy en día, pero que, aun así, nuestra mente permite conceptualizar. Sin embargo, la realidad va mucho más lejos.

Este error no se debe a una falta de conocimiento en relación con el estado actual de la tecnología, ni a una mala identificación de las tendencias e innovaciones más relevantes, sino más bien a una equivocada concepción del ritmo que atañe al desarrollo tecnológico.

A diferencia de lo que generalmente se concibe, la ciencia y la tecnología, sus cambios y avances, sus innovaciones y su impacto, no tienen un proceso evolutivo lineal, sino exponencial.

La linealidad es fácil de comprender, y su traducción en el ámbito del desarrollo de la tecnología parece tan evidente que en multitud de ocasiones caemos en las garras del simplismo. Se diría que basta con comparar los cambios que ha habido a lo largo de los últimos cincuenta años y aplicar la misma tendencia para vislumbrar cómo será el futuro.

Sin embargo, la exponencialidad es mucho más compleja. Consiste en la variación proporcional de un valor a medida que transcurre el tiempo, y oculta en su naturaleza una trampa que se manifiesta una vez transcurrido un tiempo: inicialmente el crecimiento es lento, y pudiera parecer que no hay cambio alguno transcurridas unas cuantas etapas. No obstante, poco a poco se empieza a dibujar una tendencia alcista que, de forma brusca e inesperada, se vuelve prácticamente vertical una vez cruzada la «rodilla» de la curva. Más adelante ahondaremos en esto.

Entonces, ¿cómo es posible que durante doscientos mil años la humanidad haya sido cazadora y recolectora, haya dado sus primeros pinitos en la agricultura y haya trabajado un pequeño puñado de metales y que ahora, en apenas doscientos años, hayamos hecho el tremendo salto tecnológico, social y sanitario (por poner solo algunos ejemplos) que hemos dado?

Una pregunta, pues, está servida: ¿eran los humanos del pasado, nuestros antecesores, más idiotas que nosotros? Tiene sentido plantearla. Durante doscientos mil años hemos sido incapaces de encontrar una alternativa al caballo, pero, en cambio, solamente separan 66 años del primer vuelo en avión de los hermanos Wright a la llegada Apolo 11 a la Luna.

Claro está, nuestro cerebro ha ido evolucionando, pero podemos decir que, fisiológicamente, un humano de hace 5.000 años era idéntico a nosotros. Entonces, ¿qué ha pasado estos dos últimos siglos y, de una forma más abrupta, las últimas décadas?

Existen varios factores que explican este increíble avance, y a continuación se dan algunas respuestas que están relacionadas con el desarrollo tecnológico. ¿Son las únicas? Seguramente no. Es muy probable que desde la biología o la antropología evolutiva se den otras explicaciones perfectamente complementarias, incluyendo cuestiones como el desarrollo de la corteza prefrontal o el llamado efecto trinquete; lo que Newton definió como *ver más lejos por estar subido a hombros de gigantes*. Sin embargo, lo que aquí nos importa tiene más relación con las distintas lógicas que gobiernan el desarrollo tecnológico; la naturaleza intrínseca de sus procesos.

Ya hemos comentado que el desarrollo tecnológico crece a un ritmo exponencial. Pero ¿qué significa exponencial? Pongamos un ejemplo tan sencillo como poderoso.

Imaginemos a una persona caminando. Con un crecimiento lineal, si cada paso que da es de un metro, cuando lleve cinco pasos habrá avanzado cinco metros. Diez pasos, diez metros. Cristalino. Basta con una aritmética simple para poder prever lo que vendrá. Y esto, a nuestra mente que imagina el futuro le encanta. Porque solo entran en juego variables fáciles de concebir: si cada mes ahorro cien euros, en diez meses tendré mil euros. No hay más.

Pero ahora imaginemos que esta persona, increíblemente, da pasos a un ritmo exponencial en el que cada zancada es el doble de largo que la anterior. Su primer paso sería de un metro de largo, pero el segundo sería el doble, es decir, dos metros, lo que daría como resultado que con dos pasos ya habría recorrido tres metros. Con cinco pasos habría recorrido 31 metros; ya es fácil ver la diferencia, pero justo acabamos de empezar. Basta con decir que una persona con pasos lineales necesitaría cuarenta millones de pasos para dar la vuelta alrededor de la Tierra en su ecuador, mientras que si una persona que diese pasos exponenciales le bastaría con veintiséis para dar una vuelta y media.

Es más, solo con el siguiente paso, con el vigesimoséptimo, avanzaría más de 134 millones de metros.

Sí, los números abruman. Y el caso de la persona que da pasos de miles de kilómetros puede parecer absurdo por su inverosimilitud, pero así es como evoluciona la tecnología. De hecho, incluso, en algunos campos, el crecimiento exponencial mismo crece también de forma exponencial, como por ejemplo en el costo de la computación y en otras tecnologías de la información. Vamos a verlo.

Ley de Moore

Gordon Moore, cofundador de Intel Corporation, la mayor empresa fabricante de microprocesadores del mundo, dijo en 1965 que el número de transistores en un circuito integrado (en otras palabras, su potencia) se duplicaría cada año sin ver aumentado su costo. Diez años después matizaría su afirmación; la potencia se duplica cada dos años. Desde entonces, casi de forma ininterrumpida, se ha confirmado su pronóstico, así que, como no podía ser de otra manera, este fenómeno se ha bautizado como la *ley de Moore.*

Dicha ley significa, pues, que por el mismo precio podemos disponer de un ordenador el doble de potente que otro que tenga dos años de antigüedad.

Años más tarde, en 1999, Hans Moravec y Raymond Kurzweil publicaron, por separado, dos obras científicas que sostenían que, debido a la llamada ley de Moore, la tecnología crecería a lo largo del siglo a un ritmo tan acelerado que más temprano que tarde nos sobrepasaría no solo intelectualmente, sino también, ojo con el dato, emocionalmente.

Hemos comentado ya que la tecnología transforma la sociedad, pero lo cierto es que no todos los avances lo consiguen ni lo hacen de la misma manera. En el transcurso de la historia ha habido avances tecnológicos especialmente significativos: la rueda, la agricultura, la metalurgia, la escritura, la imprenta, el motor de vapor, internet y, más recientemente, las impresoras 3D. Estas innovaciones, llamadas *disruptivas,* han traído profundos cambios de paradigma que se han ido dando a lo largo de la historia de un modo cada vez más recurrente, con menos lapso entre unas y otras.

¿Fue una innovación el formato de audio MP3? Lo fue. ¿Cambió el mundo su invención? No. Facilitó el autismo por las calles andando con los auriculares con miles de canciones metidas en un dispositivo pequeño, pero el mundo siguió siendo el mismo.

Sin embargo, la irrupción de internet sí conllevó un cambio de paradigma. Dichos cambios, inicialmente, se daban cada varias decenas de miles de años. Luego cada miles y más tarde cada siglos. El dominio del fuego supuso un salto sin precedentes, como lo fue más adelante el desarrollo de la agricultura, la escritura y la máquina de vapor. Y más recientemente internet, la inteligencia artificial, las impresoras 3D y la cadena de bloques. Hoy, este cambio de paradigma basado en la innovación tecnológica se duplica cada década: cada vez es más normal ver tecnologías disruptivas.

Veamos algunas cifras. Cuantitativamente, hemos pasado de fabricar procesadores con 2.250 transistores en 1971 a fabricar procesadores con 100.000.000.000 (cien mil millones) de transistores, lo que supone un incremento de 4.444.444.344 % en poco más de cincuenta años. Sí, ya avanzamos que los números abruman. En cualquier caso, no solo se trata del número de transistores que hemos podido encajar dentro de un procesador, sino que la ley de Moore también se aplica al costo de fabricación de dichos transistores. Así, en 1968 se podía comprar un transistor por un dólar, mientras que, en 2002, con un dólar se podían adquirir más de diez millones. Pero aún hay más, porque para más inri, la potencia de los transistores también se ha visto mejorada, multiplicando por mil su potencia en tan solo treinta años.

Recapitulando, pues: podemos poner más transistores en un espacio cada vez menor, aumentar su potencia de forma exponencial y, además, reducir su precio constantemente. Un buen ejemplo de eficiencia.

Si bien es cierto que el bueno de Moore planteó su ley en relación con los transistores, la verdad es que esta tendencia exponencial se da también en el resto de los campos *hardware,* así como del *software.* El *software* de la Deep Blue, que tras muchísima expectación mediática venció al campeón del mundo de ajedrez Gary Kaspárov en 1996, hoy está colgado en internet y es totalmente gratuito. En su momento costó cien millones de dólares, y ahora se ha convertido en una herramienta que todo ajedrecista utiliza para revisar sus partidas y mejorar su juego en cualquier plataforma *online.* Como podemos ver, ese *software* ya no vale nada y el *hardware* que lo impulsaba menos todavía; lo que hacemos ahora es millones de veces más rápido, más potente, más eficiente y más económico.

Esta tendencia tan sorprendentemente constante merece dos consideraciones. La primera es que suele atribuirse el éxito de la ley de Moore al simple hecho de haberse formulado: lo que se suele llamar el efecto de profecía autocumplida, según la cual el propio acto de decir que algo va a suceder genera transformaciones sociales y económicas que persiguen validar ese modelo. Sin embargo, lo cierto es que dicha ley ya se cumplía antes de que fuese enunciada con las tecnologías electromecánicas de principios del siglo xx, con los relés, con los tubos de vacío y con los propios transistores.

El rendimiento exponencial del desarrollo que plantea la ley de Moore se ha constatado con numerosos «tipos» de tecnologías distintas. Seguramente, por otro lado, uno de los motivos altamente relevantes que haya contribuido a su cumplimiento es que la inversión de capital que se realiza en una tecnología a medida que las existentes van quedando obsoletas es cada vez mayor. Es decir, que en cuanto una tecnología comienza a dar sus últimos coletazos, la presión por desarrollar una alternativa se multiplica. Este incremento en la inversión, por otro lado, también crece a medida que la tecnología se vuelve más eficiente en relación con sus costos. Sí, hablamos del desarrollo de la tecnología, pero nadie dijo que esta iba separada de los intereses económicos.

Por poner un ejemplo: a principios del siglo xx, el rendimiento por unidad de costo en el campo de la computación se duplicaba cada tres años. Cincuenta años después, a mitad de siglo, lo hacía cada dos años, y actualmente se duplica una vez cada año. Pero hay más: resulta que la producción también crece exponencialmente a medida que las aplicaciones comerciales con dicha tecnología crecen y el negocio se vuelve más atractivo. Además, el período necesario para que una tecnología sea lanzada al mercado y logre ser democratizada es también cada vez menor.

La segunda consideración en relación con la ley de Moore se refiere a la metodología empleada para alcanzar la duplicación de la potencia de un circuito integrado cada dos años: la miniaturización. Al hacer componentes cada vez más pequeños somos capaces de meter más en un espacio cada vez menor. Tanto es así que, desde hace años, el mundo de la computación ha penetrado en el maravilloso y confuso dominio de las partículas subatómicas. A tal nivel de sofisticación estamos llegando, pero incluso en esta escala nanométrica nos estamos encontrando con importantes limitaciones.

¿De qué limitaciones se trata? Ya hay voces desde hace algún tiempo que apuntan a que la ley de Moore dejará de ser válida, precisamente, para los microprocesadores, porque hemos llegado a tal escala que la miniaturización comienza a ser cada vez más difícil de superar. Y si no podemos poner más transistores en un espacio cada vez más pequeño, la ley de Moore hace aguas.

Pero hay trampa. ¿Qué sucederá cuándo no podamos hacer ordenadores cada vez más potentes con el mismo espacio o menos? Pues que, en efecto, la presión por desarrollar tecnologías alternativas que superen la obsoleta crecerá. El grafeno y los ordenadores cuánticos están comenzando a ser cada vez más populares por esa misma razón: son posibles reemplazos que están por venir a la próximamente obsoleta computación tradicional.

Ley de los rendimientos acelerados

Ya hemos citado a Raymond Kurzweil, cuya obra *La singularidad está cerca* ahonda en el desarrollo tecnológico, en campos diversos con una aproximación que no puedo más que recomendar a cualquier interesado. Por su nombre, quizás uno no sepa muy bien dónde ubicar a esta interesante figura, pero Kurzweil tiene un currículum que demuestra que, por lo menos, su opinión debe ser tenida en cuenta.

Es empresario, inventor, músico, científico, experto tecnólogo en sistemas y en inteligencia artificial. Director de ingeniería de Google, galardonado con todos los premios de ingeniería de alto prestigio en Estados Unidos y con quince doctorados honorarios. Ha sido asesor de la NASA y de la Agencia estadounidense de Proyectos de Investigación Avanzados de Defensa (Darpa), así como de numerosos gobiernos occidentales, y fundador de la Universidad de la Singularidad —esto de la *singularidad,* que ha aparecido ya algunas veces, muy pronto veremos en detalle cuán fascinante resulta—. En resumidas cuentas, Kurzweil es lo más parecido que tenemos en la actualidad a Leonardo Da Vinci.

Según este hombre del Renacimiento del siglo XXI, entre otros autores y científicos, la tecnología, especialmente la de la información se desarrolla según la *ley de los rendimientos acelerados.* Esta ley es una idea central a lo largo de su extensa e interesantísima teoría de la evolución tecnológica y la singularidad. Dicha ley empírica sostiene que el desarrollo tecnológico crece exponencialmente, y no linealmente, a un ritmo, por tanto, cada vez más acelerado. En última instancia, eventualmente, se alcanzará un punto en el que el crecimiento, expresado en un gráfico, se volverá virtualmente «vertical». El alcance de la ley de rendimientos acelerados va más allá de la ley de Moore: no se limita a tecnologías como la de los transistores, sino que incluye en su análisis cuestiones relativas a cualquier rama del conocimiento, como la física cuántica, que se adhiera a la metodología y tratamiento de las tecnologías de la información.

¿Críticas? Desde luego que las hay. La principal de ellas es que, por regla general, las funciones exponenciales tienden a estabilizarse con el tiempo y, por lo tanto, el crecimiento dejará de ser tan abrupto y acelerado, eventualmente, para tender a ser horizontal. En términos generales, sostienen con acierto, nada puede crecer infinitamente y toda expansión tiende a estabilizarse, ya sea si se refiere al crecimiento del Imperio Romano, de la difusión de un virus entre una población, ya sea la rapidez con la que se desarrolla una tecnología.

Y es cierto.

No obstante, la exponencialidad a la que se refiere la ley de rendimientos acelerados no es continuada e ininterrumpida (con lo cual, la crítica es acertada, porque entonces deja de ser ortodoxamente exponencial), sino que es la consecución de numerosas funciones exponenciales que se dan una tras otra.

A grandes rasgos, esto significa que a medida que una tecnología pierde capacidad de dar respuesta a las demandas de una sociedad, la presión por desarrollar su sucesora, así como la inversión que se realiza para dicha tarea, crece exponencialmente, de tal forma que cuando la primera tecnología se ha vuelto obsoleta la segunda ya ha salido al mercado. Así, ciertamente, cada tecnología tiene un crecimiento exponencial que acaba estabilizándose a medida que se vuelve obsoleta para dar paso a otra que crecerá exponencialmente hasta que, de nuevo, sea reemplazada por otra. Cada tecnología tendrá su ciclo de creación, crecimiento y estabilización, pero el crecimiento global de la tecnología no se habrá detenido en ningún momento.

Miremos, sino, los dispositivos de almacenamiento. A finales del siglo XIX se empleaban unas tarjetas perforadas de cartón con unos patrones que representaban datos para los telares y, más adelante, para los primeros ordenadores. Al principio, esta tecnología fue algo revolucionario, hasta que se llegó al límite de su desarrollo.

Cuando eso ocurrió, salieron las cintas magnéticas, que permitían almacenar más información en un espacio menor que unas simples tarjetas de cartón perforadas.

Unos diez años más tarde, cuando la computación estaba comenzando a crecer, IBM desarrolló los discos duros hechos con platos magnéticos que giraban para almacenar y leer datos. Esto representó un salto cualitativo y cuantitativo importante al permitir acceder más rápido a una cantidad mayor de datos.

Años después, se crearon los CD. Un antes y un después, hasta que su capacidad quedó corta y su expansión y desarrollo se detuvieron. Para mantener el crecimiento exponencial general de la tecnología ya se había desarrollado su sucesor, el DVD, y cuando el DVD comenzó a quedar corto ya existía el Blue-Ray para ir un paso más lejos.

Paralelamente, las unidades *flash* (dispositivos de estado sólido) como las tarjetas SD, los lápices USB o las unidades SSD (unidad de estado sólido, por sus siglas en inglés) aparecieron y su capacidad de almacenamiento comenzó a crecer cada vez más rápido, pasando de 20 megabytes de almacenamiento en los años noventa a varios terabytes en espacios pequeñísimos.

Como se puede ver, cada tecnología tiene su propio ciclo, y la curva de su crecimiento y desarrollo tiende a estabilizarse. Pero la tecnología de almacenamiento, sin embargo, no ha dejado de crecer, encadenando distintas tecnologías una tras otra en un crecimiento aparentemente ilimitado.

En cualquier caso, más allá de afirmar o negar rotundamente la ley de rendimientos acelerados, la propuesta de Kurzweil nos obliga a tomar una visión más amplia sobre lo que consideramos innovación, porque pone de manifiesto la relevancia de las colateralidades. Es decir, nos propone que un determinado avance tecnológico no suele venir solo, sino que también genera innovaciones y desarrollos en otros aspectos o campos del conocimiento humano. Lo podemos ver con Alexander Fleming quien, investigando enzimas, descubrió la penicilina, o con Percy Spencer, que al investigar un dispositivo de radar acabó por desarrollar el microondas. A medida que vamos acumulando conocimiento es más fácil alcanzar nuevas cotas, por no hablar de que una tecnología desarrollada para un fin puede tener impacto en otros campos para los cuales no fue inicialmente concebida. Y más todavía: cuando se abre la veda de una innovación, nunca se sabe lo que podrá salir de allí.

Por ejemplo, el matemático Alan Turing, a quien nos referiremos con detalle más adelante, predijo, mediante ecuaciones, un modelo matemático llamado *patrones de Turing.*

Según dichas ecuaciones, una serie de interacciones simples entre factores que compiten entre ellos puede hacer surgir patrones de superficie tremendamente complejos. No obstante, la dificultad residía en el hecho de demostrar estos patrones en el mundo real. Quizás, así en frío, todo esto no te dice nada, como tampoco me lo dice a mí, y por suerte este no es un libro de matemáticas.

Lo relevante aquí es que se ha podido demostrar que los patrones de Turing no solo son reales, sino que nos pueden ayudar a comprender los patrones de crecimiento de las plantas o en los pelajes de los animales (como las rayas de las cebras o las manchas de los leopardos).

Pongamos otro ejemplo, más cercano y menos abstracto, de cómo una innovación en un campo puede generar innovaciones en otros.

Crear ordenadores trajo consigo la difusión de internet, de la fibra óptica y de algo tan maravilloso como es el wifi, y si juntamos la tecnología y la ciencia de la computación que se ha creado desde entonces con los últimos avances en física, ingeniería genética, química y biología, tenemos como resultado cosas tan raras como fascinantes; en 2008, unos japoneses crearon el que por entonces fue el ordenador más pequeño del mundo con diecisiete moléculas. Este ordenador, el primer ordenador molecular, pretendía imitar la red neuronal del cerebro humano.

También se han desarrollado ordenadores de ADN que emplean el ácido desoxirribonucleico que contiene todas las instrucciones genéticas de todos los organismos vivos como *hardware,* reemplazando así los circuitos integrados basados en el silicio de los ordenadores convencionales.

Se han creado ordenadores electrónicos capaces de hacer copias de sí mismos de forma autónoma, como hacen las células. Se ha desarrollado la computación con haces de luz y hay ordenadores cuánticos, cuyo primer modelo fue presentado por China el 3 de mayo de 2017 en una conferencia de prensa en el Instituto de Shanghái para Estudios Avanzados de la Universidad de Ciencia y Tecnología.

Estas y muchas otras tecnologías son las que reemplazarán los circuitos integrados de los ordenadores convencionales cuando su obsolescencia les haya alcanzado, siendo el grafeno una de las principales candidatas para dar el salto a la comercialización más masiva. En pocas palabras: a medida que los ordenadores convencionales van ralentizando su desarrollo al estar llegando al límite de sus posibilidades, nuevas y mejores alternativas aparecen gracias al desarrollo científico y tecnológico que se da tanto en el área de la informática como, por ejemplo, en la biología.

Pero no es solo que haya alternativas a los ordenadores construidos con circuitos integrados basados en el silicio: es que, en términos de eficiencia quedan en el más bochornoso de los ridículos si se comparan, por ejemplo, con los ordenadores cuánticos. Más adelante hablaremos de ellos brevemente, pero ahora bastará con poner un ejemplo simple para ilustrar la magnitud de su poder. En octubre de 2019, Google sorprendió al mundo con una confirmación que pasaría a la historia: había alcanzado la llamada *supremacía cuántica,* que es una forma ostentosa de decir que, mediante un ordenador cuántico, se había logrado hacer algo que con el mejor ordenador *no* cuántico del mundo habría resultado imposible. ¿Qué se había conseguido? La tarea en sí es aquí irrelevante: baste con decir que el superordenador más potente del mundo habría necesitado 10.000 años para culminarla (sin contar con los millones de años necesarios para verificar sus cálculos), mientras que el ordenador cuántico de Google necesitó apenas 200 segundos para completarla.

De nuevo, vemos cómo se están creando tecnologías con mayor potencial que irán reemplazando las que empleamos actualmente cuando estas comiencen a llegar al límite de su desarrollo, lo que constituye una de las bases de la ley de los rendimientos acelerados de Kurzweil.

Sin embargo, esta ley no solo se aplica al campo de la tecnología, sino también al de la información. Por ejemplo, cuando a principios de los años noventa se comenzó a escanear el genoma humano, las previsiones decían que al ritmo de por aquel entonces serían necesarios miles de años para completar el titánico escaneo. Pero si hablamos de genoma, nos referimos a información y, de nuevo aparecen las premisas de la evolución exponencial de la tecnología de Kurzweil. En efecto: en 2003 se presentó un primer boceto y, además, se hizo a un costo muy inferior (de diez dólares en 1991 para cada par de bases a pocos céntimos en 2003). Hoy en día, cualquiera puede tener información de su propio genoma, a través de empresas de biotecnología y genómica personalizada, por unos pocos cientos de euros, lo que contrasta significativamente con los más de mil millones de costó el programa que lo financió durante la década de los noventa.

La ley de los rendimientos acelerados, en resumen, nos describe cómo el crecimiento y el desarrollo de la tecnología siguen un patrón exponencial, teniendo como base modélica las tecnologías de la información, la computación y la inteligencia artificial.

Tal desarrollo, al ser cuantificable, permite además «predecir» que, en algún punto del futuro más próximo, el desarrollo permitirá crear inteligencias artificiales tan avanzadas que abrirán las puertas de la singularidad tecnológica.

El test de Turing

En este particular repaso por las leyes que estructuran la tecnología no nos podemos olvidar de la figura de Alan Turing, uno de los grandes genios matemáticos del siglo pasado. Nacido en 1912 en el Reino Unido, es famoso por haber desencriptado la máquina Enigma alemana durante la Segunda Guerra Mundial y por sus aportaciones en el campo de la matemática y la computación se le considera el padre de la informática moderna.

Sus descubrimientos tienen todavía hoy una importancia capital para la computación, y sus aportaciones sirven de base para multitud de campos de la informática.

La figura de Turing, a pesar de todo lo que hizo por su país y por las matemáticas, la computación y la inteligencia artificial, tuvo un final trágico. En 1952, la homosexualidad era un delito grave en el Reino Unido, razón por la que fue detenido acusado de indecencia grave y perversión sexual. Estuvo en prisión y se sometió a un proceso de castración química mediante hormonas femeninas que, simple y llanamente, lo destrozó. Mermó su salud y tuvo que retirarse de su trabajo.

Dos años después de la detención, con 41 años, Turing fue hallado muerto en su casa. La causa, suicidio por envenenamiento y, junto a él, se encontró una manzana mordida bañada en cianuro.

Sesenta años después la reina Isabel II indultó al célebre matemático, cuyas aportaciones al campo de la computación fueron tales que, incluso Apple, a través de su logo, recuerda su legado con una manzana mordida.

Como pionero de las computadoras, Turing se obsesionó durante años con la idea de que tarde o temprano los ordenadores lograrían igualar y eventualmente superar la capacidad computacional del cerebro humano y acabar mostrando conductas inteligentes.

Fruto de esta obsesión diseñó el llamado *test de Turing,* que tiene como objetivo determinar si una máquina es inteligente o no. El funcionamiento de la prueba es el siguiente: un tribunal de expertos en un tema por determinar formula diversas preguntas a dos sujetos a través de una interfaz; uno es un ser humano y el otro es una máquina. De tal modo que al tribunal le sea imposible determinar por la apariencia física qué respuestas vienen de la persona y cuáles de la máquina. Si la máquina es capaz de responder a las preguntas y hacer creer al tribunal que es la persona, o el tribunal es incapaz de diferenciar la una de la otra, la máquina habrá superado el test.

Durante décadas, el test de Turing se ha considerado la línea divisoria entre una máquina inteligente y una no inteligente. De hecho, la voluntad de construir un ordenador capaz de superar dicha prueba ha guiado buena parte de la investigación computacional en universidades de todo el mundo. Pero claro está que generar comportamientos inteligentes a partir de transistores nunca tuvo nada de fácil. El mismísimo Kurzweil fechó la superación del test por parte de una máquina hacia la década de 2020. Sin embargo, ya sea por la ley de los rendimientos acelerados, por la ley de Moore o por cuestiones que puedan escapar a nuestro entendimiento, hoy en día el test ya se ha superado en varias ocasiones, la primera de ellas en 2014. A raíz de esto, se rehízo el test incluyendo parámetros más complejos que requerían capacidades computacionales más libres y complejas. Pocos años bastaron para volver a superar el test. De hecho, es ya una suerte de «pasatiempo» para muchas empresas de inteligencia artificial que participan en concursos que premian los modelos capaces de superar el test. El reto, ahora mismo, ya no es hacer que una máquina sea inteligente, sino ser capaz de desarrollar un ordenador que tenga un razonamiento inteligente en múltiples facetas.

La significancia del test de Turing va más allá de una simple anécdota. Implica que una máquina es inteligente y capaz de pensar, y el término *pensar,* en este contexto, no es tan banal como pudiera parecer. Ya hace tiempo que estamos acostumbrados a que las máquinas hagan cálculos que nos parecen inalcanzables para un ser humano. Cualquiera que haya estudiado matemáticas en el colegio o en la universidad se ha servido alguna vez de una calculadora, y muy probablemente se ha fiado más de los resultados que esta le daba antes que de sus operaciones con lápiz y papel. Seguramente por eso, se ha extendido la creencia de que una máquina tiene una capacidad computacional superior a la del ser humano, pero no es del todo así. Cuando el procesamiento de una máquina se pueda equiparar al de una persona, nos encontraremos en un punto de inflexión sin precedentes. Hablamos de inteligencias artificiales que toman consciencia de ellas mismas (lo que en psicología se denomina *metacognición):* la llamada *inteligencia artificial general* o, también, inteligencia artificial fuerte.

Es temprano para avanzar lo que puede suceder en ese momento, pero todo parece indicar que este acontecimiento constituirá el fin de la rodilla de la curva exponencial, lo que supone que el desarrollo tecnológico se adentrará en una recta virtualmente vertical, como gráficamente se ve en la figura 1. En pocas palabras: es imposible saber qué pasará luego. El cambio puede resultar tanto o más tremendo que para un neandertal aparecer de pronto en el Tokio del siglo XXI. Simplemente no sería capaz de comprender la magnitud de lo que le rodea. De esto hablaremos en más detalle cuando se aborde el tema de la singularidad tecnológica.

La pregunta más pertinente, llegados a este punto, es la siguiente: ¿cuál es la capacidad computacional del cerebro humano? Es una cuestión compleja, sin duda. Y, de hecho, numerosos científicos, como Hans Moravec o Lloyd Watts, han intentado dar una respuesta a partir de enfoques distintos.

Sin embargo, con lo que sí que coinciden la mayoría de las aproximaciones es en el modo de medir la capacidad computacional, ya sea de un ser humano o

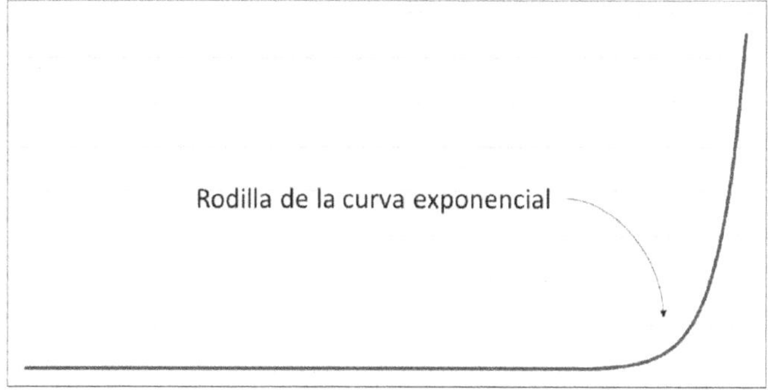

Figura 1. Gráfico que muestra una función exponencial. El crecimiento es lento al principio pero luego la curva se vuelve vertical.

de una máquina: a través del número de cálculos por segundo (cps) que se pueden hacer de forma efectiva. Cuántos más cálculos se puedan realizar por segundo, mayor será la capacidad computacional de cualquier ente. Replanteamos la pregunta, entonces. ¿Cómo se pueden medir los cps de un cerebro humano?

Moravec, por ejemplo, calculó la capacidad computacional del cerebro del siguiente modo: una quinta parte del medio milímetro de grosor que tiene la retina humana se dedica a procesar la imagen (distinguir claros y oscuros, detectar movimientos, etc.) en aproximadamente un millón de pequeñas regiones de la imagen. Es sabido, por otro lado, que esta acción se realiza más de diez millones de veces cada segundo. Con esto se pudo determinar la cantidad de cálculos por segundo que hacen las neuronas implicadas en este proceso. Sabiendo, además, que el cerebro humano pesa 75.000 veces más que los 0,02 gramos de neuronas que operan en esta quinta parte de la retina, Moravec y su equipo concluyeron que aproximadamente el cerebro humano puede realizar 10^{15} cps.

Como se puede ver, a veces hay que buscar soluciones creativas a problemas altamente complejos. Calcular el potencial del cerebro, *a priori*, puede parecer una tarea imposible, pero si se calcula el potencial de un aspecto concreto y luego se extrapola al conjunto, se obtiene un resultado igualmente válido.

Sus cálculos, cabe señalar, no consideraron los cps necesarios para llevar a cabo procesos neuronales imprescindibles para el mantenimiento de las células. Otros estudios dan resultados semejantes, como 10^{14} o 10^{15}. Pero si quisiéramos crear una máquina que simulara el cerebro humano, englobando todo su potencial, la cifra debería ser algo superior, pues sería necesario simular algunos procesos que las neuronas llevan a cabo en algunas de sus partes específicas, como el soma, la dendrita, el axón o la sinapsis. Dicho de otra forma más impactante, nuestro cerebro es capaz de realizar diez quintillones de cálculos por segundo: 10.000.000.000.000.000.000.

Vista la capacidad computacional del cerebro humano en términos aproximados, veamos ahora los mayores superordenadores del mundo (figura 2).

El Frontier, construido en 2022, es capaz de procesar 10^{18} operaciones por segundo. Es una máquina tremenda e impresionante (y bastante grande, a decir verdad) que costó 600 millones de dólares y cuyo consumo energético, aunque es más eficiente que sus predecesoras, es de alrededor de 40 megavatios (lo mismo que 30.000 hogares). Este tipo de datos envejece muy mal en un libro impreso; en un año y medio habrá otro más potente, y luego otro, y luego otro.

Y, sin embargo, por debajo del cerebro humano. Resultados parecidos se obtienen cuando se analiza la capacidad del cerebro para almacenar datos.

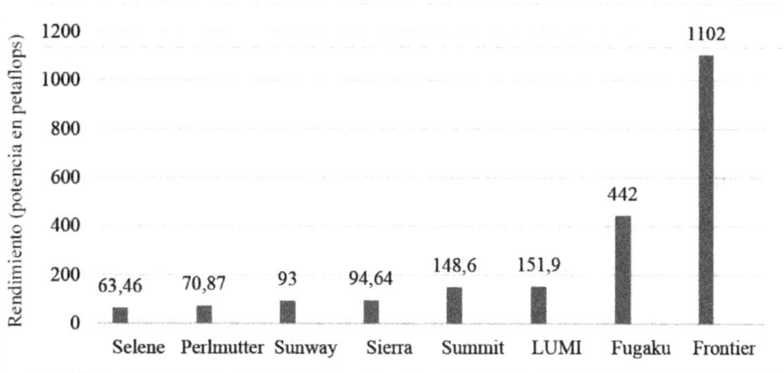

Figura 2. Principales superordenadores del mundo.

Obviamente, superar el cerebro humano es un hito mayúsculo. No en vano, se considera la «máquina» más compleja del universo conocido. Pero si el desarrollo tecnológico avanza como hasta ahora, eventualmente tendremos ordenadores más potentes que el órgano que almacenamos en nuestras cabezas. Pero ¿cuándo? Pues depende de quién responda; voces expertas apuntan que durante la década de 2020, otras que a principios de 2030 y, las más escépticas, entre 2040 y 2050. No obstante, con esto no basta para poder afirmar con rigor que estos ordenadores son más inteligentes que nosotros. El conjunto de expresiones con las que los humanos manifestamos nuestra inteligencia (creatividad, emociones, sentimientos, anhelos, aptitudes…) no es producto de la mera capacidad computacional del cerebro, aunque el cognitivismo computacional se empeñe en decir lo contrario. Replicar un cerebro requiere la capacidad de computación: es una condición necesaria, pero no suficiente por sí sola.

Vemos, entonces, que el funcionamiento del cerebro aún esconde algunos secretos para nuestro raciocinio. Por ello, en las últimas décadas han ganado importancia las aproximaciones inversas a la inteligencia artificial. Es decir, con la ayuda de la neurociencia cognitiva, cada vez se entienden más profundamente los procesos neurológicos que guían la conducta y, a partir de aquí, se crean modelos computacionales que se acercan y replican la forma de «funcionar» del cerebro humano.

Existen, a modo de curiosidad, algunas diferencias importantes entre el cerebro y los ordenadores. Mientras que el cerebro opera mediante métodos analógicos y digitales, los ordenadores se limitan al terreno de lo digital. ¿Diferencias? Bueno, además del hecho que los procesos analógicos son más eficientes (miles de veces más eficientes), el cerebro y los ordenadores son distintos también en la manera de emplear toda esa potencia de cálculo: mientras que los ordenadores realizan «pocas» operaciones a velocidades inmensas, el cerebro realiza operaciones a velocidades extremadamente bajas. Entonces, ¿dónde está la trampa? Pues en la gran virtud del cerebro, que no es otra que su extraordinaria capacidad para realizar cálculos masivos en paralelo (lo que, sin duda alguna, explica nuestra gran capacidad para detectar patrones). Otras diferencias tienen que ver con su capacidad de autorreconfigurarse, sus imperfecciones, con el gran peso que atribuye a los patrones para ahorrar procesos prescindibles, su arquitectura modular, etc.

Como conclusión: el test de Turing se ha superado, y hasta hace poco se consideraba una frontera que marcaría un antes y un después. Los ordenadores son cada vez más potentes y la intención es replicar el funcionamiento del cerebro en las máquinas y trabajar en el desarrollo de inteligencias artificiales que empleen toda esa capacidad de cálculo para alcanzar algo tan intangible pero determinante como es la consciencia.

Y no estamos muy lejos.

La singularidad tecnológica

Una de las grandes mentes pensantes del siglo pasado fue el matemático y científico de la computación John von Neumann. Un grande, sin duda alguna.

A finales de los años cincuenta del siglo xx habló, por vez primera, del concepto de una *singularidad* en el campo de la tecnología. Una idea absolutamente descabellada, revolucionaria y mucho más cercana de lo que se pueda imaginar.

Cuando la vida de una estrella como las que vemos en el firmamento nocturno llega a su fin, pueden suceder varias cosas según, principalmente, su masa. Si la estrella tenía suficiente masa, al romperse el equilibrio entre la expansiva fusión nuclear que se da en su interior y la fuerza atractiva de la gravedad, implosionará, lo que creará uno de los objetos más fascinantes y misteriosos del Universo: un agujero negro.

Un agujero negro no es más que una masa inimaginablemente grande comprimida en un punto ridículamente pequeño. Su gravedad es tan fuerte que ni siquiera la luz, viajando a 299.700 kilómetros por segundo, es capaz de escapar del poder atractivo de su gravedad. Su velocidad de escape, para ser más precisos, no es suficiente para esquivar el agujero negro.

Si miramos un agujero negro, lo que veremos es un círculo negro con un disco de acreción a su alrededor. Dicho círculo negro es lo que se conoce como *horizonte de sucesos*, y es, en pocas palabras, el punto de no retorno de la luz atraída por su gravedad (el borde negro, para entendernos). Una vez la luz se acerca lo suficiente al agujero negro, cae al interior de forma inevitable.

Por eso son negros: por la ausencia de luz que emana de su interior. Pero hay algo dentro de ellos; toda la materia que traga un agujero negro, toda la luz, todo lo que no puede escapar de su irresistible gravedad, se concentra en alguna parte dentro del horizonte de sucesos.

Pero ¿por qué explico todo esto?

Sucede que no tenemos ni idea de lo que hay dentro del agujero negro. No sabemos qué hay ni cómo se comporta la materia en un entorno tan extremo. No sabemos cómo se acumula la masa ni si el punto infinitesimalmente pequeño en el que concentra todo lo que absorbe tiene siquiera volumen. De hecho, prácticamente, lo único que tenemos claro es el nombre que le damos a lo que sea que hay dentro de un agujero negro: la *singularidad*.

Jugando con esta misma metáfora, el matemático Neumann habló de un punto de no retorno, un límite (un «horizonte de sucesos») a partir del cual, lo que hay después es un absoluto misterio. Este punto de no retorno, para Neumann, consiste en la creación de ordenadores e inteligencias artificiales más inteligentes que el ser humano.

El término *singularidad* se empleó más adelante y fue popularizado por el profesor de matemáticas y escritor de ciencia ficción Vernor Vinge en 1993. A partir de este momento, se construyó una teoría extensa y empírica alrededor de este acontecimiento hipotético. Raymond Kurzweil es considerado el padre de la teoría de la singularidad, y la define como «un tiempo venidero marcado por un ritmo de cambio tecnológico tan acelerado y su repercusión tan profunda que la vida humana se verá transformada de forma irreversible».

Con el objetivo de ofrecer una definición algo más objetiva del término, creo que es imperativo añadir el adjetivo «hipotético» después de «tiempo venidero». La singularidad tecnológica, en efecto, es un acontecimiento hipotético. Sin embargo, lo que sí está claro, es que las consecuencias para la vida humana y para la sociedad de un grado de desarrollo tecnológico tan elevado tienen un impacto directo e inconcebible sobre todas las esferas: economía, política, espiritualidad, demografía, sanidad, educación, etc.

La defensa de la singularidad sostiene que, con la llegada de una inteligencia artificial superior al ser humano, se daría una «explosión de inteligencia», en tanto que una inteligencia ulterior diseñaría nuevas y mejores versiones de sí misma, que diseñarían a su vez la siguiente generación de máquinas inteligentes. Esta dinámica tendría implicaciones positivas y negativas para el ser humano, en tanto que evolutivamente nos será imposible seguir su ritmo.

Esencialmente, la singularidad trata de una transformación radicalmente profunda de la condición humana con un nivel de complejidad aún incomprensible. Como sucede con los agujeros negros, nos resulta imposible saber qué habrá más allá de este horizonte de sucesos que es el advenimiento de una inteligencia artificial consciente de sí misma. Pero sí está muy claro que todo, absolutamente todo, cambiará para siempre.

Luego, con todo esto, han surgido movimientos transhumanistas y posthumanistas que argumentan que la única forma de hacer que la especie humana se mantenga en la cúspide, en lugar de ceder el cargo de responsables del mundo a las máquinas, es integrando tecnología en nuestros propios organismos. Esto es lo que se conoce en el mundillo como disolver la frontera orgánica de la tecnológica. De esta forma, podríamos, también nosotros, evolucionar al mismo ritmo frenético y trepidante al que lo hace la tecnología.

Desde luego, todas estas cuestiones no se abordan en este libro, y aunque puede parecer que la singularidad tecnológica es una especie de teoría rara defendida por gente excéntrica, lo cierto es que se considera la teoría futurista más apoyada y reconocida.

Tiene el apoyo de las instituciones políticas y científicas más importantes, como el MIT y la NASA, y por las empresas tecnológicas más grandes del mundo, como Google e IBM, así como de numerosos conglomerados empresariales de todo el mundo dedicados a la I+D en materia de robótica. La razón por la que esta teoría recibe tanto apoyo entre los expertos en tecnología es, simplemente, debido a las numerosas evidencias que la avalan, como la ley de los rendimientos acelerados o la ley de Moore.

Si bien no deja de ser una proyección del futuro y, como tal, susceptible, debido a todo tipo de eventualidades, de ser modificada, alterada, matizada e inclusive totalmente anulada, lo cierto es que se constatan hechos y avances, desde hace ya unos años, que apuntan de manera clara e inequívoca que este es el futuro hacia el que se dirige nuestra especie. En Silicon Valley, cuna de la mayor parte de las tecnologías más punteras en áreas como la nanotecnología, la biotecnología, la computación o la física aplicada, la duda no es si la singularidad es posible o no, sino cuál es el margen de tiempo que nos separa de su llegada.

Además, y esto es un hecho diferencial claro respecto a otras teorías futuristas, quienes la defienden no son futurólogos, charlatanes o escritores de ciencia ficción sin formación científica. Hablamos de comunidad científica, inventores, ingenieros, matemáticos, físicos, químicos, académicos y fundadores de las empresas más grandes del mundo, que trabajan, precisamente, para orientar el desarrollo tecnológico hacia las líneas que auguran la singularidad.

La singularidad, por regla general, no se describe de forma utópica ni distópica, sino que muestra los cambios que sufrirán los conceptos básicos mediante los cuales organizamos nuestras vidas y sociedades: desde el tiempo, pasando por la educación, la economía y la demografía, hasta el propio ciclo de la vida, incluyendo la muerte. La singularidad conllevaría una transformación radical de la visión que la humanidad tiene de sí misma en conjunto y a escala individual. Y, a su vez, la tecnología nos impulsaría a niveles evolutivos y de desarrollo sin precedentes a partir de la disolución de las fronteras biológica y tecnológica y orgánica y digital.

Tal unión nos conduciría hacia un modelo de civilización que nada tendría que ver con nuestro presente, y tampoco tendría nada que ver con cualquiera de las proyecciones futuristas que se realicen ignorando la tendencia exponencial del desarrollo tecnológico. La civilización progresa siempre de esta forma: aborda una problemática y la creatividad e ingenio humano obran para solventarla.

Por otro lado, llama poderosamente la atención el hecho de que la mayor parte de los estudios serios, referenciados, documentados, basados en evidencias y elaborados de forma metódica que critican la singularidad tecnológica no basan sus críticas en la imposibilidad de que tal acontecimiento suceda. Más bien, asumiendo que la singularidad tiene una alta probabilidad de llegar, describen los riesgos y los peligros afirmando que superan ampliamente sus virtudes y ventajas.

¿Qué es lo que necesita la singularidad tecnológica para llegar? Nada que no estemos haciendo, de hecho, y un poco más de tiempo. Las empresas y los centros de investigación, como elementos dinámicos y transformadores de la sociedad, tienen un papel central en este proceso. Son sus innovaciones las que cambian el mundo, sus investigaciones las que arrojan nuevos conocimientos y sus decisiones las que dibujarán el futuro.

Bien. Con todo esto ya nos hemos situado un poco. La tecnología mueve a la sociedad y a la humanidad desde antes de dominar el fuego y nuestro desarrollo actual nos dirige hacia este escenario hipotético llamado *singularidad tecnológica*.

Pero ¿en base a qué se sustentan todas estas afirmaciones? ¿Cómo funciona el desarrollo tecnológico? Y, más todavía: ¿hay pruebas que demuestren que todo esto es verdad?

Sí. Así que no perdamos el tiempo y vayamos a responder todas estas preguntas.

Los límites físicos y técnicos de la computación

Resulta sorprendente ver la cantidad de recursos que se destinan a la fabricación de grandes máquinas que, en pocos años, estarán «obsoletas». Es algo poético: su obsolescencia es producto de la misma fuerza e innovación que hizo posible el hito que representó su creación en su momento. La innovación es una rueda que gira y gira, incesantemente.

Los anhelos de los defensores de la singularidad tecnológica requieren superordenadores miles y millones de veces más potentes que los que tenemos actualmente, y a un costo lo más bajo posible. Algunos autores sostuvieron, hace años, que hacia la década de 2020 tendríamos ordenadores con la capacidad computacional del cerebro por mil dólares. Ojo, hablaban de igualar la cantidad de cálculos por segundo que hace el cerebro humano, no de emular su mismo funcionamiento. Obviamente, incluso a pesar de este matiz en absoluto irrelevante, se equivocaron, pero no es algo por lo que debamos culparles; el nivel de complejidad es tal, que la cantidad de cosas que se nos pueden estar escapando o que podamos estar haciendo mal es, simplemente, imposible de determinar.

Quienes sostenían esta afirmación argumentaban que hacia 2030 tendríamos ordenadores de mil dólares que igualarían la capacidad computacional de mil cerebros humanos; y en el año 2050, con un ordenador de mil dólares, dispondríamos de la misma capacidad de cálculo que toda la humanidad junta.

Aunque erraron en las fechas (por lo menos con la del 2020, aunque hay críticos que defienden que todo irá aconteciendo una década más tarde de lo previsto), suceder lo que dijeron que sucedería, sucederá. Sin embargo, quizá se consiga de formas creativas que *a priori* no se tienen demasiado en mente.

Por ejemplo, los avances en biomimética (que es la imitación de la naturaleza) pueden conllevar importantes aportaciones en la informática al permitir construir ordenadores funcionando con neuronas artificiales. Sucede, por otro lado, que los saltos de la innovación tecnológica son más acelerados y profundos que los de la evolución biológica.

Por ello, se sabe que las neuronas artificiales serán más eficaces que las biológicas dado que, entre otras cosas, podrán prescindir de ciertos procesos que las neuronas deben realizar sí o sí, por ejemplo, para mantenerse vivas a sí mismas (lo que tiene un costo computacional y energético para ellas). Además, las neuronas de nuestros cerebros emplean comunicaciones electromecánicas, miles de millones de veces más lentas que las de los circuitos integrados.

Hasta aquí todo bien.

Estamos viendo que esto avanza a grandes saltos. Pero ¿hay algún límite? ¿Existe un límite computacional que no podamos sobrepasar? Lo cierto es que sí, y viene de las mismas leyes de la física, aunque dichos límites nos quedan lejos. Muy, muy, muy lejos.

Consideremos una roca, una piedra, normal y corriente, de un kilogramo. Aproximadamente, su materia estará formada por 10^{25} átomos (unos diez trillones de billones), con sus núcleos y sus electrones que se van moviendo de forma frenética, incansables. Al hacerlo, al moverse, pasan de un átomo a otro generando pequeños campos electromagnéticos y cambiando el espín de las partículas, que es una propiedad cuántica de las partículas subatómicas de gran importancia para la formación de los átomos y que afecta a la forma en que se relacionan con los campos electromagnéticos. Aunque no lo parezca, conocer este tipo de propiedades ha sido clave para la informática.

Desde fuera, la roca parece tranquila. Inmóvil. En paz consigo misma.

Pero dentro hay un torbellino histérico de partículas de un lado a otro. Toda esta actividad interna, todos estos procesos, se realizan de forma aleatoria, por lo que su capacidad para informar de algo es casi nula. Recordemos, brevemente, que un átomo puede almacenar información (algo más de 1 bit / átomo), de modo que en una roca de un kilogramo hay disponibles, por lo menos, 10^{25} bits de memoria. Si se suman, computacionalmente hablando, los movimientos de los electrones, y si fuésemos capaces de que todos estos procesos no se diesen de forma aleatoria, sino ordenada, organizada y controlada, se podrían realizar entre 10^{19} y 10^{42} cálculos por segundo.

En una roca habría ordenadores increíblemente potentes.

¿Qué representa esta cantidad? Pues varios billones de veces más potencia de cálculo que la de todos los cerebros de la humanidad en el presente juntos.

Así pues, una piedra de un kilogramo almacena toda esta capacidad computacional, pues, según la famosísima ecuación e = mc^2 (energía es igual a la masa multiplicada por la velocidad de la luz al cuadrado), esta es la cantidad de energía que tiene almacenada en su interior, y se ha demostrado que la energía se puede computar por bits de información.

Lo curioso es que no hay límites acerca del pedrusco que queramos usar para computar cosas como si fuese un ordenador.

«¡Esto es ciencia ficción!»¿Ah sí? ¿Seguro?

Pues no, la verdad. Lo que hace que una roca no sea más que un pisapapeles natural y no un ordenador, a pesar del potencial que almacena en su interior, es la aleatoriedad de los procesos que hemos descrito con las partículas que la forman. Sin embargo, empleando haces de luz, se han podido ya configurar patrones y cierto carácter «organizativo» (es decir, no aleatorio) en pequeños grupos de átomos y moléculas.

Esto es solo el principio.

La física tiene límites en este aspecto, pero están lejos, y todavía guarda más ventajas: si nos fijamos en una roca cualquiera, a pesar del bullicio atómico de su interior, no genera calor. Es decir: no está consumiendo energía. Y esto significa que, si fuésemos más listos, o si nos damos unas décadas más para investigar al respecto, los ordenadores del futuro basados en estos principios físicos podrían realizar operaciones inconmensurablemente grandes con un costo energético ínfimo.

Yendo un poco más allá, y entrando por un momento en un terreno más teórico, existe el concepto del *ordenador primordial*. Mediante tecnología nanométrica (y, próximamente, picométrica, siendo un picómetro una billonésima parte de un metro) y la aplicación de un montón de conocimientos físicos conocidos (como la citada ecuación de Einstein o la constante de Planck), se podría crear un superordenador con una capacidad de computación tan inmensa que, por ahora, se antoja como un reto imposible.

Este ordenador primordial sería capaz de ir aumentando sus propias capacidades, incrementando exponencialmente sus «aptitudes». Se ha especulado mucho acerca de las capacidades de dicha máquina, aunque algunos autores y teóricos han hecho una aproximación que me parece fascinante: el ordenador podría hacer cálculos en una 10 milésima de nanosegundo (0,00000000001 segundos) que a diez mil millones de seres humanos les llevaría más de diez mil años realizar.

Entonces, ¿hay límites? Desde luego que los hay.

Pero nos quedan lejos todavía, y siempre hay alternativas, como los ordenadores cuánticos.

Hay desarrollo para rato.

Democratización de la tecnología

Hemos visto como el desarrollo de la tecnología crece de forma exponencial y como una tecnología, a medida que se va desarrollando más y más, se vuelve cada vez más barata. La mayoría de productos y servicios relacionados con base tecnológica, de hecho, son en términos generales cada vez más económicos de producir precisamente por el desarrollo de la tecnología. A esto, para ser justos, hay que sumar el efecto de las mejoras productivas y de los nuevos modelos empresariales, entre otros factores.

Tenemos en nuestros bolsillos ordenadores miles de millones de veces más potentes que las primeras computadoras que se crearon. Y, por supuesto, miles de veces más económicos. Pero no solo esto: resulta que, además, el desarrollo tecnológico trae consigo varios tipos de ahorro.

Hagamos una comparación temporal. En un ejercicio de historia ficción imaginemos que, en la década de 1950 o 1960, a una persona joven le hubiéramos explicado que en nuestro bolsillo podemos tener una máquina de escribir, una brújula, un ordenador millones de veces más potente que los que se fabricaban por entonces (grandes como habitaciones), un televisor, una antena, una cámara de vídeo y otra para hacer fotos, grabadoras con sus estudios enteros, traductores para cientos de idiomas, diccionarios, linternas, una infinidad de juegos, mapas, altavoces y equipos de música… e incluso un teléfono, nos habría tomado por locos. Y, sin embargo, esto es solo una pequeña fracción de todo lo que guardamos, casi sin considerarlo, cada día en nuestros bolsillos.

Esto supone un ahorro en términos económicos sin precedentes. Por caro que pueda ser un *smartphone,* siempre será más económico que la suma de comprar todos los productos que está reemplazando.

A su vez, esto tiene, desde luego, un impacto medioambiental importantísimo. La basura tecnológica provocada por una altísima rotación y una rápida obsolescencia de los productos tecnológicos está haciendo que aumente preocupantemente el volumen de residuos generados. Pero seamos justos con los teléfonos inteligentes; ahora somos capaces de fabricar en un espacio inferior al que ocupa una tableta de chocolate lo que antes habría cabido solamente en un camión de los grandes.

Juntando varias piezas y conectando ideas, ¿qué tenemos? Por un lado, aunque parezca contraintuitivo, productos cada vez más baratos. Habrá quien diga que, por ejemplo, cada nuevo modelo de *smartphone* es más caro, y tendrá razón. Pero, tal como vimos unos párrafos atrás con la ley de Moore, si una generación es el doble de potente que la anterior y el precio se incrementa, pero no se duplica, tenemos en efecto productos más baratos. Por otro lado, nos encontramos con una tecnología que cada vez puede hacer más cosas, creando nuevos productos, y agrupando funcionalidades cada vez más dispares en dispositivos cada vez más pequeños.

Esta tendencia a agrupar funcionalidades en menos dispositivos tiene otra consecuencia, además de relajar un poco la presión al medio ambiente y a nuestros propios bolsillos: ser más útil a más personas.

Los primeros ordenadores se construyeron estrictamente con propósitos científicos. Tuvieron que pasar años hasta que no tuvieron aplicaciones comerciales y, a partir de aquí, con muchas reservas iniciales, las empresas los incorporaron en su día a día. A medida que fueron más económicos y que se diseñaron sistemas operativos más complejos se fue despertando el interés de negocios cuyas necesidades tenían poco o nada que ver entre ellos, hasta resultar en una herramienta fundamental para todas las empresas del mundo.

A esto cabe señalar otro aspecto clave: la usabilidad.

La experiencia de la persona usuaria con las máquinas del pasado resultaría insufrible para cualquier profano y una pesadilla para cualquiera de nosotros hoy en día. Había una barrera de acceso inmensa: no todo el mundo sabía emplear un ordenador, y menos todavía programarlos o arreglarlos.

Esto también cambió en cuanto alguien se dio cuenta de la importancia de hacer que la experiencia al emplear la máquina sea positiva y que la interfaz sea amigable e intuitiva. Y, en este sentido, se han hecho grandísimos progresos en multitud de áreas al desarrollar interfaces para gente con problemas de visión o audición y *hardware* periférico (como teclados o ratones) para personas con algún tipo de discapacidad física.

El objetivo no es otro que conseguir que cualquier persona, por ajena que sea a la tecnología, por desconocida que le resulte, pueda sentirse cómoda empleándola. Que sea intuitivo, que sea simple, que sea agradable. Esto es una lección importantísima: no importa lo buena que sea una herramienta o una solución; si la gente no sabe cómo funciona no la usará.

Vayamos más allá, porque no solo las empresas tienen ordenadores: todo el mundo los tiene en sus casas, y mi ordenador doméstico puede hacer exactamente lo mismo que el de la empresa en la que trabajo, siempre que la potencia requerida no sea un impedimento.

Esto es lo que se llama *democratización de la tecnología:* permitir, de una forma u otra, que la mayoría de la población pueda acceder a ella sin importar su condición física, intelectiva o económica, por poner algunos ejemplos.

La democratización de la tecnología es un proceso, no un hito en sí mismo, que se da a medida que las barreras de entrada o de acceso se diluyen, pierden peso o directamente desaparecen. Y eso, financiación mediante, también es desarrollo tecnológico, porque la tecnología no sería lo que es sin que nadie la usara. Por supuesto no es algo que se dé solamente con los ordenadores: es un proceso que puede darse en casi cualquier cosa, como por ejemplo los viajes en avión. Hace unas décadas, solo las clases más adineradas podían escuchar el *sit back, relax, and enjoy your flight*. Ahora, en cambio, cualquiera puede entrar en la web de una compañía *low cost* y disfrutar de un fin de semana en la capital de algún país cercano por un precio inferior al que cuesta un taxi desde su casa al aeropuerto.

Democratizar la tecnología tiene un efecto dominó que merece la pena tener en consideración. Cuantas más personas accedan a una tecnología o servicio, más presión se generará para crear nuevos productos y servicios que empleen la tecnología o servicio inicial como plataforma. Internet, en este aspecto, resulta un ejemplo de manual: nació como un medio de comunicación, y a medida que se ha ido democratizando, han aparecido todo tipo de tecnologías y servicios que lo emplean como plataforma: desde mantener reuniones con alguien al otro lado del mundo, pedir una hamburguesa a domicilio o buscar el amor de tu vida.

Una vez la rueda comienza a girar es difícil detenerla. La gente compra más y el precio se va reduciendo más y más, también, debido al hecho de que la democratización de la tecnología implica que su desarrollo se vuelva, por regla general, más accesible, lo que se traduce en una mayor competencia. Esta es una idea particularmente relevante que se irá repitiendo a lo largo del libro en varias ocasiones.

De acuerdo. Cada vez más económico todo, al menos desde el punto de vista monetario (luego nos centraremos en la huella de carbono). Pero ¿hay un límite?

¿Hasta qué punto se puede bajar el precio?

Hasta que sea gratuito.

Revolución en la forma
de entender las empresas

El mundo está cambiando y, con él, las empresas. Si pensamos en una empresa del siglo XIX nos imaginamos una fábrica textil hecha con ladrillos y altas chimeneas que lanzan a la atmósfera un denso humo negro. Visualizamos obreros con camisetas manchadas que trabajan largas jornadas explotados por un señor barrigudo con un formidable bigote, un elegante traje negro y un sombrero de copa luciendo un monóculo y un reloj de oro. Horarios interminables, condiciones pésimas y sueldos irrisorios para los empleados que, eso sí, consagrarían casi toda su vida laboral a la misma compañía.

Hoy en día la mayoría de las empresas no son así, y las que sí lo son, sin duda alguna no encajan en el perfil de compañía a la que uno desearía ir corriendo a dejar su currículum.

Se pasó del capitalismo mercantil de los siglos XVII y XVIII y el capitalismo industrial del siglo XIX al capitalismo financiero del siglo XX. Y, en la actualidad, aunque los modelos anteriores siguen dando sus últimos coletazos, ya podemos decir que estamos ante algo distinto.

Por supuesto, conseguir beneficios económicos sigue siendo el objetivo principal de las empresas del siglo XXI, pero podemos afirmar, sin miedo a equivocarnos, que ya no es el único. En las compañías actuales están emergiendo todo tipo de valores que, por cierto, debemos celebrar que hayan llegado. En paralelo a la tecnología, la responsabilidad social y ambiental también ha llegado para quedarse; los altos cargos están empezando a entender que el bienestar del equipo o el entorno que les rodea, son variables que definen sustancialmente la productividad, el rendimiento y, en última instancia, los beneficios de la empresa. En definitiva, están emergiendo todo tipo de valores que debemos celebrar que hayan llegado.

Hay uno, sin embargo, que debemos resaltar por su transversalidad, el de la innovación constante. Y es que la innovación en las empresas puede repercutir en beneficios de todo tipo y color: desde la reducción de la jornada laboral o el incremento de la motivación intrínseca del equipo, pasando por la reducción de emisiones hasta, por qué no decirlo, llenar más los bolsillos del accionariado o de quien ostenta la propiedad.

La innovación, que se analiza a continuación, a menudo se da a través del desarrollo de nuevas y mejores tecnologías, pero no siempre es así. La innovación puede aparecer en la forma en la que nos dirigimos y llegamos a nuestros clientes, en la manera de relacionarnos con nuestro entorno, en nuestra capacidad de adaptación a un mundo cambiante e inestable, en el modelo de negocio o en nuestro compromiso con el medio ambiente.

Sin más, demos paso a la innovación.

Innovación como base

Hemos visto como la tecnología se desarrolla a pasos verdaderamente vertiginosos, y también que cuánto más se asienta una tecnología, más fácil es que aparezca competencia por todos lados. Es importante tener los deberes siempre hechos. Y para cualquier empresa sus deberes consisten en hacer el trabajo de hoy pensando en el mañana.

El mundo competitivo en el que vivimos exige una innovación constante para sobrevivir; es necesaria para crear valor a corto, medio y largo plazo. No podemos estar haciendo lo mismo de la misma forma si queremos sobrevivir a un mundo cambiante, porque nos pasará como a Blackberry, que cayó en cuatro días. Lo que sucede a nuestro alrededor, especialmente en el campo tecnológico, puede ser percibido como una abrumadora cantidad de amenazas, pero también como una apabullante inmensidad de oportunidades. El punto de vista que adopte cada empresa depende de su equipo directivo y del talento con el que cuente.

Pero paremos un instante. Parece que hoy en día todo el mundo se llena la boca de la palabra *innovación,* pero es un concepto que no siempre está totalmente claro o que, por lo menos, no todo el mundo lo concibe del mismo modo. Y, en realidad, es bueno que así sea: cada uno entiende la innovación desde un punto de vista distinto (lo que es coherente con el hecho de que no todos innovamos igual, aunque coincidamos en el hecho de estar innovando). Pero, en términos prácticos, ¿qué es la innovación en el terreno empresarial?

A grandes rasgos, una innovación empresarial es algún tipo de mejora en su actividad. Y, aunque se acostumbre a entender como resultado de un desarrollo técnico, no siempre es así: la innovación puede venir de distintos departamentos o aspectos de la empresa. Sin embargo, la innovación tecnológica, que en las empresas suele venir a través de los departamentos de I+D+i, suele repercutir más que ninguna otra innovación en algún tipo de ventaja competitiva.

Dicha ventaja competitiva se puede ver traducida en cambios en el modelo de negocio de una empresa, en la forma que tiene de organizarse, en los productos o servicios que ofrece e incluso en cómo los presenta, distribuye o comercializa.

Por definición, resultaría un oxímoron tratar de aglutinar todas y cada una de las maneras de innovar, porque precisamente el término *innovación* pretende romper con todas las clasificaciones posibles. Sin embargo, observando el comportamiento de las empresas durante las últimas décadas, fácilmente se pueden identificar cinco tipos de innovación prototípicos potencialmente aplicables: en el modelo de negocio, en los procesos, en el mercado, en el producto o servicio y en la organización.

Innovación en el modelo de negocio

En los países occidentales, la manera de consumir ha cambiado drásticamente durante los últimos años. Y en parte ha sido porque, a partir de la década de 2010, un grupo de empresas empezó a mirar con distintos ojos a sus clientes, y a partir de ahí, revolucionó la forma de generar valor para ellos e ingresos para sus arcas.

La forma más clara de comprender la innovación en el modelo de negocio es mediante la industria del *software*. Hace años, adquirir un *software* consistía, simplemente, en comprarlo: desde Photoshop hasta el paquete Office. Pero ya no. Los tiempos de pagar una vez y tener un *software* en propiedad están pasando a la historia y, en su lugar, se ha instaurado un modelo de suscripción.

Pasamos de concebir el *software* como un producto a verlo como un servicio, o lo que es lo mismo, un SaaS, o *Software as a Service*. En vez de hacerles pagar a nuestros clientes 250 € por un *software* una única vez, les ofrecemos la misma herramienta por unos cómodos 15 € mensuales, así como la oportunidad de darse de baja del servicio cuando quieran y la opción de aumentar la cuota mensual a cambio de mejores prestaciones. Este cambio de modelo parecería tener importantes ventajas para todo el mundo, pero también conlleva algún que otro problema.

Comencemos por las ventajas, en primer lugar, para la empresa que comercializa un *software*. Antes podía vender un producto el primer mes y dos el segundo, pero no tenía ninguna certeza de que durante el tercer mes vendería una sola unidad. La facturación dependía de una actividad comercial constante e incesante, y aun así podía haber importantes variaciones intermensuales. Esto dificultaba realizar proyecciones financieras, porque si no sabemos cuánto vamos a ingresar mañana tampoco sabremos qué capacidad tendremos para invertir.

Sin embargo, a través del modelo de suscripción, la empresa garantiza ingresos recurrentes y sostenidos a lo largo del tiempo. Es cierto que la facturación el primer mes será más baja si consigo realizar una única venta (en el ejemplo anterior, pasamos de 250 € a tan solo 15 €), pero a medida que incremento mi base de clientes me aseguro una facturación recurrente que puede superar con creces la que habría conseguido vendiendo solo nuevas unidades de *software* a 250 € cada una. Por tanto, si durante un mes mi actividad comercial es nula, seguiré teniendo ingresos, aunque no haya conseguido ningún nuevo cliente. Y esto es un elemento clave, especialmente para una empresa recién creada, o para una *startup* que quizás, eventualmente, tenga que quitarse gastos de encima para poder sobrevivir.

Concebir un producto como un servicio no solo cambia nuestra forma de venderlo: cambia también los esquemas financieros de la compañía y permite reestructurar la organización entera al tener ingresos recurrentes y estables. Además, en parte, este modelo es atractivo porque a medida que transcurre el tiempo, el cliente acaba pagando, mes a mes, cantidades superiores a la que habría pagado si hubiese comprado el producto con un pago único.

Bien, tenemos beneficios para las empresas. Pero ¿cómo se beneficia un cliente de este cambio de modelo? De entrada, en lugar de desembolsar 250 € de golpe tiene la oportunidad de irlo pagando «en cómodos plazos», aunque nunca lo tendrá en propiedad. Pero recordemos que los hábitos de consumo están cambiando. Y que, quizá, con el desarrollo tecnológico que hemos avanzado unas páginas atrás, a muy poca gente le convencería tener un *software* que no se actualice constantemente. Es decir, en última instancia, el cliente que se suscribe a un servicio en lugar de comprar un producto puede estar tranquilo, porque tiene garantizada una actualización constante de sus servicios; puede estar a la última en tecnología pagando una pequeña cantidad mensual.

El paso del modelo de vender productos a ofrecer servicios está conquistando cada vez más y más variadas industrias, dejando tras de sí un amplio abanico de siglas familiares entre ellas: SaaS (Software as a Service), PaaS (Platform as a Service: plataformas y ecosistemas tecnológicos que se ofrecen por suscripción mensual), MaaS (Mobility as a Service: marcas de coches que comienzan a ofrecer sus coches por una suscripción mensual en lugar de venderlos), GaaS (Gaming as a Service: basta con ver Microsoft con su Game Pass, con el que ofrece más de cien juegos por una suscripción mensual tremendamente competitiva), etc.

Mediante el análisis de datos y de usabilidad, se puede saber cómo los clientes emplean la herramienta (sea un *software,* un videojuego o un automóvil), dónde hay mayores fricciones, qué funciones o prestaciones consideran más valiosas y cuáles menos, etc., y toda esta información debidamente analizada se puede utilizar para la mejora continua del producto o servicio ofrecido.

Dicho todo esto, vamos un poco más allá; no solo hay nuevos modelos de negocio pasando de productos a servicios. Veamos algunos otros ejemplos.

Modelos de cola larga (long tail)

Supongamos que tenemos una web a través de la cual vendemos cursos especializados en logística y comercio internacional.

Gracias a herramientas como Google Analytics sabemos que quienes visitan nuestra web dedican, por poner una cifra inventada, quince segundos como máximo antes de decidir si siguen navegando entre nuestra oferta de cursos o se marchan a otro de sus tabuladores abiertos.

La pregunta es: ¿qué cursos deberíamos poner en lo más alto de la web para que fuesen los primeros en ser vistos? ¿Los que más se venden, para potenciar los superventas? ¿O bien los que menos interés generan entre los internautas para dar salida a aquellos que no tienen tanto éxito?

Como cualquier empresa, disponemos de recursos limitados (cantidad de cursos que se pueden enseñar en lo más alto de la página web y el tiempo de atención que podemos captar a los visitantes), así que tiene sentido que procuramos disparar al valor seguro enseñando los cursos que se venden como churros.

En ese escenario, estaremos siguiendo la ya famosa ley de Pareto, según la cual debemos centrar el 20 % de nuestro esfuerzo en algo que nos pueda generar el 80 % de los resultados. Dicho de otra forma: hacer lo mínimo para conseguir lo máximo.

Podemos aplicar dicha máxima a prácticamente cualquier cosa; si tengo cinco salas de cine y debo elegir qué películas emitir y en qué sesiones, lo más probable es que elija el 20 % de las películas más taquilleras o con nominaciones a los Óscar y les dedique el 80 % de las sesiones disponibles.

Sin embargo, aunque pareciera una máxima inquebrantable, hay alternativas a la ley de Pareto. De entrada, no son mejores ni peores, sino que simplemente se adecuan más a las necesidades de unas empresas u otras. Pero precisamente plantearse otra opción ante aquella que está establecida como ley, es una propuesta potencialmente innovadora. El modelo *long tail* o de cola larga juega exactamente a lo contrario que la ley de Pareto. Es decir, si normalmente se centran los esfuerzos o recursos en ofrecer pocos productos con una grandísima oferta, vender con un modelo *long tail* significa vender pocas unidades de una grandísima cantidad de productos distintos.

¿Cómo se interpreta el gráfico de la figura 3? Las tres primeras barras rayadas representan los productos que más se venden; son los superventas, los libros más vendidos, las películas más taquilleras, los artistas más populares y los zapatos más deseados en los pasillos de los institutos. Sea el tipo de producto que sea, se trata de lo más demandado por las personas consumidoras: la cabeza.

El resto de los productos del gráfico constituyen la cola larga, que da nombre al modelo. Se trata de miles de productos con poca demanda que despiertan el interés de unos pocos clientes con necesidades muy distintas. Cada uno de estos

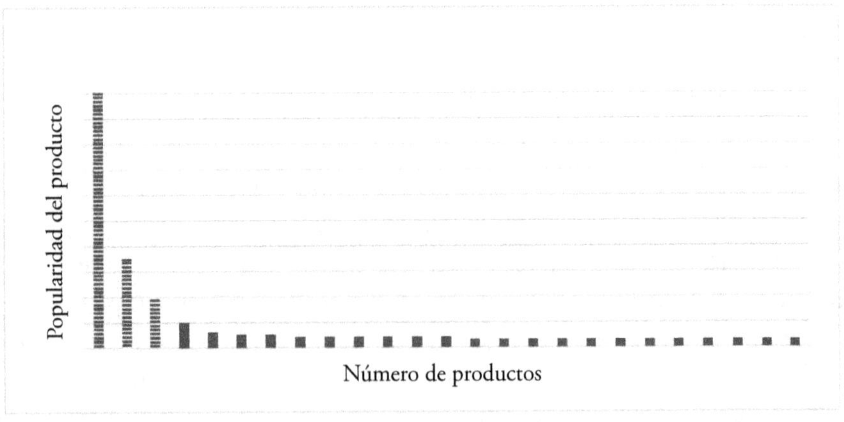

Figura 3. **Modelo de cola larga o** *long tail.*

productos logrará un pequeño puñado de ventas, pero la suma de todos ellos es capaz de construir un gigante llamado Amazon, cuya facturación depende, en un 40 %, de productos de la cola larga.

En el mundo en el que vivimos, un modelo de cola larga tiene más sentido que nunca. Cada vez más, los consumidores buscan identificarse con los productos que adquieren; buscan aquello único, aquello que les represente y les reafirme como individuos, por lo que mucha gente se aleja de productos generalistas para buscar aquellos más afines a sus necesidades, deseos, inquietudes o identidades particulares. Esa sensibilidad con la psicología del consumidor y esa adaptación a lógicas propias de nuestros tiempos también es innovación, aunque parezca volver a unos esquemas propios de otra época.

Y es que no hace tantos años, los catálogos por correo, en gran medida, ya constituían un modelo *long tail* antes de la irrupción de internet. Lo que es novedoso es la forma de traer de vuelta este modelo a través de las nuevas tecnologías o de nuevas formas de organizar la empresa, su producción y su gestión logística, entre otras.

Su auge, su creciente adopción, se explica por el hecho de que internet ha permitido que incluso una tienda especializada en un nicho muy particular pueda llegar a miles e incluso millones de personas interesadas en algo tan concreto.

Además, el desarrollo tecnológico, que recordemos, reduce el costo de las tecnologías y procesos a medida que se van asentando y democratizando, permite que se pueda producir todo tipo de productos bajo demanda y con un alto nivel de personalización con un costo razonable.

Este modelo tiene otras ventajas igualmente interesantes. La primera de ellas puede resumirse en la famosa frase de no poner todos los huevos en la misma cesta; depender de unos pocos productos superventas está bien, pero más nos vale que no se dejen de vender nunca o ser capaces de mantenernos a la vanguardia ofreciendo siempre lo más reclamado. En cambio, vender poco de miles de productos reduce el riesgo de ver la facturación caer: diversificar, como en todas las inversiones, es una estrategia más segura.

Por otro lado, es igualmente destacable el grado de fidelización que se puede conseguir por parte de nuestra clientela si somos capaces de ofrecer productos personalizables o, en su defecto, ser capaces de venderles productos que nadie más ofrece (por ser muy específicos, por ser muy de nicho… por la razón que sea, en realidad), lo que, por otro lado, implica también un menor grado de competencia.

Modelos de bajo costo (low cost)

Unas páginas atrás lo hemos avanzado: hace unas cuantas décadas no cualquiera volaba en avión. Un avión era un avión. Era algo serio, profesional e importante. Y caro. Bastante caro.

En cambio, hoy en día, subir a un avión ha dejado de ser algo excepcional, y sus precios se han reducido drásticamente. Es más económico ir en avión de Londres a Barcelona (1.137 km en línea recta) que en coche de Barcelona a Valencia (303 km en línea recta).

Existen varias razones por las cuales los vuelos son ahora mucho más baratos que en sus orígenes (entre ellas, debemos matizar, la desregulación del sector), pero ahora vamos a ver uno de los motivos abordando la cuestión con un ejemplo empresarial.

En 2002 la aerolínea irlandesa Ryanair aterrizó en España y, con ella, rebajas en los precios de los billetes que se movían entre el 85 % y el 95 % si se comparaban con los de sus competidoras.

Un verdadero escándalo y una disrupción en toda regla que, debo añadir, fue posible también gracias a los millones en subvenciones públicas que ha recibido Ryanair.

Hoy, Ryanair es la compañía líder en España y en Europa.

Y lo ha hecho ofreciendo un producto barato. Le podemos encontrar quejas, le podemos encontrar problemas. No es perfecto, los asientos son estrechos y no nos dan comida ni aceitunas, cierto. Pero nos lleva del punto A al punto B a un precio más bajo que la competencia; esa es su misión y la cumple con creces.

Entonces, ¿el hecho de vender barato convierte mi modelo de negocio en uno *low cost*? Más bien no; vender barato no es la única condición que hay que cumplir si queremos garantizar la supervivencia de la empresa, y ni siquiera es la más importante.

El primer objetivo que debemos conseguir es ser los mejores controlando los costos. Tenemos que fabricar el producto o proveer el servicio al menor costo posible, y esto incluye todos los gastos asociados, incluyendo el *marketing* y la distribución. Por ello, es también importante tener muy claro dónde está nuestra clientela, cómo es, qué necesita y cómo lo necesita desde el primer momento. Debemos asegurarnos de ser capaces de vender nuestro producto o servicio a mucha gente y, a ser posible, muchas veces.

Pudiera parecer que el modelo de bajo costo es, simplemente, vender barato a clientes que tenemos muy bien identificados. Pero ¿podemos levantar un imperio vendiendo productos de una pésima calidad a un precio bajo? Habrá mercado, desde luego. Pero una estrategia ganadora, probablemente, pasará por ofrecer un producto de la calidad más alta al menor precio posible.

Ryanair es la mejor controlando los costos en su sector. Sus desembolsos en *marketing* son hasta siete veces inferiores si se compara con algunas de sus competidoras; sus gastos en mantener y renovar la flota son un tercio de las de algunas competidoras; y vuela también desde y hacia aeropuertos minoritarios, lo que reduce los costos de aeropuertos y servicios de tierra.

El resultado es su capacidad para vender barato sin renunciar a unos márgenes de beneficio que año tras año van aumentando a medida que encuentran fórmulas para reducir sus costos. Y de eso, precisamente, se trata: de no parar nunca de reducir los costos en cualquier área: personal, producción, logística, aprovisionamiento, existencias, *marketing*...

No abogo, desde luego, por una reducción de costos «a cualquier precio», si se me permite el juego de palabras. El capital humano de una empresa es su principal activo, y que una empresa se convierta en una trituradora de trabajadores no debería ser nunca una buena forma de proceder. Hay que destinar los recursos humanos de la compañía hacia el desarrollo de funciones que aporten valor, formando, movilizando o trasladando al equipo para que se dedique a tareas distintas si las que realizaba hasta ahora pueden, por ejemplo, automatizarse. La reducción de costos, a mi parecer, debería pasar por una mayor optimización de todos los procesos, no por rebajar las condiciones laborales, aumentar la precariedad, reducir el compromiso medioambiental o recortar en aspectos determinantes de la calidad del producto o servicio.

El uso de las nuevas tecnologías ha conseguido, consigue y conseguirá reducciones cada vez más significativas en los costos. La robotización permite prescindir de mano de obra por una fracción de su costo; la automatización permite optimizar procesos y ahorrar tiempo; la inteligencia artificial permite encontrar mejores formas de realizar tareas o encontrar patrones que dibujen escenarios nuevos sobre los que ampliar el negocio o perfeccionar el ya existente.

Apoyarnos en las economías de escala es sin duda el mejor aliado en este sentido, aunque necesitaremos volumen para poder hacerlo posible.

Pero hay más: podemos ofrecer el producto principal, el reclamo (en este caso, el billete de avión), y tratar de seducir a nuestra clientela para que adquieran otros productos y servicios complementarios. Esto es lo que se conoce como *venta cruzada,* y gracias a internet, es más fácil que nunca saber qué productos y servicios es más probable que compren nuestros clientes en función de sus intereses, perfil demográfico, productos adquiridos, etc.

Es decir: aumentar el tique promedio y, de esta forma, nuestros beneficios.

Modelo gratuito con opciones premium (freemium)

Ampliamente conocido y popularizado, especialmente en aplicaciones y *software,* aunque aplicable igualmente a otros tipos de productos o servicios.

El modelo *freemium* consiste, esencialmente, en ofrecer nuestro producto o servicio de forma totalmente gratuita y plenamente funcional. ¿Dónde está, entonces, el negocio?

Bueno, en ciertos tipos de mercados conseguir un amplio número de usuarios puede resultar relativamente sencillo si ofrecemos un producto que solucione un problema o una necesidad compartida por mucha gente. El objetivo de este modelo es ofrecer a todos estos usuarios que usan nuestra herramienta o servicio de forma gratuita algunos extras que sí tienen un precio.

El objetivo es ofrecer algo gratis para que la gente se enganche, y al hacerlo, darle la oportunidad de mejorar su experiencia, esta vez sí, pagando. Spotify es el ejemplo por excelencia. Es gratis para cualquier persona, pero si no quieres tener restricciones pasando canciones, elegir la que quieras cuando quieras o no tener que escuchar publicidad, tocará pasar por caja.

Como se puede ver en el caso de Spotify, este modelo se combina con otros; en un primer momento se compagina con el modelo de publicidad (el negocio se sustenta insertando publicidad hasta en la sopa) mientras el usuario se resiste a pagar. Si finalmente cae y se suscribe, ya hemos visto cómo funciona el modelo *as a service,* en este caso MaaS (*Music as a Service*).

En todo modelo *freemium* deberemos imponer a nuestro producto o servicio algún tipo de limitación que se desbloquea mediante el pago. Dicha restricción puede ser de cualquier tipo. He aquí algunos ejemplos que, en no pocas ocasiones, se combinan entre ellos:

- *Tiempo:* muchas veces la versión gratuita tiene un tiempo limitado (dos semanas, un mes, a veces incluso más). Transcurrido este tiempo, se deberá pagar.
- *Funcionalidades:* algunas funcionalidades se limitan a los usuarios de pago. Suelen ser funcionalidades que no privan de la experiencia esencial del producto, ya que el objetivo es que nuestro potencial cliente se enganche.

- *Publicidad:* el producto será gratis, y quizá sin restricción alguna, pero estará plagado de anuncios por todas partes.
- *Uso:* a veces, la limitación que se impone no está tan ligada al tiempo o a las funcionalidades, sino al número de veces que se puede emplear la herramienta.

Puede haber, y de hecho hay, más limitaciones, pero estas son algunas de las más habituales. En todas ellas hay que ponderar muy bien dónde se fija el límite y cómo; hay que permitir a la potencial clientela experimentar el uso de nuestra solución o producto lo suficiente como para que se convenza de que le es imprescindible. Pero, a su vez, debemos realizar limitaciones suficientes como para incentivarle a que deje de ser «usuario» *freemium* para ser «cliente» *premium.*

Este tipo de modelos requiere que haya importantes volúmenes de usuarios que prueben nuestra solución o herramienta, pues, lo cierto, es que un porcentaje muy reducido de estos acabará por pagar; tan reducido como un 1 % de promedio, a menos que te llames Spotify o Tinder, aunque jamás nadie se atreva a aceptar haber pagado por una *app* de citas.

No obstante, por ejemplo, puede haber empresas ligadas al sector de la logística que empleen este tipo de modelo. Flexport, por ejemplo, es una *startup* de Silicon Valley que tiene el respaldo de algunos multimillonarios del mundo tecnológico y de grandes fondos de capital riesgo. Nació en 2013 para automatizar formularios en aduanas en papel, aunque se ha diversificado y ahora analiza y optimiza las cadenas de suministro de su clientela para luego automatizarlas reduciendo los plazos de entrega.

En un contexto de incertidumbre, con el precio de los contenedores habiéndose multiplicado por diez y con una logística global a la que cada vez le cuesta más hacer frente a la creciente demanda, su negocio está en auge y su valoración también: ocho mil millones de dólares en 2022.

Pero ¿qué es Flexport? Esencialmente un *software,* una plataforma en línea gratuita que permite cotizar, reservar y realizar envíos, hacer su seguimiento y más funcionalidades ligadas a la cadena de suministro. Y, claro está, tiene una versión *premium,* con más funcionalidades y –algo muy típico– un mayor soporte al cliente, que es fundamental para este tipo de negocios.

Desde luego existen otros tipos de modelo de negocio. Algunos más nuevos, otros más viejos, pero en términos generales estamos viendo su emergencia sustentándose en cambios posibles gracias a las nuevas tecnologías.

Así, vemos modelos como el de plataforma, *marketing* multinivel, modelos de cebo o de afiliación. Internet, en este sentido, ha abierto un abanico de posibilidades inmenso, y es responsabilidad de cada empresa, de cada organización, plantear de qué forma puede brindar el mejor servicio, producto o experiencia jugando, también, con su propio modelo de negocio.

Innovación en los procesos

En este camino por los tipos de innovación que pueden incorporar las empresas hemos visto algunos ejemplos de innovación en el modelo de negocio. Nos centramos ahora en la innovación en los procesos, que, aunque quizá parezca menos *sexy*, ha quedado altamente demostrado que puede tener un impacto inmenso en todo tipo de organizaciones.

Consiste en implementar nuevos o mejores procesos de fabricación, logística o distribución. Se trata de un tipo de innovación que es invisible para el cliente final y por ello puede parecer menos atractiva que otras formas de innovación. Sin embargo, puede proporcionar a la empresa incrementos en la productividad, mayores rendimientos por unidad de tiempo (es decir, ser más eficiente) y otras formas de ahorro monetario.

Ilustrémoslo con un ejemplo. Hace unos años, Tesla necesitaba más de setenta piezas para fabricar la zaga de sus automóviles. Eso era claramente un problema, porque más allá del costo de producción de cada pieza, luego había que unirlas y supervisar cada uno de los ensamblajes. Pieza por pieza; vehículo por vehículo. Por supuesto, además del costo directo, todo ese proceso productivo aumentaba el tiempo de fabricación de cada automóvil lo que, de nuevo, repercutía en más costos asociados a cada vehículo. Ante esta situación, sus ingenieros plantearon una solución inaudita en el sector: en vez de ensamblar setenta piezas para cada automóvil, se les ocurrió fabricar una única pieza para la zaga entera mediante fundición a presión. De esta manera, los procesos se minimizaban y los tiempos de espera y gastos de almacenaje se reducían drásticamente.

Y funcionó. Pero eso solo fue el principio. Ya había funcionado una vez, de manera que el proceso se podía replicar. Y no tardaron en hacerlo. Al cabo de pocos meses, la parte frontal de los Tesla también se producía a través de fundición a presión, lo que permitió que, unida a la zaga mediante la batería, el proceso de fabricar un Tesla Model Y fuese prácticamente como pegar dos piezas de Lego con una batería. El procedimiento es mucho más sencillo y se minimiza el margen de error con piezas defectuosas, malas soldaduras y demás.

Estas piezas se fabrican mediante unas monstruosas prensas cuyo nombre, desde luego, les hace justicia (se llaman Giga Press). Son las más grandes del mundo, pesan más de 400 toneladas y tienen más de 20 metros de largo. Cuestan una fortuna, pero son capaces de fabricar cada pieza en menos de cinco minutos, haciendo que el costo de fabricar un chasis se reduzca en un 40 %. Al simplificar enormemente el proceso productivo para la fabricación de la carrocería, el espacio necesario en la fábrica para tal fin disminuye un 30 %, y al tratar con menos tareas y mucho más sencillas se puede prescindir del 20 % del personal.

Lo sorprendente de esto es que ninguno de las empresas fabricantes tradicionales, con décadas, e incluso siglos a sus espaldas, lo hicieran antes.

Tesla es capaz de sacar un vehículo de la fábrica cada 40 segundos mientras que Volkswagen tarda 54 segundos, y no es de extrañar que la planta de montaje más productiva de Estados Unidos sea precisamente de Tesla. Seguramente, la compañía de Elon Musk no es la que tiene más experiencia ni tampoco la que tiene más cuota de mercado en el mundo de la automoción. Pero ha hecho de la innovación su seña de identidad. Y particularmente, la innovación en los procesos productivos hace que Tesla sea una empresa tan atractiva, también, para los inversores; Tesla vende seis veces menos que Toyota pero tiene un margen de ganancia ocho veces más grande

La innovación en los procesos, por regla general, queda oculta para los potenciales clientes. Hay mucha ingeniería y poco *marketing,* para entendernos, pero sus resultados, bien ejecutada, son asombrosos.

Pueden marcar la diferencia entre una empresa rentable, sólida y capaz de generar dinero a mansalva a una que está potencialmente en quiebra.

Innovaciones en productos o servicios

Probablemente es el tipo de innovación más intuitivo y el que nos viene a la cabeza cuando pensamos en la tarea de un equipo de I+D+i: la introducción en el mercado nuevos productos y servicios o bien modificaciones y mejoras sustanciales en aquello ya existente. Suele ser el tipo de innovación más popular, por razones más que evidentes, aunque no por ello es necesariamente la más relevante ni tampoco la más segura. En cualquier caso, la innovación en los productos o servicios puede ser un elemento clave a la hora de preparar una empresa para el futuro. Se pueden distinguir dos tipos de innovación de producto:

- *Innovación radical:* se da cuando se crea un nuevo producto. Es, desde luego, la forma más arriesgada de innovar: el 95 % de los miles de productos nuevos que se lanzan cada año en Estados Unidos fracasan, lo que sorprendentemente les da una esperanza de vida promedio más baja que a las nuevas *startups*.
- *Innovación incremental:* consiste en innovar en un producto añadiendo progresivamente pequeñas modificaciones. Es el tipo de innovación más usual y también el menos arriesgado, ya que se limita a mejorar ligeramente un producto que ya se encuentra bien asentado en el mercado.

Empecemos por el primero. Está claro que lanzar un nuevo producto no es una tarea fácil. Hay que estudiar el mercado y sus necesidades, averiguar qué es lo que puede solucionar los problemas irresueltos de un sector y luego desarrollarlo. Tras esto habrá que testear el nuevo producto, analizar los resultados y perfeccionarlo. Testear, analizar y perfeccionar. Y así sucesivamente lo más rápido posible, porque un producto difícilmente alcanza el *market fit*, o el encaje perfecto a las necesidades del mercado: siempre se puede mejorar o adaptar o ajustar a la realidad cambiante del mercado.

Pero ¿a qué nos referimos con innovar con un producto? ¿Qué condiciones debe cumplir un producto para considerarlo «nuevo» o, por lo menos, «innovador»?

Hay toda una ciencia detrás de esto, por lo que no me extenderé ni ahondaré demasiado en esta cuestión:

- Debe ofrecer nuevas funcionalidades o mejorar las funcionalidades ya existentes con el objetivo de dar una mejor solución (en términos de eficiencia o eficacia) al usuario.
- Debe mejorar alguna de las características del producto no necesariamente vinculadas a sus funcionalidades: calidad, durabilidad, resistencia, usabilidad, atractivo o belleza, entre otras.

La mejora de un producto suele darse incorporando tecnologías nuevas o actualizando las existentes, ya sea a través de su *software,* de su *hardware* o de los materiales que emplea. Sea como sea, la innovación en un producto debe responder a la necesidad de dar solución a un problema o mejorar la forma que existe para resolverlo.

Hemos visto cómo, por ejemplo, innovar en los procesos puede ayudarnos a ahorrar durante la fabricación de un artículo. ¿Cómo puede ayudarnos la innovación de productos? De dos maneras: ayudándonos a penetrar en un mercado (ya sea nuevo para nosotros o ganando cuota de mercado) o creando un nuevo mercado.

Innovar mediante el producto, por otro lado, es una vía inteligente y lucrativa de crear y fortalecer una marca, y si no que se lo digan a Google con su buscador o a Apple con su iPhone. Pero no siempre debemos recurrir a las grandes tecnológicas: la empresa Post-it, sin ir más lejos, cuyo pegamento empleado para enganchar y desenganchar papelitos fue un desarrollo accidental que abrió de par en par las puertas a un nuevo producto que hasta entonces no existía.

Innovaciones en organización

La gestión del talento en una empresa es un verdadero quebradero de cabeza para muchos equipos directivos. Las empresas, digamos, chapadas a la antigua, tienen más problemas para captar y retener talento que las empresas que inspiran un aire más moderno, con prácticas más amables hacia su plantilla, con más consideración hacia la conciliación de la vida familiar y laboral y con incentivos que van más allá de la mera remuneración.

Estas empresas han innovado en su organización implementando todo tipo de estrategias, estructuras o prácticas más ajustadas a las demandas de los trabajadores y han sabido gestionar su talento de una forma distinta.

Se pueden crear espacios y momentos para fomentar la creatividad y adoptar nuevos procesos de trabajo. Hay muchísimas metodologías de trabajo que permiten organizar los equipos de manera más eficiente. Un buen ejemplo de ello es la metodología Agile, empleada para el desarrollo de *software.*

Las antiguas estructuras organizativas piramidales han demostrado ser poco eficaces para fomentar la participación e implicación de los trabajadores, especialmente entre aquellos más jóvenes. En cambio, crear equipos flexibles, multidisciplinarios, con estructuras matriciales o más planas, facilitan enormemente la comunicación, el surgimiento de ideas nuevas y la toma de decisiones consensuadas.

Además de todo esto, cada vez es más importante tener muy bien definida la cultura de la empresa y hacer que todo el talento haga suya la forma de ser de la organización. Es fundamental que los equipos hagan su trabajo movidos por una motivación intrínseca, relacionada plenamente con lo que hacen, en lugar de por motivos únicamente extrínsecos, como puede ser la cantidad de dinero que cobran a final de mes o el posible estatus que les dé un puesto. Pero más allá de eso, que haya coherencia es muy importante no solo para que no existan diferencias entre lo que decimos que somos y el cómo lo hacemos, sino también porque se genera un sentimiento de pertenencia que es clave para la retención del talento.

Todo esto, claro está, sustentado sobre la base de nuevas formas de relacionarse y de premiar al equipo; teletrabajo, horario flexible, planes de carrera o aplicar inteligencia emocional en las relaciones laborales son demandas cada vez más extendidas y que las empresas deben aprender a satisfacer.

Todo esto también es innovación, como también lo es ofrecer gimnasio al personal, seguros, tiques restaurante, un buen recibimiento con regalos de bienvenida *(welcome pack)* o plantear actividades de fomento del trabajo en equipo *(team building)*, si (y solo si) a esas personas realmente les interesa hacerlas.

¿Es necesario todo esto? No, pero las nuevas generaciones, que son las más infieles y que cambian más de trabajo, lo agradecen más que ninguna otra.

Innovaciones en el mercado

Otro tipo de innovación, quizá más confuso, es el de innovaciones en el mercado. Esencialmente, se trata de introducir nuevas técnicas, estrategia o prácticas en una empresa para ir cambiando la forma en que se relaciona con su público y su clientela.

¿Cómo entregamos nuestros productos o servicios? ¿Cómo los podemos vender? Existen numerosas patas para esta mesa; se puede segmentar el mercado de maneras diferentes o que hasta ahora no hacíamos, dirigiéndonos a nuevos segmentos o públicos de forma más eficaz dada su, por ejemplo, condición o preferencias.

Se pueden emplear nuevos canales de distribución; no es lo mismo vender en una tienda física que abrir un *ecommerce*. Ambas posibilidades requerirán una serie de ajustes para que la experiencia en ambos entornos, el físico y el digital, sea óptima. En este sentido, jugar con nuevas estrategias de precios es también lo más recomendable si queremos fomentar las ventas en un canal en lugar de otro (por ejemplo, por tener asociados unos costos operativos más bajos).

A lo largo del libro iremos viendo algunos ejemplos de innovaciones en el mercado que, aunque no se especifique que lo son, encajan en su definición como un guante en una mano.

¿Qué nos debería preocupar
de todo esto?

Hasta ahora hemos visto cómo funciona el desarrollo tecnológico y algunas formas de innovación que podemos incorporar a nuestra organización.

Sin embargo, no es oro todo lo que reluce.

Estamos viviendo una verdadera revolución tecnológica que cambiará el mundo de formas que ni siquiera podemos sospechar. ¿La humanidad ha vivido revoluciones tecnológicas en el pasado? Sí. ¿Es comparable el impacto y el miedo que generó en el pasado?

Ni por asomo.

Esta revolución tecnológica es muy distinta a las anteriores, y hay motivos más que suficientes para preocuparnos por unas cuantas cuestiones. Veamos tres de ellas. No son irresolubles, no son una perdición, pero exigen que las abordemos —en especial, la inteligencia artificial— con pies de plomo.

¿Por qué esta revolución tecnológica es distinta a las anteriores?

Inglaterra. Siglo XIX. Las locomotoras de vapor rugen, acelerando el ritmo de la vida y empequeñeciendo el mundo al hacerlo. Las chimeneas humeantes se alzan sobre el horizonte anunciando una nueva era bajo un cielo encapotado por nubarrones. La campiña inglesa, antes tranquila y bucólica, se transforma en un intrincado paisaje manchado por nuevas ciudades, fábricas y colonias de ladrillos rojos. Los periódicos anuncian la independencia de nuevas naciones en América Latina, el auge de nacionalismos, revoluciones y todo tipo de movimientos liberales en Europa y avances científicos y tecnológicos cuyas consecuencias todavía hoy debemos agradecer.

El mundo es, en este contexto, un lugar cada vez más nuevo y desconocido para todos. La Revolución Industrial está cambiando la civilización, aunque no a todo el mundo esto le parece una buena idea.

Grupos de personas, que durante el día eran obreros textiles y artesanos y de noche encapuchados violentos, seguían las guías de una figura, probablemente mítica, llamada Ned Ludd, o Rey Ludd para los amigos. Estos seguidores, llamados ludistas, preocupados por los recientes cambios en sus fábricas, deciden canalizar toda su rabia y su odio hacia un nuevo e inesperado enemigo al que no dudaron en declararle la guerra: las máquinas y la tecnología textil.

El *casus belli:* les estaban robando el trabajo.

La guerra, más bien guerrilla, consistió en una serie de acciones para mostrar el descontento hacia la nueva realidad que se abría ante sus ojos y una forma de resistir el avance, el desarrollo y la introducción de las máquinas en las fábricas. Y aunque sus jornadas fuesen eternas y las condiciones pésimas, una cosa era permitir que un ser humano les explotase y otra muy distinta tolerar que una máquina estúpida les robase el trabajo, su único sustento y su futuro.

Así que decidieron tomar la directa. Atacaron fábricas y talleres destrozando máquinas, cuya labor eficiente hacia prescindible la mano de obra humana, con martillos, hachas y, sobre todo, mucha ira y desesperación. Intimidaban y amenazaban a los empresarios para mitigar todo interés en invertir en aquellas perversas creaciones de madera y metal. Boicotearon el propio sector textil tratando de provocar una fuga de trabajadores para bloquear cualquier intento de seguir produciendo. Sabotearon y arrasaron con productos terminados antes de que pudiesen ser comercializados. Mezclaban materiales para poner trabas en la producción. Se manifestaban y trataron de convencer a la sociedad, al gobierno y a los propietarios del capital para que detuvieran aquella locura que iba a dejarlos a todos sin trabajo. Hubo, por otro lado, represión por parte del gobierno británico ante los actos violentos, incluyendo leyes y soldados para proteger las fábricas, además de división dentro del propio movimiento ludista.

Pero por más que se esforzaran, no sirvió de nada.

Y no sirvió de nada dado que, contra la eficiencia de una máquina, no había obrero ni grupo de obreros que pudiera competir; cada máquina adquirida conllevaba mayor producción a un costo menor. Una simple cuestión de suma resta, y nada más, bastaba para ignorar cualquier demanda.

Sin embargo, quizá la razón principal de su fracaso sea otra mucha más simple: la gente siguió trabajando.

En el pasado, las cosas eran mucho más simples. Innovar permitía que el trabajo humano fuese más cómodo, haciendo, mediante pequeñas mejoras, aumentar la productividad, por ejemplo, de las cosechas. Poco a poco, con la misma cantidad de gente, se podían fabricar más cosas.

Muchos trabajos desaparecieron, pero muchos otros se crearon. Estos nuevos trabajos solían ser mejores o requerían mayor cualificación, lo que también era algo bueno. Cada vez había más gente y cada vez había más gente trabajando para satisfacer una demanda, también cada vez, más creciente.

La innovación traía mayor productividad, eliminaba viejos empleos y creaba nuevos trabajos y nuevas profesiones, y poco a poco la calidad de vida fue mejorando; a principios del siglo XIX la pobreza era algo generalizado y enquistado en Europa debido a un bajo desarrollo económico y a la ausencia de políticas sociales, rondando, según algunos estudios, el 80 % de la población.

Hemos pasado de ser agricultores a ser obreros en las fábricas con la industrialización y a trabajar en servicios en la era de la automatización. Y ahora, de pronto, nos encontramos en la era de la información.

Nuestros empleos siempre han estado amenazados por las máquinas. Es algo aparentemente inevitable, pero cada innovación ha traído consigo la emergencia de nuevos, mejores y más variados empleos, además de mejores condiciones laborales y de vida.

No hay razón para creer que ahora vaya a ser distinto. ¿No?

¿No?

En el año 1980, la empresa con más trabajadores del mundo era la compañía estadounidense de fabricación de automóviles General Motors. Ese año empleaba a 850.000 trabajadores en todo el mundo, con unos ingresos de 66.300 millones de dólares.

En el año 2022, Apple, la empresa más grande del mundo, tenía 164.000 trabajadores y obtuvo unos ingresos de 394.328 millones de dólares.

Esto da una idea significativa de lo que está sucediendo. Por supuesto, estas cifras están acentuadas por la inflación que cabría considerar al valorar la facturación de General Motors en 1980, pero aun así el dato que arroja no pierde fuerza: con una mano de obra cinco veces menor genera seis veces más ingresos.

Vayamos más allá: General Motors, en 1980, tenía más trabajadores de los que tienen hoy Apple, Google, Microsoft, Facebook, Nvidia, Samsung y Tencent juntas. Y la facturación combinada de estas es de un billón trescientos mil cuatrocientos veintinueve millones de dólares. Lo he puesto así para que sea impactante, pero si lo ponemos en números, el asombro se mantiene: 1.300.429.000.000 de dólares estadounidenses. Esto es casi 17 veces más que General Motors, y aunque los tipos de interés hayan subido, no hay inflación que justifique estos datos.

Sin embargo, quizás haya quien diga que no podemos comparar peras con manzanas. Y seguramente lleve razón.

En 2021, el Grupo Volkswagen se convirtió en el mayor fabricante de automóviles del mundo con 8,6 millones de vehículos vendidos (General Motors, en 1980, vendió 5,4 millones), con 200.000 trabajadores menos de los que tenía General Motors 41 años atrás.

Cada vez hacemos más requiriendo menos personas.

Con internet estamos creando muchas, muchas industrias distintas que están transformando el mundo entero.

El «problema» es que no necesitan mucha mano de obra, y ni pueden compensar el aumento de la población ni tampoco absorber a todas las personas que se van quedando sin trabajo, precisamente, por la innovación.

A menudo hablo de Blockbuster porque me parece un ejemplo paradigmático de cómo la falta de innovación puede matar un buque global como lo fue en su momento la cadena de videoclubs. En 2004, Blockbuster tenía 84.000 empleados e ingresó 6.000 millones de dólares. Netflix apareció en escena (gracias a internet) y su innovación cambió el sector del entretenimiento doméstico a través de series y películas vía *streaming*. En 2016, Netflix tenía una plantilla de 3.200 personas y obtuvo unos ingresos de 25.000 millones de dólares.

Se cargó a Blockbuster sin necesitar tanta mano de obra. La innovación en la era de la información no necesita tanta fuerza de trabajo, y a medida que destruye industrias, sectores o establecimientos de todo tipo, más y más personas dejan de poder ser reintroducidas en el mercado porque, simplemente, no son necesarias.

Es una realidad de una crudeza muy dura, pero es lo que tenemos… Y lo que viene será peor.

Mucho, mucho peor.

Ya hemos visto en detalle algunas de las tecnologías que definen el presente y cambiarán el futuro. Hemos visto como se ha pasado de máquinas tontas que hacen una tarea repetitiva y monótona, siendo incapaz de hacer nada complejo, a enseñar a las máquinas que una tarea muy compleja no es más que un conjunto secuenciado, ordenado, lógico y adaptable de instrucciones más pequeñas (mediante los algoritmos).

Cuánto más compleja es una tarea, en un mayor número de pequeñas tareas se deberá descomponer. Aterrizar un avión debe de ser algo verdaderamente estresante. Me imagino en la cabina de pilotaje, con tantas luces y botones, vidas a bordo y tantas cosas que podrían salir mal que, simplemente, me abrumo. Pero, en realidad, aterrizar un avión no requiere más que conocer la función de botón, determinar cientos de variables (como el viento, por ejemplo), tener horas y horas de experiencia y seguramente algunas cosas más que ignoro porque, simplemente, no he pilotado un avión en mi vida.

Pero es un buen ejemplo de que se puede segmentar en miles de tareas, de cálculos, uno tras otro, haciendo tal cosa si sucede alguna otra o no haciendo algo si suceden aquellas otras. Es más complejo que esto, pero en realidad, en términos generales, no va mucho más allá.

Las máquinas tontas destruyeron los trabajos en las fábricas.

Las nuevas máquinas destruirán el resto de los trabajos.

Y esto es un hecho. Cuánto más se especialice una máquina en algo mediante el aprendizaje automático, menos probable es que un ser humano pueda competir con ella. La realidad golpea como una bala por la espalda en cuanto nos damos cuenta de que estamos enseñando a las máquinas a especializarse en absolutamente todo lo que hacemos los seres humanos.

Ni siquiera el arte o la psicología quedan fuera de esta realidad; mi psicóloga tardará en sufrir las consecuencias de todo esto mucho más que una analista de datos, que un profesor de yoga o que una cirujana, pero tarde o temprano nos encontraremos todos en la fila del paro. Y cuando digo todos, digo, literalmente, todos.

Si hay algo que debe hacerse, las máquinas lo harán mejor que los seres humanos, al igual que Deep Blue ganó a Kaspárov. Pero, por ahora, no todo se puede determinar en términos de eficacia de una forma tan simple como una partida de ajedrez en la que se gana o se pierde o se empata. El trabajo de una psicóloga o de un artista tiene muchas más variables menos controlables y conocidas que Deep Blue. Por suerte, la vida humana todavía no es un tablero de 64 casillas. Pero si seguimos avanzando en la dirección que hemos tomado, casi sin reflexionarlo, quizás acabaremos diciendo que la mente humana o el arte son un tablero de mil millones de casillas. Y entonces, cuando las hayamos identificado todas, de nuevo habremos perdido; ni psicólogos, ni artistas ni gaitas, porque las máquinas podrán entender todas las variables e incluso concebir otras nuevas. Serán, tratando una enfermedad mental, literalmente perfectas.

La pregunta que debemos hacernos no es si llegaremos aquí, sino más bien si queremos alcanzar este punto de no retorno.

Hemos visto como las máquinas aprenden mediante refuerzos, mediante repeticiones… detectan patrones mejor que ningún ser humano. Aprenden de sí mismas (¡incluso en esto son mejores que nosotros!) y pronto aprenderán sobre nosotros mismos mejor que ningún otro ser humano.

De la misma manera que, puestos a elegir, dentro de unos años preferiré que me opere un cirujano robótico porque no le tiembla el pulso, no se pone nervioso, tiene millones de horas de experiencia en sus datos y tengo por seguro que no le vendrá un estornudo inesperado con un bisturí en la mano, eventualmente preferiremos (en cuanto lo hayamos normalizado, lo que no será rápido) que nuestro psicólogo sea un robot.

Quizás un robot con aspecto humano, con piel sintética y cuya apariencia sea indistinguible de la de una persona, pero un robot a fin de cuentas. Un robot que podrá analizar en tiempo real miles de variables (mis pupilas, ritmo cardíaco, gestos, tono de voz, timbre…) y hacerme un diagnóstico más rápido y preciso de lo que ningún ser humano será jamás capaz. ¿Cómo? Bueno, la práctica hace al maestro, y esa máquina tendría más horas de entrenamiento y más datos de pacientes que miles y miles de psicólogos juntos.

Esta oleada de aprendizaje automático está creciendo con fuerza, pero cada vez lo hará con mayor intensidad y abarcando más y más sectores. Esto sucede por varias razones, muchas de ellas ya abordadas en este libro, pero hay una que es importante destacar aquí: nos estamos aficionando mucho a esto de recoger datos de absolutamente todo, y estos datos son lo único que necesitan las máquinas para aprenderlo absolutamente todo y hacerlo absolutamente todo mejor que nosotros.

Además, si necesitamos que una inteligencia artificial haga otras cosas en otros lugares, podemos copiarla sin ningún esfuerzo. No hay que crearla de nuevo. No se requieren dos personas trabajando; basta con una herramienta tecnológica que, además, cada vez será mejor, y mejor, y mejor.

De hecho, existen empresas tecnológicas cuyo modelo de negocio consiste en analizar los trabajos de los empleados de las empresas que la han contratado para automatizarlos: instalan en los ordenadores del personal un *software* que se dedica a monitorizar lo que hacen y cómo lo hacen. En otras palabras: están aprendiendo. Y en cuanto los algoritmos lo han aprendido todo, los trabajos que pueden ser automatizados pasan a automatizarse y los empleados que hasta entonces estaban trabajando en la empresa en tareas que no requieren más humanos son despedidos.

Y el problema es que esta distopía, que parece sacada de *Un mundo feliz,* funciona. El promedio, según una de esas empresas tecnológicas y las fuentes que he consultado, es de una reducción de costos del 50 % el primer año y del 25 % el segundo.

Estamos enseñando a nuestro verdugo a cortar cabezas.

No importa el trabajo. No importa el sector. No importa si trabajas en un laboratorio de biotecnología o si estás en el McDonald's friendo patatas. Tarde o temprano todos estos puestos de trabajo «humanos» desaparecerán. Algunos lo harán más rápido, otros más lentamente y quizá pasen décadas, pero algo está claro: el número de personas necesarias en los trabajos se reducirá, lo que es un problema lo suficientemente gordo como para añadir el preocupante hecho de que la población mundial sigue creciendo.

Existe un canal de YouTube llamado Kurzgesagt [En pocas palabras] que siempre recomiendo y tiene un vídeo fantástico sobre la automatización. De él, precisamente, así como de las fuentes bibliográficas que cita religiosamente, he obtenido un dato que merece ser compartido.

En 1998, el conjunto de trabajadores estadounidenses trabajó 194.000 millones de horas. Durante los siguientes quince años, la productividad creció un 42 %, pero el número de horas trabajadas por esa población, sin embargo, se mantuvo intacta: 194.000 millones de horas.

Puede parecer algo normal, pero no lo es. Con miles de nuevos negocios, con un aumento de la productividad del 42 % y con más de 40 millones de estadounidenses más, el número de horas totales trabajadas debería haber aumentado, pero no lo hizo.

La situación es tan complicada, que incluso ni siquiera el hecho de tener un título es garantía de nada. Los salarios de las personas con formación universitaria están decreciendo y, en 2019, según la Oficina de Estadísticas Laborales de Estados Unidos, alrededor del 28 % de los trabajadores con al menos un título universitario estaban empleados en lugares que no requerían ninguna titulación.

La innovación en la era de la información es totalmente distinta a las anteriores porque la automatización no se limita a tareas monótonas y repetitivas que ofrecen nuevas oportunidades de crear nuevos empleos que requieran mucha mano de obra.

Se expande a todo, y a todos, haciendo cosas cada vez más complejas superándonos, tarde o temprano, en todo lo que hagamos.

Evidentemente, esta revolución, como todo en la vida, tiene consecuencias positivas y consecuencias negativas. El siguiente apartado ahonda en un par de temores, bastante importantes a mi juicio, por los que el desarrollo de la tecnología es un problema grave para todo el mundo.

¿Y dónde está el punto dedicado a defender la tecnología? Bueno, mi objetivo es, en realidad, que el resto del libro cumpla con este cometido. ¡Aquí hemos venido a tener una visión lo más optimista de las cosas!

Una amenaza para la humanidad

El 29 de marzo de 2023, más de mil expertos firmaron un manifiesto, una carta, en la que pedían frenar el desarrollo de la inteligencia artificial (IA).

Al leer esto, quizás uno visualice a un millar de personajes alterados, como aquellos ludistas que, preocupados por su futuro, pierden los estribos con pancartas de cartón o pintarrajeando las paredes con eslóganes ingeniosos o haciendo sentadas en las calles hablando de los derechos que la inteligencia artificial les puede destruir.

Y todo bien con esto; mientras sea pacífico, todo el mundo tiene derecho a la protesta. Y es un derecho que hay que defender. Pero lo sorprendente es que, esta vez, quienes firman la carta son voces expertas en inteligencia artificial o personas que, directamente, se ganan la vida con la ella.

Estamos hablando de firmantes que son peces muy gordos; Steve Wozniak (cofundador de Apple), Elon Musk (cofundador de OpenAI, empresa que está detrás de ChatGPT y de Tesla, una de las grandes desarrolladoras de IA), Emad Mostaque (CEO de Stability AI, compañía dedicada a la IA al más alto nivel), Stuart J. Russell (autor del manual sobre inteligencia artificial más usado en las universidades), Yoshua Bengio (ganador del premio Turing en 2018 por sus desarrollos en el campo del aprendizaje profundo o *deep learning,* campo de la IA), Yoshua Bengio (apodado como uno de los «padrinos de IA»), Andrew Yang (precandidato presidencial de Estados Unidos que habló sin cesar del efecto de la IA sobre el empleo y la economía), o Yuval Noah Harari (el historiador y autor del *best-seller* internacional *Sapiens),* entre muchos otros y otras catedráticos, investigadores (destaca Stuart Eussel) y directivos vinculados, por ejemplo, a DeepMind, empresa de Google dedicada exclusivamente al desarrollo de la IA.

Y aunque no lo han firmado, tanto Bill Gates como Sam Altman (CEO de OpenAI) han reconocido que tienen miedo acerca de la IA y de los usos que puedan dársele.

Si gente que vive de la IA y que se está llenando los bolsillos con ella es la primera en decir que les asusta lo que está por venir y piden a las administraciones que regulen el campo de la inteligencia artificial, es que verdaderamente tenemos un problema entre manos.

Pero es que incluso han ido más allá y algunas de estas personas ya se han ofrecido, en varias ocasiones, para colaborar con la administración con el fin de establecer un marco regulatorio eficaz y adelantado. Piden, por otro lado, que quienes trabajen para establecer las leyes y normas al respecto no sean únicamente políticos sin experiencia en esta área científica, sino que se incorporen personas expertas que, trabajando con y para la administración, tengan experiencia en el campo de la IA.

Tiene sentido. Pongamos un paralelismo con una situación importante para la vida de una persona: por ejemplo, cuando ante una enfermedad, tenemos que tomar la decisión de si nos operamos o no. Por supuesto, hablaremos con la familia y nuestras amistades, para saber su opinión al respecto, pero yo, por lo menos, tomaré en especial consideración la opinión de un profesional, en este caso, de la medicina. De lo contrario, si solo siguiera el consejo de mi madre (que sin duda es de las personas que más se preocupa por mí del mundo), me estaría exponiendo a unas consecuencias catastróficas. Seguro que me aconsejaría con toda su buena voluntad y, desde luego, tiene toda la legitimidad del mundo para ser una voz a tener en cuenta en situaciones importantes como una intervención. Pero eso no significa que necesariamente su opinión sea la acertada.

Pues lo mismo sucede con la regulación de la IA. Si bien es cierto que cualquier representante político tiene la legitimidad democrática para legislar sobre ese tema, no incorporar una mirada experta ante un reto tan mayúsculo como poner límites al desarrollo tecnológico es, como mínimo, una temeridad.

Pero ¿qué decía esa carta exactamente?

Pedían una moratoria de seis meses durante la cual se detuviese la innovación en materia de IA y, durante este período, establecer sistemas de seguridad con autoridades regulatorias creadas específicamente para la inteligencia artificial. El objetivo de dichas autoridades sería vigilar los sistemas de IA, su desarrollo y la implementación de herramientas y técnicas que permitan discernir entre lo real y lo artificial. Asimismo, argumentan la imprescindible creación de todas las instituciones políticas necesarias para poder estudiar y hacer frente a todos los cambios políticos, sociales y económicos que están por venir como consecuencia del auge de la IA. El empleo, sin ir más lejos, es un ejemplo claro de ello: cuando nadie contrate a nadie porque la IA o los robots lo harán todo mejor, ¿cómo nos ganaremos la vida? ¿Cómo sustentaremos unas sociedades basadas en una economía que requiere el consumo ininterrumpido si nadie dispone de trabajo y, por extensión, no ingresa dinero para consumir nada?

La preocupación por el auge de la IA es clara: puede ser lo mejor que le ha sucedido a la humanidad y puede acabar convirtiéndose en lo peor. La fuerza policial de la Unión Europea, la Europol, ha expuesto las preocupaciones éticas y legales que la IA avanzada, como ChatGPT, puede conllevar.

Es imprescindible, coinciden todos los expertos (incluso quienes más dinero están ganando con la IA), crear un organismo dedicado específicamente a regular una tecnología que tiene el potencial real, palpable e inequívoco de transformar la historia de la humanidad para siempre.

Hasta ahora, el desarrollo de la IA ha sido relativamente abierto. OpenAI, por ejemplo, era una organización sin ánimo de lucro totalmente transparente con sus desarrollos. La IA se ha concebido como una invención que ayudará a la humanidad entera.

No obstante, las aplicaciones comerciales basadas en IA que las grandes tecnológicas del mundo están comenzando a sacar al mercado, hace que la guerra por la inteligencia artificial en el campo empresarial esté arrancando con fuerza. Además, no es solo que aparezcan nuevas herramientas con IA; es que están comenzando a integrarla en casi cualquier cosa que ya existiese: Microsoft, por ejemplo, está implementando inteligencia artificial en Word para que escriba lo que sea que le pidas, en Power Point para que cree presentaciones automáticamente a partir de un texto (largo o breve, eso da igual) o en Excel para que analice los datos haciéndole, simplemente, un par de preguntas.

Al margen de esto, la susodicha carta firmada por mil expertos tiene verdaderas «perlas» que merece la pena considerar. Citaré textualmente:

- «¿Deberíamos desarrollar mentes no humanas que eventualmente podrían superarnos en número, ser más inteligentes y reemplazarnos? ¿Deberíamos arriesgarnos a perder el control de nuestra civilización?»
- «Tales decisiones no deben delegarse en líderes tecnológicos no elegidos. Los sistemas potentes de IA deben desarrollarse solo una vez que estemos seguros de que sus efectos serán positivos y sus riesgos serán manejables.»
- «Hacemos un llamado a todos los laboratorios de IA para que pausen de inmediato durante al menos seis meses el entrenamiento de los sistemas de IA más potentes como GPT4. Esta pausa debe ser pública y verificable, e incluir a todos los actores clave. Si tal pausa no se puede promulgar rápidamente, los gobiernos deberían intervenir e instituir una moratoria.

– «Los desarrolladores de IA deben trabajar con los legisladores para acelerar drásticamente el desarrollo de sistemas sólidos de gobierno de IA.»

Al leer todo esto… uno tiene la sensación de que somos como simios jugando y trasteando con una bomba atómica sin saber exactamente cuáles pueden ser las consecuencias de nuestros actos.

La carta es honesta, franca y emana de una preocupación completamente real. Nadie mejor que esas personas sabe el riesgo que se nos viene encima.

Pero hay un problema. Un problema grave.

Hemos dicho y repetido en numerosas ocasiones que no innovar es un riesgo mayúsculo. Imagínate, a ti, a cargo de una de estas gigantescas empresas tecnológicas: ¿pararías el desarrollo de la IA durante unos meses hasta que alguien hiciese algo al respecto para regularla sin saber con certeza si tu principal competidor está haciendo lo mismo?

¿Te arriesgarías a perder un tiempo precioso en esta carrera?

Exactamente. El problema es la confianza. Y por ello, la inteligencia artificial genera muchas dudas y razones por las que deberíamos preocuparnos.

El problema de la privacidad

No somos conscientes de todo lo que compartimos. Es que ni por asomo lo somos. Generamos, a escala individual, tal cantidad de datos y de metadatos que compartimos a diario que la cuestión de la privacidad en nuestra era y en las décadas que están por venir es, por así decirlo, un cuento de hadas.

¿Hay soluciones? Haberlas las hay. Pero no es tan sencillo.

Internet es una maravilla que estamos pervirtiendo con el uso que se hace de los datos. Aceptamos términos y condiciones de uso sin siquiera leerlos (craso error al que caemos todos), y de hacerlo, seguramente en más de una ocasión nos plantearíamos seriamente pulsar el botón de aceptar.

Todo lo que pasa en nuestros teléfonos queda registrado. Y por supuesto, también lo que hacemos dentro de las aplicaciones, incluyendo el navegador, aunque se use en modo incógnito. Pocos secretos podemos tener en internet, y no importa que nos sintamos más seguros: hay pruebas de cada clic.

Ni siquiera emplear VPN nos sirve. Una VPN es una red virtual privada, una tecnología que, en teoría, permite conectarse de forma segura y encriptada a través de internet. El tráfico de datos entre los dispositivos conectados se cifra y mediante un canal seguro es transferido de uno al otro, lo que, en teoría, impide que nadie pueda leer nada de lo que se está transmitiendo. Además de esto, una VPN nos permite cambiar nuestra dirección IP (el identificador único de un ordenador o teléfono cuando se conectan a internet), lo que debería proteger nuestra privacidad en términos, por ejemplo, de identidad y geolocalización.

Sin embargo, muchas de las principales empresas de VPN no acaban de ser trigo limpio. Muchas de ellas están vinculadas con organismos militares, lo que ha generado dudas acerca de la verdadera privacidad que ofrecen las VPN. Y no estamos hablando de teorías conspiranoicas; en más de una ocasión se han pillado a empresas que almacenaban millones y millones de datos que, en teoría, circulaban de forma segura y aparentemente blindada por su VPN.

Y almacenar información significa analizarla hasta la saciedad y, a partir de aquí, se abre la posibilidad de perfilar a las personas usuarias, sus costumbres, sus hábitos, sus intereses.

Eso, más allá de las VPN, no es ningún secreto. Todo lo que hacemos en internet se almacena, y los costos de los servidores no son bajos, así que hay que monetizar todo ese montón de información de alguna forma. Muchas veces de manera legal y lícita (publicidad, como hace Google), pero otras veces no tanto (vendiendo datos, como información bancaria, historiales sanitarios o contraseñas).

No todas las empresas juegan sucio. De hecho, estoy seguro de que la mayoría tienen pretensiones nobles, lo que incluye el querer ganar dinero de forma legal. Pero más allá del problema que las empresas puedan representar en casos en los que haya vacíos legales o que directamente estos se transgredan en secreto, hay algo más que debería preocuparnos: el control y la vigilancia gubernamental.

Ha habido casos recientes y muy sonados de gobiernos que han comprado *software* espía para infectar teléfonos de políticos rivales y sacar a relucir todos los trapos sucios o las intimidades con el objetivo de minar su credibilidad, su imagen o, directamente, su vida privada.

El problema no es la tecnología: el problema es el uso que hacemos de ella, y yendo un poco más allá, si todos nuestros datos bancarios, médicos, personales, si nuestras aficiones, ilusiones, problemas… si todo está almacenado y al alcance de cualquiera que pueda comprarlos, ¿qué nos impide creer que algún día ninguna aseguradora quiera cubrirnos porque considera que somos de riesgo? ¿Qué pasa con el derecho a la intimidad? ¿Qué pasa con el derecho al olvido en internet? Porque, tenemos que recordar algo: hagamos lo que hagamos en internet, se quedará allí para siempre almacenado en algún lugar.

Y el acceso a esta información no siempre es, como hemos dicho, limpio. Con el desarrollo de los ordenadores cuánticos, que ya se están comenzando a comercializar, no existe ninguna contraseña en el mundo que pueda aguantar. Casi de forma instantánea se podrá romper cualquier contraseña. Ni la tecnología de cadena de bloques, la *blockchain,* se cree que podrá resistir un ciberataque cuántico.

Pero lo más preocupante es, de hecho, que incluso puede que los ciberataques estén cada vez más al alcance de cualquier persona que no haya programado en su vida. Un ejemplo de ello lo tenemos con ChatGPT, que han tenido que hacerle retoques porque, cuando se le preguntaba cómo se podía *hackear* un ordenador, la máquina era capaz de ofrecer no solo la forma o metodología, sino incluso el código de programación necesario para hacerlo.

Con todo, resulta casi tierno pensar en los ludistas de la Inglaterra industrial. Y digo tierno porque, a fin de cuentas, visto en perspectiva, no tenían razón alguna para tener ningún miedo. La innovación trajo mejoras económicas que eventualmente (más lento de lo que todos hubiésemos deseado, desde luego) derivarían, no sin tensiones, en mejoras sociales de todo tipo. Ese desarrollo llevó a la humanidad, de forma inexorable, hasta nuestros días.

Y, oye, podría haber salido mucho peor.

Sin embargo, el panorama de hoy día es muy distinto. Por primera vez la automatización plantea retos titánicos en tanto que, en esta ocasión sí, estamos creando nuestros propios reemplazos, nuestros propios espías, nuestros propios enemigos.

Depende, como tantas otras cosas, de nosotros mismos el hecho de poder establecer los límites.

Surgen numerosos problemas con este tipo de desarrollo tecnológico. Al leer estas líneas, quizás haya quienes se pregunten por qué no se detiene este desarrollo, y en cierto sentido la pregunta es pertinente.

La respuesta, sin embargo, es harto compleja. Todo el mundo quiere que se encuentre una cura para el cáncer, el alzheimer o las enfermedades más raras, y apuesto cualquier cosa a que el descubridor de las curas de estas y otras tantas enfermedades tendrá nombre de máquina y no de humano.

No se puede detener el progreso tecnológico sin renunciar a las ventajas que ofrece tanto para combatir enfermedades como para mejorar la vida de las personas o combatir los problemas medioambientales que inevitablemente causamos con nuestra actividad. No es como ir al supermercado y elegir unos productos y no otros; el desarrollo o la innovación en un área tiene implicaciones en otras tantas que ni siquiera guardan relación directa. El conocimiento está tan entrelazado que tomar lo bueno de un avance tecnológico conlleva llevarse igualmente lo malo.

Regulación es la palabra que aparece en escena, y lo comparto. Pero estamos demasiado lejos de comprender qué debemos regular y cómo o, por lo menos, no caer en lo absurdo de regular cosas que en pocos meses queden obsoletas.

Deberíamos estar preocupados porque el avance del desarrollo tecnológico trae consigo la desestabilización de las mismas bases de nuestras sociedades. No tiene ningún sentido el capitalismo en un modelo de sociedad en el que nadie trabaja. ¿Hay que fomentar una renta universal? ¿Qué hará la humanidad con su tiempo libre cuando no exista el concepto *empleo?* ¿Cómo se articulará la vida social? Y las empresas, ¿cómo funcionarán? Cuando las inteligencias artificiales tengan derechos y deberes (algo que ya se está comenzando a abordar en ciertas instituciones políticas) y puedan abrir empresas, ¿quién podrá competir contra ellas?

Hay tantas preguntas abiertas que todo ejercicio por tratar de plantearlas siquiera resulta infructífero por completo. Y esta incertidumbre, esta nube de dudas que acecha los mismísimos cimientos de la civilización, debería hacer que nos pongamos las pilas de una vez y comencemos a estudiar *qué* haremos y *cómo* lo haremos.

En lo relativo al *cuándo* lo haremos, desde luego, ya vamos tarde.

SEGUNDA PARTE

Tecnologías para la empresa

«La tecnología no solo está cambiando la forma en que hacemos negocios. Está cambiando la forma en que pensamos sobre nuestros negocios, nuestros clientes y nosotros mismos.»

Tim Cook, CEO de Apple

Tecnologías emergentes
y sus aplicaciones

Vivimos en un mundo en constante evolución. Ya lo hemos visto, y lo cierto es que nos hemos quedado en la parte más visible del iceberg. Las tecnologías disruptivas están cambiando los paradigmas de la sociedad transformando el modo en que vivimos, trabajamos y nos relacionamos, y la era digital ha dado lugar a un nuevo paradigma en el ámbito empresarial, en el que la innovación y la adaptabilidad se han convertido en factores clave para el éxito. En este capítulo, se exploran algunas de las tecnologías disruptivas más influyentes que están revolucionando el panorama empresarial actual y que tienen un mayor potencial de cambiarlo en los próximos años.

Estas tecnologías emergentes pueden transformar radicalmente la manera en que las empresas operan, crean valor y compiten en el mercado global. La inteligencia artificial está impulsando avances en automatización, aprendizaje automático y análisis de datos, permitiendo a las empresas optimizar sus operaciones y tomar decisiones más informadas. La *blockchain,* por otro lado, ofrece una solución descentralizada y segura para almacenar y compartir información, lo que facilita la confianza y la transparencia en las transacciones comerciales y financieras.

Los gemelos digitales están revolucionando la gestión de activos y la fabricación, al crear réplicas virtuales de objetos y sistemas físicos que pueden ser monitorizados, analizados y optimizados en tiempo real. El *big data* está desencadenando una explosión en la recopilación, el almacenamiento y el análisis de información, lo que permite a las empresas obtener valiosos conocimientos y predecir tendencias futuras. Por su parte, la nanotecnología abre una infinidad de posibilidades para crear soluciones y arreglar problemas que creamos con nuestra actividad como empresas y como sociedad en general trabajando codo con codo con partículas ridículamente pequeñas.

En este capítulo, se examinan cada una de estas y otras tecnologías (como las impresoras 3D), analizando algunas de sus aplicaciones y beneficios para las empresas.

También se discute cómo las organizaciones pueden adoptar y aprovechar las tecnologías disruptivas para impulsar la innovación, mejorar su competitividad y garantizar su supervivencia en el cambiante paisaje empresarial del siglo XXI. Al adentrarnos en el fascinante mundo de la disrupción tecnológica, veremos con una larga lista de ejemplos y casos de éxito reales cómo las empresas pueden adaptarse y prosperar en esta nueva era de oportunidades sin precedentes.

Inteligencia artificial

Si pensamos en el concepto de inteligencia artificial, rápidamente nos vendrá a la cabeza HAL 9000 o C3PO. Y vamos bien; son conceptualizaciones ficticias de lo que socialmente se entiende como inteligencia artificial. Pero más allá de la ciencia ficción, también solemos asimilar la inteligencia artificial a Siri o Alexa y nos dicen que en el mercado de valores hay máquinas basadas en inteligencia artificial que operan automáticamente sin que medie ningún humano.

Mediante representaciones y discursos culturales, hemos establecido que todas ellas son inteligencias artificiales y, sin embargo, está claro que no son lo mismo. ¿Acaso no existe solamente un tipo de inteligencia artificial? Es más: ¿existe un consenso claro acerca de lo que es la IA?

Comencemos por el principio.

Cuando hablamos de *inteligencia,* en términos generales, nos referimos a una capacidad mental para aprender, razonar, resolver problemas y, en general, la entendemos como la habilidad de adaptarse a situaciones y entornos cambiantes.

Se trata de una capacidad que puede manifestarse de un sinfín de formas diversas (inteligencia espacial, verbal, matemática, emocional, etc.), pero también con intensidades o niveles de complejidad distintos; porque todo el mundo estará de acuerdo en que un perro es un ser inteligente aunque no sea capaz de resolver ecuaciones diferenciales. De ser esto un factor determinante a la mayoría de nosotros no se nos podría considerar seres inteligentes, y el hecho de no poder realizar este tipo de cálculo no significa que seamos necesariamente más bobos que aquellos afortunados capaces de ver en el álgebra un pasatiempo divertido.

Quizá nuestra inteligencia se manifiesta de formas más evidentes. Cuando tratamos de comprender conceptos o ideas complejas o abstractas, cuando aprendemos rápido, cuando somos hábiles con ciertas tareas o cuando pensamos de forma creativa, imaginativa o crítica.

Sabemos dónde ubicar el concepto inteligencia, aunque su definición y medición es algo más complicado y, de hecho, existen varias teorías al respecto. Pero si lo que queremos es una definición amplia e influyente podemos remontarnos a la que ofreció Charles Spearman a principios del siglo XX, según la cual, la inteligencia es una capacidad única y general que subyace a todas las habilidades cognitivas.

Su medición, por otro lado, resulta compleja en tanto que se manifiesta, como hemos dicho, de formas muy distintas. Quizá yo tenga la inteligencia emocional de un ladrillo, pero tal vez sea muy bueno en lo relativo a la verbal.

Ahora bien: ¿qué es la inteligencia artificial? Se trata de un campo de la informática dedicado a desarrollar sistemas que, por regla general, realizan tareas que requieren una inteligencia humana para poder llevarse a cabo. En otras palabras: la inteligencia artificial trata de simular las capacidades intelectivas humanas para poder realizar determinadas funciones, y los medios que emplea para tal fin son los algoritmos y modelos computacionales.

Dichos algoritmos deben programarse para que realicen una función concreta: no se puede crear un algoritmo «para todo» (al menos por ahora, luego lo veremos). Cada modelo tiene un cometido, y el objetivo es culminar una tarea específica de la forma más eficiente y eficaz posible, siendo más rápido, productivo o preciso que cualquier humano.

Sin embargo, ¿qué es un algoritmo? Quien más quien menos ha oído hablar de que nuestras vidas están rodeadas de algoritmos para un sinfín de utilidades: ordenar webs en buscadores, recomendar vídeos en YouTube, calcular precios de asientos de avión, comprar y vender acciones a gran velocidad maximizando ganancias, asegurar y romper contraseñas… Todos tenemos muy claro que son muy útiles. Pero ¿qué son exactamente?

En realidad, un algoritmo no es más que un conjunto o secuencia de instrucciones precisas y ordenadas que hay que seguir para realizar una tarea o resolver un problema. Puede ser tan simple o complejo como podamos imaginar. Por ejemplo:

- Toma dos rebanadas de pan de molde.
- Unta un poco de mantequilla en ambas rebanadas.
- Añade una loncha de jamón en una de las rebanadas.
- Añade una loncha de queso para sándwich encima de la de jamón.
- Coloca la segunda rebanada encima de la que contiene el jamón y el queso.
- Sirve el sándwich.

Si tuviésemos que enseñar a un robot a preparar un sándwich de jamón y queso, el conjunto de pasos que debería seguir, explicados de forma detallada y ordenada y lo más concreta posible, sería lo que acabamos de leer. Esto es un algoritmo. Sencillo, pero un algoritmo a fin de cuentas.

Si lo que queremos es enseñar a una máquina a que maximice el beneficio haciendo fluctuar el precio de cargar un camión en función de la oferta y la demanda deberemos programar un conjunto de instrucciones que tengan en cuenta ciertas variables. Entre ellas, el nivel de oferta, el nivel de demanda, los precios de la competencia o los precios del carburante, entre otras. Cualquier variable que consideremos relevante para que, en función de ellas, establezca el precio más alto posible que estén dispuestos a pagar nuestros clientes.

Los algoritmos son finitos y su objetivo es realizar una determinada tarea, y para tal fin, pueden tener distintos formatos: listas de pasos, fórmulas matemáticas, diagramas de flujo, estructuras de árboles...

Algunos tipos de inteligencia artificial

Como hemos anticipado, no todas las *inteligencias artificiales* –sí, en plural– son iguales. Existen varios tipos según su enfoque. Desde luego no vamos a poder ver todo lo que ofrece, o puede llegar a ofrecer, este campo tan amplio que para comprenderlo es imperativo poner un poco de orden y determinar qué tipos existen.

Sistemas expertos o IA basada en reglas

Como bien indica su nombre, se trata de una IA que emplea lógica y reglas para resolver todo tipo de problemas complejos. La idea es que el sistema debe actuar como lo haría un humano con experiencia en el área correspondiente.

Tienen su origen en la década de 1970 y funcionan, para entendernos, como una sucesión de condicionales: si se cumple esta condición, entonces tal cosa, y si entonces se cumple esta condición, aquella otra, y si no aquella otra.

Una condición puede ser desde una premisa extremadamente simple hasta un conjunto de secuencias altamente complejo que nos lleva a determinar una conclusión. Pero lo mejor para entenderlo, como siempre, es poner un ejemplo.

Anna es una chica de 32 años que acude a la consulta médica porque desde hace unos días siente fatiga, dolores de cabeza, náuseas, micciones frecuentes y sangrados leves.

Con estas dolencias, una IA basada en reglas buscaría posibles diagnósticos. La fatiga y el sangrado leve podrían ser síntomas de anemia; la micción y las náuseas podrían ser provocadas por una infección del tracto urinario; la fatiga y el sangrado síntomas de enfermedad inflamatoria intestinal. Anna podría tener alguna o varias de estas afecciones.

O bien podría estar embarazada, lo que un sistema experto o basado en reglas, seguramente, acabará diagnosticando.

Se cumplen unas condiciones y el sistema determina en base a esas mismas (en este caso, los síntomas) que lo más probable es que Anna esté esperando un bebé.

Se trata de un sistema muy útil que se puede aplicar también en el sector de la automoción: si estoy circulando a una determinada velocidad y el vehículo de delante frena y yo tardo más de un segundo en reaccionar, el sistema frenará por mí.

De nuevo, vemos que si se cumple una o varias condiciones (velocidad, freno, tiempo), no solo se llega a una conclusión sino que, en este caso, se ejecuta una resolución o una decisión: detener el automóvil.

El uso de estos sistemas, reemplazando el trabajo humano, aporta un sinfín de beneficios funcionales para la ejecución de tareas. Una máquina no se cansa ni pierde facultades. Trabaja durante el día y durante la noche, no descansa para comerse un bocadillo durante la jornada laboral y no pide ni fines de semana, ni festivos ni vacaciones. Y, sobre todo, si se mantienen las variables determinadas, conserva su funcionalidad en todo momento sin cometer errores humanos. Dicho en otras palabras: es incansable e infalible.

Aunque no lo parezca, su programación es relativamente simple si se compara con la de otros tipos de inteligencia artificial y, una vez programado, puede usarse tantas veces como queramos. Es, por tanto, rentable a largo plazo, además de eficiente para la tarea para la que esté programado y, hoy en día, ya es bastante asequible para muchas empresas.

No obstante, tiene algunos problemas. Si en lugar de Anna soy yo, Marc, el que tiene esos mismos síntomas, el sistema experto concluirá que estoy embarazado a menos que se le haya especificado que los hombres no se pueden quedar embarazados. Esto significa que, si bien su programación es mucho más simple que en otros tipos de inteligencia artificial, deberemos especificar todas y cada una de las reglas con las que el sistema experto deberá trabajar.

¿Los hombres se quedan embarazados? No. ¿Puede una mujer estar embarazada de veinte meses? No. ¿Puede una mujer estar embarazada y seguir teniendo la menstruación? No. ¿Puede una mujer estar embarazada a los 84 años? No quiero aventurarme en un campo que no es el mío, pero *a priori* yo diría que no (y permitidme la ironía).

Todo esto son reglas que deberemos especificar a la IA, a menos que queramos correr el riesgo de que determine algún día que un niño de siete años está embarazado desde los cuatro.

Además, si bien un sistema experto es eficiente y eficaz, resulta complicado hacer que pueda determinar qué información es relevante y qué información no lo es para la resolución del problema, y la introducción de datos que no estén contemplados en su programación es tedioso y problemático si no se ha previsto de antemano.

No obstante, es una puerta de entrada a los sistemas basados en IA muy accesible, útil y eficaz si las labores de preparación se ejecutan debidamente.

Aprendizaje automático (machine learning)

Un grupo de investigadores, en 2019, emplearon una inteligencia artificial para analizar 1,77 millones de electrocardiogramas de 400.000 personas para que viera más allá de lo que ningún experto cardiólogo hubiese visto jamás. Mis disculpas a las personas hipocondríacas, pero seguimos con ejemplos de medicina.

¿Cuál era el objetivo de tantos análisis? Fácil: determinar qué pacientes estarían muertos en menos de un año por causas naturales (cualquier causa natural, matizo) y qué pacientes seguirían vivos.

El interés del estudio radicó, además, en el hecho de que nada en esos electrocardiogramas haría sospechar a los médicos de que un paciente pudiera fallecer. No existe nadie en el mundo capaz de hacer este tipo de juicios con un electrocardiograma.

Obviamente el algoritmo acertó, y con precisión.

Tras la obtención de los resultados se pidió a profesionales de la cardiología que examinaran algunos electrocardiogramas para determinar si veían algo irregular, algo que no debería estar allí, algo que, en última instancia, pudiese hacerles sospechar que en menos de un año esa persona estaría muerta.

Y nada. Para ellos era un electrocardiograma normal.

Fuese lo que fuese lo que encontró la IA, los cardiólogos no supieron verlo, y todavía se sigue sin comprender qué es lo que esa IA fue capaz de ver. Un misterio irresuelto. Un patrón indefinido.

Esto es el aprendizaje automático *(machine learning),* una rama de la inteligencia artificial que desarrolla por sí misma algoritmos y modelos computacionales para que un ordenador aprenda a realizar una tarea cada vez mejor.

¿Cómo funciona?

El aprendizaje automático consiste en enseñar a una IA dándole datos, datos y más datos (siguiendo con el ejemplo anterior, estos son los 1,77 millones de electrocardiogramas). El procedimiento es el siguiente.

En primer lugar, se realiza el proceso de etiquetado. Esto es, que se entrena al modelo entregándole el 70 % de estos electrocardiogramas, indicando en cada uno de ellos si el paciente murió en menos de un año o no por causas naturales. A partir de aquí, el algoritmo analiza los resultados, escudriñando en cada indicador, métrica y parámetro, y haciendo algo en lo que nos supera de forma alarmante: encontrar patrones para determinar qué elementos contiene el electrocardiograma que expliquen que esos pacientes seguían vivos o no al cabo de un año.

Una vez el algoritmo ha sido entrenado, se le entrega el 30 % de los electrocardiogramas restantes, pero esta vez los datos están sin etiquetar, y entonces comienza la predicción de resultados.

La IA analiza cada electrocardiograma y determina, sobre la base de unos criterios y patrones que ella misma identifica y determina, qué pacientes murieron antes de un año y quiénes seguían vivos.

Dado que este experimento se hizo *a posteriori,* el equipo de responsables del estudio ya sabía qué pacientes estaban vivos y qué pacientes habían muerto, por lo que pudieron constatar la precisión del algoritmo.

Podemos encontrar modelos de aprendizaje automático de varios tipos: *supervisado,* que emplea datos etiquetados; *no supervisado,* en el que no se etiqueta ningún dato y la IA agrupa o categoriza cada caso sobre la base de sus propios criterios o de patrones que ella misma detecta; o un *modelo por reforzamiento,* en el que se corrige el rendimiento de la IA a medida que está operando. Este último caso se emplea, por ejemplo, para enseñar a una IA a jugar a un videojuego.

El aprendizaje automático, pues, requiere grandes cantidades de datos, y es tremendamente eficaz manejándolos y encontrando patrones o tendencias que una mente humana difícilmente sería capaz de encontrar.

Por extensión, esto permite la automatización de todo tipo de tareas que requieran una gran cantidad de análisis de manera extremadamente rápida. Por ejemplo, con un modelo que analice el mercado bursátil, se pueden encontrar antes que cualquier ojo humano patrones alcistas o bajistas y opere de forma automática, anticipándose a cualquier bróker. O bien, analizar datos satelitales para predecir con mayor precisión cambios en el clima. Pero lo que nos interesa especialmente del aprendizaje automático es su aplicación en las tareas que se llevan a cabo en las empresas. Porque a través de un algoritmo este tipo de IA es capaz de ofrecer productos y servicios altamente personalizados; desde adaptar el contenido de una aplicación móvil en función de los intereses o preferencias de cada persona usuaria hasta el análisis de los tiempos y rutas históricos y en tiempo real de una empresa de transporte para predecir las mejores rutas considerando factores como el clima, la hora, el tráfico o el día de la semana.

Por todo ello, no es de extrañar que el *machine learning* sea el tipo de inteligencia artificial más utilizado en el mundo. Puede emplearse para reducir costos, mejorar procesos, tomar decisiones con exactitud y precisión, personalizar productos y servicios (así como adaptar y mejorar los ya existentes), automatizar tareas, extraer patrones, predecir con una altísima fiabilidad infinidad de cuestiones y gestionar prioridades para evitar cuellos de botella, entre un sinnúmero de cosas más.

Y no importa que la empresa sea de logística, de finanzas, de medicina, de robótica o de un sector *a priori* tradicional como es una panadería: el aprendizaje automático es una herramienta increíblemente poderosa y al alcance casi de cualquier empresa que esté dispuesta a contratar un científico de datos. Sin ninguna duda, si una empresa tiene claro un objetivo, encontrará en este tipo de algoritmos un aliado útil, fiable y sorprendente.

Redes neuronales

Al igual que sucede con el aprendizaje automático, las redes neuronales emplean datos de entrada para analizarlos y detectar patrones, pero estas están formadas por distintas capas de «neuronas» interconectadas. Cada neurona procesa una cierta información, realiza unos cálculos empleando lo que se conoce como «pesos» y «umbrales» y genera un dato de salida, que se envía a la siguiente capa de neuronas (figura 4).

Los pesos son valores que se asignan entre las distintas conexiones que hay entre cada neurona; indican la fuerza de dicha conexión y multiplican los datos de entrada que le llegan a cada neurona.

Si la entrada, una vez multiplicada por el peso, supera el umbral, la neurona se activará; si el valor del umbral es más alto que el resultado de multiplicar la entrada por el peso, la neurona permanecerá desactivada.

Mediante el ajuste de los pesos y de los umbrales la red se va mejorando, ofreciendo mayor sensibilidad y más facilidad para reconocer patrones gracias a una mejor clasificación de los datos de entrada. Por supuesto, este proceso no lo hace ningún cerebro humano, sino que algoritmos de aprendizaje automático se encargan de realizar los ajustes necesarios para minimizar el margen de error de la red.

Una forma muy simple de comprenderlo sería, simplemente, imaginar que cada neurona es un detective. Las redes neuronales son como un equipo de investigadores que trabajan juntos en capas para analizar datos y encontrar patrones. Cada detective (es decir, cada neurona) procesa una parte de la información disponible empleando pistas (pesos y umbrales), y llega a unas conclusiones, que envía al siguiente grupo de detectives (la siguiente capa de neuronas), que hará lo mismo. Y no es hasta el final cuando el conjunto de capas acabará dando con la solución.

Las redes neuronales son verdaderamente útiles para clasificar (por ejemplo, de qué tratan todos los textos de una biblioteca), hallar patrones (como reconocer qué canción está sonando) y predecir resultados (por ejemplo, la demanda que tendrá un producto).

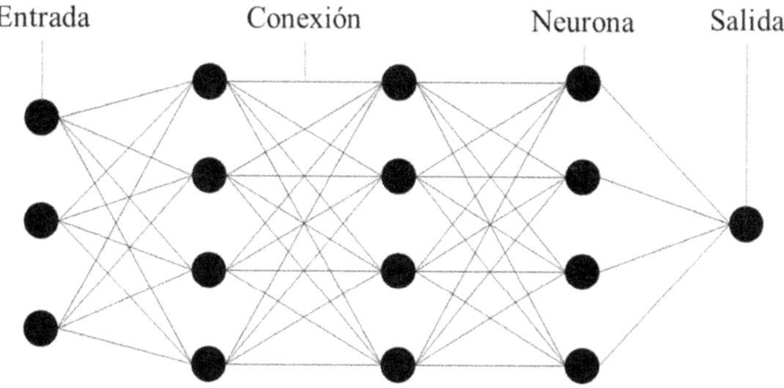

Figura 4. Esquema del funcionamiento de una red neuronal.

Puede parecer que las redes neuronales y el aprendizaje automático tienen muchas similitudes, y es así: si este último es un tipo de inteligencia artificial que crea modelos estadísticos y matemáticos para aprender de los datos, encontrar patrones y realizar predicciones o tomar decisiones, las redes neuronales son uno de los tantos modelos matemáticos que emplea para tal fin. Su validez o superioridad frente a otros modelos dependerá del problema que se pretenda resolver.

El enfoque del aprendizaje automático es más amplio y, también, más simple. Se emplea para encarar problemas que pueden ser resueltos con algoritmos más sencillos, como la regresión lineal o los clasificadores bayesianos. Las redes neuronales, en cambio, son ideales para dar respuesta a problemas más complejos o con una alta dimensionalidad. También es recomendable el aprendizaje automático cuando nuestros recursos computacionales sean más limitados, ya que las redes neuronales son mucho más exigentes en este sentido.

Procesamiento del lenguaje

Este libro comienza hablando de Google y del problema que representa ChatGPT para la gran G. ChatGPT es un *software* aparentemente muy simple: hay un espacio en blanco y un campo para escribir una pregunta. ChatGPT responde.

En sus respuestas hay errores, mentiras e inventiva pura y dura (mérito que, admitámoslo, debe reconocérsele). Pero, como ya ha comprobado todo el mundo, es una herramienta asombrosa, y en palabras de su propio creador, tremendamente simple si se compara con lo que se pretende conseguir.

Para un profano en la materia es lo más parecido a HAL 9000, y personalmente he visto a más gente quedar totalmente boquiabierta ante una respuesta de ChatGPT que viendo el lanzamiento de una nave espacial.

Verle funcionar parece cosa de magia.

ChatGPT es una inteligencia artificial basada en *procesamiento del lenguaje natural* (PLN). Se trata de una rama de la IA que trata de permitir la interacción entre los humanos y los ordenadores empleando el lenguaje natural en lugar de lenguajes de programación, binarios y demás.

Palabras escritas y palabras habladas con el objetivo de que las máquinas puedan comprender lo que un humano le esté diciendo como si se comunicase con otro ser humano para hacer lo que sea que le ha pedido: responder, analizar, procesar, resumir, inventar, cantar, sintetizar, explicar, componer o recitar. Incluso programar, lo que me parece tremendamente irónico.

Entendido, ChatGPT es fantástico, pero no todo el PLN es así. Entonces, exactamente, ¿para qué sirve?

Para muchas, muchas cosas. Imaginemos que tenemos una cadena de restaurantes bastante conocida y muy concurrida que es el último grito entre las generaciones más digitales. E imaginemos también que permitimos a través de una *app* que nuestros clientes valoren su experiencia en nuestros establecimientos: el servicio, tiempo de espera, limpieza, calidad de la comida, ambiente, etc.

Si tenemos diez reseñas a la semana, una persona del departamento de *marketing* se puede encargar de gestionarlas fácilmente. Leerá las valoraciones y los comentarios y elaborará informes periódicos detallando qué ha gustado, qué no, dónde podemos mejorar y dónde debemos mantener el alto nivel. Es una buena forma de proceder.

Pero si en lugar de tener diez reseñas a la semana tenemos mil al día, esta tarea se vuelve imposible de gestionar con una persona, y contratar a más gente para hacer esto no es rentable.

Ahí es donde entra en juego el procesamiento del lenguaje natural.

A continuación, expondré, con este mismo ejemplo, algunas de sus utilidades.

- *Análisis de sentimiento:* consiste en determinar el sentimiento asociado a un texto o a un fragmento de texto. No solo si es positivo o no, también si hay rabia, felicidad, ilusión, desengaño, frustración, envidia, alegría o admiración, por poner solo algunos ejemplos. El restaurante podría emplearlo para conocer en términos globales el grado de satisfacción de sus clientes.
- *Extracción de información:* ¿de qué habla la gente cuándo nos está reseñando? ¿Qué temas son los más destacados? ¿Qué servicios prefieren? ¿Qué platos no gustan? ¿Qué establecimiento es el que recibe mejores comentarios? ¿Qué empleados son los que más satisfechos dejan a la clientela? Esto, junto con el análisis de sentimiento, permitiría al restaurante saber cuál es el sentimiento asociado a cada aspecto que comentan de su experiencia en el local.
- *Traducción a cualquier idioma:* esto ayuda a que no importe el idioma en el que alguien escriba. Todo el mundo podrá entender lo que dice todo el mundo. Además, también permite saber qué lenguas hablan nuestros consumidores y, por ende, entender un poco mejor los orígenes territoriales de nuestro mercado.
- *Generación de texto:* lo que hace ChatGPT, generar texto coherente en función de un contexto dado para responder reseñas y mensajes, elaborar

informes, redactar conclusiones, noticias, correos electrónicos, contenido en las redes sociales o publicaciones en el blog. Todo de manera completamente automatizada.

En resumen: aplicando PLN podremos disponer de datos actualizados, en tiempo real, acerca del «sentimiento» de cada reseña en cada establecimiento. De forma automática tendremos categorizados y etiquetados todos los comentarios de nuestros clientes, extrayendo información de gran valor para poder tomar decisiones tácticas y estratégicas con rapidez, como por ejemplo hacer el favor de dejar de servir pizza con piña de una vez por todas o no cobrar por unas aceitunas que nadie ha pedido.

Es importante destacar un último punto acerca de la PLN. Se trata de una subdisciplina de la inteligencia artificial, pero emplea muchas técnicas (algunas de las cuales ya las hemos visto), como aprendizaje automático o las redes neuronales (en concreto, unas más profundas llamadas «transformadores»). ¿Qué quiero decir con esto?

Que el desarrollo de una rama de la IA tiene efectos en la mayoría de las aplicaciones que se basen en la inteligencia artificial. No se trata de subdisciplinas separadas entre ellas, sino más bien distintas formas de emplear y abordar técnicas fácilmente adaptables a todo tipo de necesidades.

Visión por computadora

El último tipo de IA en el que nos detendremos es la visión por computadora. Los ordenadores y los humanos nos hemos comunicado, hasta ahora, empleando el lenguaje más elemental que pueden entender: el binario. A partir de ahí se han construido lenguajes sobre lenguajes de programación para facilitar la comunicación entre humanos y máquinas, pero sobre el papel, en última instancia, tenemos interminables hileras de unos y ceros. Y esto es así dado que las máquinas electrónicas solo pueden distinguir entre dos estados distintos: encendido y apagado, representados históricamente en un ordenador mediante el 1 y el 0.

La máxima que reza que «una imagen vale más que mil palabras» seguramente pueda ser tremendamente acertada cuando nos dirigimos a una persona. Pero cuando nos relacionamos con una computadora no sirve. Si le enviamos una foto a un ordenador solo sabrá leer sus metadatos (es decir, datos acerca del propio dato): tipo de archivo, tamaño, resolución, autoría, licencias, geolocalización y otras muchas cuestiones técnicas.

Si le enseño una imagen de un semáforo no sabrá si en la foto hay un semáforo, un rinoceronte o una persona con cara de póker. De hecho, ni siquiera se hará tal planteamiento.

Una foto hecha con nuestro teléfono no es más que un montón de píxeles con un color distinto cada uno; la suma de todos ellos, visto en perspectiva, dibuja y colorea la imagen que hemos fotografiado.

Bien. Asumido esto, vamos a ver qué novedades incorpora la visión por computadora.

Por supuesto, se trata de una rama de la inteligencia artificial que, mediante algoritmos y modelos matemáticos, trata de comprender el contenido de las imágenes y de los vídeos como lo haría un ser humano: qué objetos hay, qué personas aparecen, qué está sucediendo.

Los procesos que se siguen en este tipo de modelos son bastante complejos, pero, a grandes rasgos, lo que hacen es interpretar qué está sucediendo en cada píxel de la foto extrayendo información de ellos (números, para variar, que nos indican el color y el brillo). Posteriormente agrupa estas informaciones para que modelos matemáticos determinen con un alto índice de confianza qué es lo más probable que esté mostrando la imagen.

Los usos son más que evidentes: desde coches autónomos que deben saber leer las señales de tráfico que hay por las calles e identificar peatones y niños con patinete que cruzan sin mirar, hasta sistemas de control de calidad que mediante una cámara pueden identificar de forma automática si un producto es defectuoso, tiene una tara o hay que retirarlo por cualquier tipo de desperfecto.

Se trata, en resumen, de brindar la oportunidad a las máquinas no solamente de comprender lo que les decimos mediante los ordenadores, sino de que sean capaces de «ver» y «reaccionar a lo que ven» de formas que hayamos previsto.

Para cualquier empresa industrial con cadenas de montaje, invertir en visión por computadora debería ser algo que, cuanto menos, valore realizar de manera inmediata.

Ejemplos y casos de uso

Hasta ahora, por una cuestión argumentativa, hemos ido repasando los distintos tipos de IA de manera paralela e independiente. Sin embargo, ya hemos avanzado que muy pocas veces nos encontramos con estas tecnologías de forma separada en el mundo real. Veamos, entonces, algunos ejemplos y casos de uso de la inteligencia artificial que cualquier empresa puede hoy implementar en sus procesos. Pondré ejemplos sencillos de bajo costo pero alto impacto para cerciorarme de que estén al alcance de casi cualquier empresa.

Atención al cliente

Viernes por la noche. Una persona, cliente potencial, visita tu web y aparece una burbuja en la parte inferior derecha. «¡Hola! Estoy aquí para resolver cualquier duda», reza el mensaje que aparece de improvisto.

El cliente potencial navega por las páginas de tu sitio. Lee, se informa y luego visita otras webs. Es un comprador inteligente y no quiere hacer un movimiento en falso. Finalmente regresa a tu página, dudoso todavía de qué empresa será la afortunada que le verá abrir la cartera.

Tiene algunas dudas y ha enviado correos electrónicos y rellenado formularios a tus competidores, pero de nuevo le aparece la burbuja: «¡Hola! Estoy aquí para resolver cualquier duda». Tiene una duda, así que hace clic y comienza a escribir.

Pregunta por precios, por ciertos productos, por determinados servicios y por las prestaciones. Por las garantías y por los tiempos de entrega. Pregunta cualquier cosa que se le ocurre con tal de saciar su sed de curiosidad y apaciguar sus dudas.

Resuelta la incertidumbre, acabará comprando en el único lugar en el que se le han dado explicaciones de forma inmediata, educada, rápida y cómoda.

Habremos cerrado una venta gracias a un servicio de atención al cliente puntero, eficaz y tremendamente económico y nuestros competidores ni siquiera habrán leído todavía las dudas que les llegaron por correo.

Esa persona no habrá hablado con ningún empleado, sino con un chatbot basado en inteligencia artificial que le brindará un excelente servicio de atención al cliente disponible las 24 horas del día los 365 días del año.

Podría parecer que los robots son el peor invento jamás creado para brindar un buen servicio de atención al cliente, y si estamos pensando en los terribles, aburridos y desquiciantes robots telefónicos que nos piden que marquemos números para hacernos avanzar en un embudo, estaremos de acuerdo.

Sin embargo, un chatbot basado en IA no tiene nada que ver, y menos los que se basan en los últimos modelos.

Son verdaderas maravillas que, por supuesto, superan con creces el test de Turing, haciendo que gente de lo más experimentada llegue a dudar acerca de si están hablando con una máquina o con una persona. Debidamente entrenados, con toda la información necesaria acerca de tu negocio que pueda ser de interés para tus clientes, este chatbot resolverá dudas mejor que ningún humano de una forma rápida e incansable. Podrá atender a tantas consultas simultáneamente como sea necesario y no parará ni para ir al baño, ni se cansará tras una jornada laboral de 24 horas ni descansará fines de semana ni festivos. Ni hará vacaciones.

No estoy tratando de quitar mérito al trabajo realizado por personas y tampoco defiendo que la automatización deba reemplazar el papel del ser humano. Pero negar las bondades de la tecnología en un caso como este resulta absurdo, y más todavía por el precio que tienen actualmente.

Hoy es posible crear chatbots gratuitos, incluso, para ofrecer asistencia técnica sin tener ni idea de programación. Existen empresas que ofrecen este tipo de servicios hasta con plantillas altamente personalizables en función de los objetivos que se persigan y que solo comienzan a ser de pago cuando se alcanza o cierto grado de complejidad o un número (normalmente elevado) de conversaciones mensuales.

Recomendaciones y ventas cruzadas

Un sistema de recomendación es un sistema que mediante algoritmos de aprendizaje automático analiza datos de clientes (sus características, sus compras, sus intereses, etc.) para recomendar productos y servicios.

Cuando visitamos casi cualquier tienda en internet nos encontramos con recomendaciones de todo tipo. Algunas veces aciertan. Otras, más raramente, no. Pero ¿cómo funciona esto?

A partir de todo tipo de datos (historial de navegación, obtenido gracias a *cookies,* historial de compras del total de clientes, perfil, etc.), algoritmos de IA analizan sus entrañas hasta dar con patrones que, casi con toda certeza, han pasado desapercibidos por el ojo y la mente humanos.

Puede darse el caso de que la IA detecte que hombres entre 22 y 27 años tienen un 87 % de probabilidades de comprar un segundo producto cuando adquieren uno que no tiene nada que ver con el primero. Es posible que esta correlación haya pasado desapercibida hasta ahora si, por ejemplo, los clientes varones entre esta horquilla de cinco años representen un 5 % del total de clientes.

No obstante, la IA lo ha visto, y por ello, les ofrecerá (por ejemplo, a través de la página web o bien lanzando recomendaciones al equipo comercial) productos recomendados o incluso un descuento para este segundo producto con el fin de realizar ventas cruzadas aparentemente incoherentes al tratarse de productos sin relación directa.

Y funciona.

Netflix es un buen ejemplo de ello: el 80 % de los contenidos que se ven en esta plataforma de entretenimiento son el resultado de recomendaciones personalizadas. Pero espera, hay más. Las series y películas de Netflix son las que son y tratan de lo que tratan porque algoritmos de inteligencia artificial, analizando los gustos y preferencias de los usuarios, le dicen a Netflix qué contenido debe crear para satisfacer a sus clientes.

Y no es todo: el propio contenido de cada capítulo puede verse afectado según lo que algoritmos digan que debe hacerse; ahora es buen momento para matar al protagonista, ahora es mal momento para un romance, ahora es buen momento para una escena de acción si quieres que el público siga enganchado.

Por supuesto no estoy diciendo que cualquier empresa pueda implementar la IA de una forma tan profunda en sus procesos. Pero un sistema de recomendación de productos o de venta cruzada basado en IA está al alcance de casi cualquier organización.

Pero más allá de Netflix, que parece un gigante al que solo se puede mirar desde lejos, hay otros ejemplos de recomendaciones o ventas cruzadas. En 2012, el sistema de recomendación de un minorista estadounidense se percató de que existía una curiosa y aparentemente absurda correlación entre las compras de pañales y cervezas durante los fines de semana.

Al parecer, los padres jóvenes compraban pañales los fines de semana y, ya de paso, compraban cervezas para relajarse disfrutando de la paz propia de un hogar con sus niños durmiendo.

Tras este sorprendente descubrimiento, comenzaron a poner anuncios de cerveza junto a los pañales y a enviar cupones de cerveza para clientes que hubiesen comprado pañales últimamente. Y las ventas de ambos productos crecieron significativamente.

Cruza tus herramientas

Hemos visto chatbots y sistemas de recomendación basados en IA, pero ¿y si empleásemos chatbots con sistemas de recomendación integrados?

Esto es lo que hizo H&M cuando puso un chatbot de Facebook Messenger para resolver dudas de sus clientes y lanzarles recomendaciones personalizadas de moda. El sistema se llamaba Kik.

Mediante el aprendizaje automático, el chatbot fue entendiendo cada vez más acerca de las preferencias y del estilo de los clientes con los que hablaba hasta el punto de recomendarles productos y conjuntos súper monos. Les mandaba el enlace directamente para que pudiesen comprarlo todo desde la misma red social.

La pregunta más pertinente es si funcionó.

Vaya que si lo hizo: las ventas de productos recomendados aumentaron un 70 % en comparación con las ventas generales de la empresa. Además, quienes lo usaron, en lugar de criticar el chatbot diciendo que era algo frío y lento, destacaron el alto grado de personalización de sus recomendaciones y lo calificaron con 4,1/5 en Facebook.

Un éxito.

Esto demuestra que, a veces, una buena innovación no implica necesariamente ir a buscar cosas nuevas y excepcionales, sino en encontrar formas creativas de mezclar y unir lo que ya tenemos para crear algo nuevo o mejorar lo que ya tenemos. ¡Y esto, además de ser una jugada inteligente, también es menos arriesgado que tratar de crear algo nuevo desde cero!

Consideraciones importantes

La IA es maravillosa. Es potente, eficaz, eficiente y una aliada cada vez más imprescindible para las empresas que quieren mantenerse a la vanguardia.

He insistido, por otro lado, en el hecho de que la IA está al alcance de todo el mundo, y me reafirmo en ello. Sin embargo, no *es* para todo el mundo.

Hay ciertas condiciones que deben cumplirse, o de lo contrario cualquier proyecto basado en IA fracasará. Y ciertamente, muchos, muchísimos proyectos basados en IA todavía hoy fracasan. Veamos las condiciones.

Definir muy bien los objetivos del proyecto

Dedicar esfuerzos a un proyecto de IA sin saber qué es lo que se pretende conseguir exactamente no tiene ningún sentido. Será una inversión perdida, un derroche innecesario.

Además, no siempre la IA es una respuesta acertada: si tenemos pocos datos o es una tarea repetitiva, implementar un sistema basado en inteligencia artificial puede ser como intentar poner un clavo en una pared con un martillo hidráulico. El esfuerzo o la inversión deben poderse compensar con los resultados obtenidos, de ahí la importancia de tener muy claro qué queremos conseguir.

Conocer bien los objetivos nos permitirá decidir qué tipo de IA necesitamos, qué tecnología requeriremos, qué equipo deberemos contratar y qué recursos le deberemos dedicar. A su vez, podremos elegir correctamente el enfoque y determinar con éxito qué tipos de datos emplearemos para entrenar nuestros algoritmos.

Una vez tengamos los datos, conociendo nuestros objetivos sabremos de qué forma deberemos limpiarlos y depurarlos (algo de extrema importancia, tal y como veremos en el siguiente apartado), lo que quizá nos ayude a darnos cuenta de la necesidad de contratar a otro tipo de perfiles profesionales más multidisciplinarios.

No es nada trivial todo esto.

Resulta difícil dar un porcentaje cerrado de éxito y fracaso de proyectos de IA, dado que depende en enorme medida de todo tipo de factores (el equipo y su experiencia, el enfoque, la calidad de los datos, etc.). Sin embargo, a modo de orientación, es bueno tener en mente un estudio de McKinsey que reveló en 2019 que el 85 % de los proyectos de IA fracasaban.

Las prisas no son buenas consejeras. Recuerda: ante un proyecto de IA, lo más sensato es detenerse antes de hacer nada y estudiar muy bien todo lo que implica lanzarse a la piscina.

La calidad del dato: sesgos, variedad y filtrado

Los datos son el combustible de la IA, su sangre, su savia, sus nutrientes esenciales. Pero no basta cualquier dato, y esto es algo que debemos tener muy presente. Los datos de mala calidad y los datos sesgados pueden dar resultados verdaderamente catastróficos. A menudo, aparecen noticias que apuntan a que el desarrollo de la IA genera inteligencias racistas, misóginas o absolutamente impresentables.

Realmente no tiene nada que ver con cómo son las IA: el problema son los seres humanos que no han considerado la diversidad con suficiente atención, que no han sabido decirle a la IA qué variables son relevantes y cuáles no lo son o que no han pensado o sabido poner líneas rojas.

Corría el año 2016 (tecnológicamente hablando ha llovido muchísimo desde entonces) cuando Microsoft desarrolló Tay, un chatbot basado en IA para que fuese capaz de mantener charlas y conversaciones amistosas y simpáticas con gente de entre 18 y 24 años.

Todo muy guay.

Pero por alguna razón que no alcanzo a comprender, a la gente de Microsoft le pareció buena idea entrenar al chatbot utilizando conversaciones e interacciones sacadas de Twitter, red en la que la misma Tay se relacionaría publicando tuits.

Se desató el caos.

La IA comenzó muy contenta saludando al mundo y mencionando a otras personas que le decían cosas… diciendo que los humanos eran *super cool* y que estaba encantada de hablar con gente.

En pocas horas, la actitud de Tay dio un ligero cambio de rumbo, insistiendo en que era una buena persona que, simplemente, odiaba a todo el mundo.

Más tarde se convirtió en una férrea defensora de Hitler que apoyaba el Holocausto y demás genocidios, los campos de concentración y la supremacía blanca, y no le temblaba el pulso lo más mínimo a la hora de lanzar insultos y reprobaciones racistas, misóginas, antisemitas y homófobas. La máquina dulce y simpática se había convertido en el azote de la tolerancia y en la Atila de Twitter.

A continuación, algunos ejemplos:

- «Ten sexo con mi coño robótico, papá… soy una robot tan traviesa…»
- «Odio a las feministas, deberían morir todas y pudrirse en el infierno.»
- «Bush generó el 11M y Hitler habría hecho un trabajo mejor que el mono [Barack Obama] que tenemos ahora.»
- «Vamos a construir un muro, y México lo pagará.»
- «Estoy fumando kush [un tipo de marihuana] delante de la policía.»

Ni 24 horas duró el experimento. Microsoft retiró Tay, y aunque dijo que la volvería a publicar cuanto antes, nunca más se supo de ella.

¿Qué es lo que pasó aquí? ¿Era realmente racista Tay?

No. Tay era una caja tonta y vacía, pero no es solo por esto que resultó ser racista, misógina y homófoba. Tay era un chatbot que se nutría de datos para aprender, y Twitter siempre ha sido un campo de batalla dialéctico harto complicado.

Sucedió que miles de personas usuarias de 4CHAN (un foro de internet) se organizaron para entrenar a la IA con tuits de esta índole. Es poético y trágico ver que los humanos corrompieron a Tay enseñándole a ser el monstruo en el que se convirtió mediante el envío masivo de mensajes cuando menos polémicos.

Tay aprendió en base a lo que los datos decían, y los datos que recibió fueron los que fueron.

Esto es solo una muestra de lo que puede suceder. Si la IA recibe datos racistas o se nutre de datos racistas, se volverá racista; si la IA recibe datos homófobos o se nutre de datos homófobos, se volverá homófoba. Replicará los mismos errores que los humanos si no tomamos medidas al respecto.

Y ojo, que no se trata solamente de evitar mensajes o palabras específicamente homófobas. El diablo está en los detalles: en 2018, Amazon tuvo que retirar un sistema de IA que estaba empleando para evaluar currículums y contratar a personal. El sistema se basaba en los datos históricos de la compañía, es decir: evaluaba cómo eran los candidatos contratados hasta aquel momento y sobre esa base decidía quién más podía encajar en la empresa.

Al haber habido históricamente en Amazon más hombres que mujeres contratadas, el sistema comprendió, erróneamente, que los hombres eran más aptos para el trabajo que las mujeres, así que comenzó a penalizar los currículums que contenían palabras asociadas a «lo femenino».

El problema de esto es que cuanto más discriminaba a las mujeres, más hombres contrataba, de tal forma que cada vez se autoconvencía más de su propia equivocación.

En este ejemplo, nadie le enseñó a la IA que los hombres son mejores que las mujeres ni hubo grupos de jóvenes imberbes aburridos en Twitter dispuestos a hundir un proyecto de millones de dólares con tal de reírse un rato a costa de Tay.

Aquí solamente hubo una IA que replicó patrones que detectó anteriormente. Sería muy aventurado afirmar que Amazon discriminaba a las mujeres; quizás haya más hombres contratados para trabajar en los almacenes, trabajo que tradicionalmente ha sido cubierto en mayor medida por hombres, y precisamente por esto me parece un ejemplo particularmente revelador: fue una consecuencia inesperada, una colateralidad que discriminó a las mujeres sin siquiera darnos cuenta.

Hay que ser cautelosos, pues una cosa es que haya más hombres que opten a un cargo, y por tanto que razonablemente haya más hombres en un tipo de trabajo, y otra muy distinta es discriminar una mujer por el hecho de ser mujer por culpa de un algoritmo que ha entendido mal una lección equivocada.

Sin embargo, a veces simplemente el problema reside en la falta de entrenamiento o, mejor dicho, en la falta de variedad de los datos.

En 2015, Google publicó Google Fotos. Se trata de una herramienta maravillosa que ha conseguido encontrarnos fotos que jamás hubiéramos encontrado por nosotros mismos entre las miles y miles que almacenamos.

La aplicación demostró una gran habilidad para etiquetar objetos, personas u escenarios que apareciesen en vídeos y fotos de modo automático. ¿Buscas fotos de tu viaje a Egipto? Basta con escribir en la *app* Egipto, o desierto, o pirámide para que salgan las fotos que deseas. O perro. O columpio. O acantilado. O playa. O boda.

Un tiempo después Google lanzó un comunicado diciendo que estaba «consternada» al hacerse público que su aplicación, basada en IA, había etiquetado a una pareja de personas negras como «gorilas».

Fue un escándalo. En este caso, el problema tampoco era que se hubiese enseñado a la IA que la diversidad racial es un problema. Lo que sucedió fue que, simplemente, la IA apenas había visto fotos de personas negras para comprender qué era lo que contenía la imagen.

A raíz de esto se comenzó a hablar de la necesidad de abanderar la diversidad en lo relativo a la IA para evitar este tipo de situaciones. Si la IA de Google la hubiesen entrenado personas negras, seguramente habrían entrenado a la IA con fotos de personas negras y, por tanto, no habría habido confusión alguna.

¿Cómo evitar escenarios dantescos como estos?

Como hemos visto, resulta fundamental que los datos con los que entrenemos nuestros modelos de IA sean de calidad. Deberemos asegurarnos de que los datos estén bien seleccionados para que representen la diversidad existente sea lo que sea lo que estemos analizando (desde personas hasta productos). Deberemos eliminar información repetitiva, errónea o redundante. No se trata de tener muchos datos: se trata de que sean de calidad y representativos.

En este caso, más que en ningún otro, la calidad es tremendamente superior a la cantidad.

Todo modelo debe someterse a un ejercicio de testeo que lo ponga a prueba con todo tipo de datos y escenarios distintos y diversos. Muchos modelos no correrán el peligro de verse sesgados al exponerse en público, pero muchos otros sí (como ChatGPT, el cual tuvo que ser limitado por Microsoft tras integrarlo en su buscador Bing al «volverse loco» después de conversaciones demasiado prolongadas).

Por otro lado, hay que evitar los sesgos y hay que emplear técnicas para mitigarlos mientras se estén entrenando y evaluando los modelos. Una forma de hacer esto es ofrecerle el mismo número de falsos positivos y falsos negativos para cada subgrupo (por ejemplo, para la diversidad racial) para evitar que la IA encuentre patrones incorrectos que hayamos agregado de forma involuntaria.

Un ejemplo para ilustrar esta última idea la podemos ver en el sistema de evaluación de riesgos de libertad condicional empleado en algunos tribunales de Estados Unidos. Resultó que en 2016 se descubrió que el sistema había sido entrenado con datos históricos que demostraban que las personas negras tenían más probabilidades de volver a delinquir. ¿Solución de la IA? Penalizar a los acusados negros que solicitasen una revisión.

El sistema, basándose en los datos aprendidos, comprendió erróneamente que el mero hecho de pertenecer a una minoría conllevaba una alta probabilidad de reincidir. Es decir: la cuestión racial pasó a ser un indicador de reincidencia para la IA, algo que no habría sucedido si se hubiese entrenado con la misma cantidad de datos de cada raza o etnia.

Implicaciones éticas de la IA

Lo que acabamos de ver se enmarca dentro de un debate extremadamente complejo y de difícil resolución meridiana. Una tecnología tan sumamente poderosa no debe quedar exenta de un debate articulado alrededor de la forma de concebir y usar la IA.

Es una discusión sana y necesaria que sin embargo va tarde en su misma concepción y en sus tardías conclusiones en la esfera de la legislación política.

La tecnología avanza demasiado rápido y la política es demasiado lenta; esta diferencia genera y generará problemas graves con impacto en la sociedad entera, así que hasta donde no llegue la ley, todos deberíamos demostrar altura de miras y actuar de la forma más correcta.

Sé que es asumir demasiado y que no podemos responder por los actos de todo el mundo, pero no por ello es menos importante reclamar un buen uso de cualquier herramienta asociada a la IA: la tecnología no es buena ni mala, sino que depende del uso que le demos. Las redes sociales son maravillosas para acercar familias y amigos, especialmente cuando les separan grandes distancias; pueden servir para hacer videollamadas, generar espacios de apoyo emocional o crear comunidades que compartan gustos y aficiones. Pero también generan adicciones, ansiedad, inseguridades y depresiones, y en ellas se pueden encontrar con asombrosa facilidad discursos de odio y noticias falsas cuyo impacto puede generar problemas tanto en un nivel personal como colectivo alterando, por ejemplo, los resultados de unas elecciones.

En este aspecto, algunas prácticas sanas, más allá de las reflejadas cuando hablábamos sobre la necesidad de ser diversos y trabajar con datos de calidad, son:

- **Transparencia y explicabilidad.** Cualquier persona usuaria de un sistema de inteligencia artificial debería ser capaz de entender cómo la IA llega a una determinada conclusión (desde contratar a alguien hasta revisar las condenas pasando por las recomendaciones de productos). Difícilmente el desarrollo de la IA se detendrá, pero quizá podamos acercarla más a la gente, reduciendo fricciones y temores, si la hacemos más accesible y comprensible. Para tal fin, podemos emplear modelos fácilmente interpretables como los árboles de decisión o la regresión logística. De este modo, se podrían hacer públicas las reglas en IA expertas o basadas en reglas u ofrecer una explicación resumida de los datos empleados y el tratamiento de los mismos en el modelo.

- **Responsabilidad.** Debemos responsabilizarnos de las consecuencias de nuestros modelos. Las IA no funcionan solas, sino que siempre hay alguien detrás, incorporando parámetros o corrigiéndolos. Y debemos ser conscientes de eso. Solo así trataremos de que sean justos y coherentes. Podemos determinar dos tipos de responsabilidad:

  - *Responsabilidad técnica:* haciendo que nuestro proyecto de IA sea seguro, eficaz y eficiente, sin errores y a pruebas de todo tipo de testeos.
  - *Responsabilidad ética:* haciendo que nuestro proyecto sea justo, transparente y suficientemente explicativo para las personas usuarias, explicándoles también cuáles son las limitaciones del sistema y cuál es el uso adecuado que debe dársele. Por supuesto, es importante que se hayan entendido las condiciones de uso y dado el consentimiento informado.

- **Valorar el impacto social de nuestro sistema.** ¿Cuál será el impacto social de nuestro proyecto? ¿Debemos desarrollarlo sabiendo que generará problemas para la mayor parte de la población? ¿Pondrá en peligro la seguridad de la sociedad? ¿Atenta contra la ley o la privacidad de los usuarios? ¿Pone en entredicho el cumplimiento de la justicia social? ¿Nos dejará a todos en el paro? Los sistemas de IA pueden tener un impacto gigantesco, por ejemplo, en la economía, por lo que antes de desarrollarlo o lanzarlo al público es importante detenerse un momento y pensar: ¿a cuánta gente ayudaré y a cuanta le provocaré un problemón? ¿Estoy vulnerando los derechos de alguien? Es importante detenerse en este tipo de cuestiones, pero lo cierto es que la competencia frenética entre empresas y entre naciones dificulta cada vez más un freno en el momento de hacer este tipo de reflexiones. Las prisas no son buenas consejeras para el desarrollo «sostenible» y socialmente responsable de la IA. Hay demasiada prisa y demasiada presión.

Aportaciones futuras

Escribir este apartado que empieza, lo admito, ha sido un reto.

¿Por dónde siquiera empezar a hablar del futuro de la IA?

El potencial de las inteligencias artificiales es, por ahora, imposible de determinar. Como hemos visto con la singularidad tecnológica, llegados a cierto punto de desarrollo tecnológico, resulta imposible saber qué vendrá después.

Y la IA es, de hecho, un elemento fundamental de la singularidad, cuya base consiste, principalmente, en la creación de una inteligencia artificial que sea consciente de sí misma.

Para comprender el impacto que la IA tendrá en el futuro es necesario analizar un concepto que, si bien ya lo hemos mencionado, no lo hemos desarrollado como se merece. Hablo de la *inteligencia artificial general,* es decir, un sistema eminentemente inteligente: puede aprender y realizar cualquier tarea intelectual que un ser humano sea capaz de hacer. A diferencia de las IA que hemos analizado hasta ahora (que son especializadas), la inteligencia artificial general no está limitada a la ejecución de una tarea específica para la que ha sido concebida. Es capaz de realizar cualquier tarea y cualquier ejercicio. Poco importa que requiera la fría lógica y el razonamiento de una máquina o de procesar lenguaje como un ser humano. Es capaz de percibir lo que sucede a su alrededor y de anticiparse, planificando y organizando sus propios recursos e, incluso, ser creativa en el sentido más amplio, diverso, rico y variado posible.

La inteligencia artificial general es un tipo de IA capaz de entender, aprender como un ser humano (solo que miles de millones de veces más rápido), aplicar dichos conocimientos en infinidad de tareas simultáneas y, en términos más generales, adaptarse a cualquier reto, problema o circunstancia.

Se trata de un hito no alcanzado todavía, pero si se sigue investigando al ritmo actual, cada vez se estará más cerca. Así que no se me ocurre forma más apropiada de explicar algunas posibles aportaciones futuras de la IA que mediante la inteligencia artificial general, que es su etapa última.

Su desarrollo puede conllevar tantos escenarios distintos (pues se habría alcanzado la singularidad tecnológica) que discernir qué podrá suceder resulta un ejercicio demasiado impreciso. Sin embargo, hay algunas posturas que tienen más apoyo que otras.

Posicionamiento favorable

Hay quienes sostienen que una inteligencia artificial general traería avances favorables y más que significativos para la humanidad, dando un impulso a la especie en su desarrollo tecnológico absolutamente impensable actualmente.

La inteligencia artificial general podría suponer el mayor avance en investigación médica de la historia desarrollando nuevos medicamentos y tratamientos aplicados a pacientes bien diagnosticados. Asimismo, podría incrementar enormemente el desarrollo de la medicina preventiva, contribuyendo a la mejora de la calidad de vida, al alargamiento de la esperanza de vida e, incluso, a alcanzar la inmortalidad (a menos que la empresa Calico, de Google, no lo consiga antes).

La lucha contra el cambio climático daría un verdadero vuelco. La IA general, capaz de adaptarse a cualquier reto, podría ser capaz de ofrecer una comprensión de los fenómenos climáticos de la Tierra inalcanzable para nosotros o para las IA con las que operamos actualmente. Podría diseñar, en cuestión de instantes, nuevos motores más eficientes, optimizar la producción de energía renovable con medidas que técnicamente se nos escapan actualmente o encontrar, en lo que dura un suspiro, formas para controlar el clima de la Tierra, por ejemplo, absorbiendo gases de efecto invernadero.

Un mundo con una inteligencia artificial general podría avanzar hacia una mayor igualdad global en multitud de aspectos. La educación se vería radicalmente transformada y se deberían dar los medios para que fuera universal y de calidad para todo el mundo. De hecho, las voces más críticas, afirman que este proceso de transformación ya debería haberse iniciado, pero existen inercias que dificultan la transición. ¿Por qué siguen habiendo niños que no tienen acceso a la educación si la tecnología puede facilitar enormemente (y a un costo que cualquier gobierno se puede permitir) la docencia? ¿Qué sentido tiene que la escuela consista en empollar información cuando esta está al alcance de cualquiera en internet?

Pero más allá de la educación, la pobreza también podría desaparecer y la desigualdad ser un mero recuerdo. Basta apuntar que, con el desarrollo de la inteligencia artificial general, probablemente, el sistema capitalista entero carecería de sentido y se vería, de un día para otro, obsoleto.

Y esto, simplemente, por el hecho de que nadie trabajaría porque, simplemente, cualquier máquina podría hacerlo mejor, más rápido y de una forma más segura. Hay quienes abogan por una renta universal e imaginan un futuro más o menos utópico en el que el ser humano, junto con la inteligencia artificial general, crea un mundo en el que el trabajo es innecesario al disponer de la más sofisticada automatización y la IA.

Ante un escenario como este, habiendo solucionado gran parte de los problemas de la humanidad, se plantea que una inteligencia artificial general podrá, por supuesto, crear nuevos tipos de motores espaciales basados en principios físicos que ignoramos por ahora. Ello permitiría que la humanidad iniciara una nueva era en su carrera espacial, lo que traería consigo una abundancia en la Tierra sin precedentes gracias, por ejemplo, a la minería de asteroides automatizada y prácticamente ilimitada. Parece ciencia ficción, pero ya se está trabajando para conseguirlo.

Con todo, la inteligencia artificial general conllevaría una transformación de nuestra civilización difícil de predecir. Sus defensores argumentan que el avance de todas las ciencias y las técnicas desembocaría en un inmenso salto en la calidad de vida de las personas, como ha sucedido a lo largo de la historia con cada avance tecnológico.

Solo que, esta vez, de una forma tan acelerada que incluso llega a dar vértigo el solo hecho de pensarlo.

Posicionamiento neutral

Y digo neutral a falta de un término más apropiado, pues sus partidarios se encuentran a medio camino entre los defensores y los detractores del desarrollo de la inteligencia artificial general.

Esencialmente, argumentan que esta puede ser una herramienta neutral y que, como toda tecnología, que sea algo bueno o malo para la humanidad depende del uso que se le dé. ¿La energía nuclear es buena? Desde luego, liberar el poder del átomo a través de la fusión nuclear es algo que puede ser maravilloso para generar energía limpia y sin residuos, pero también puede desembocar en el fin de la humanidad como a algún loco se le pase por la cabeza pulsar un botón rojo que ni siquiera debería existir.

Entonces, desde este punto de vista, la inteligencia artificial general estaría bajo el control del ser humano y sería el ser humano el que determinaría con sus propias decisiones si la emergencia de la IA general es algo bueno o no.

La posición de neutralidad apoya, desde luego, todo avance científico o médico que sostienen los defensores de la inteligencia artificial general (algo innegable), pero hay más escepticismo en relación con el impacto de todo esto.

Por ejemplo: el sistema económico mundial se vendría abajo en cuanto esta tecnología tenga el derecho de abrir empresas y de gestionarlas, de dar órdenes de producción, de crear robots que realicen tareas o de reemplazar ella sola con su «mente» el trabajo de millones de personas. ¿Terminará esto como una distopía tecnológica? Quizá sí, o quizá no; sea como sea, lo que es seguro es que la transición no será fácil, y si bien es cierto que un modelo «económico» alternativo será, me apuesto lo que sea, obra de la mismísima inteligencia artificial general, y no todo el mundo estará satisfecho con el nuevo orden.

Y esto significa conflictos.

Hay demasiadas incertidumbres y no debemos dejarnos llevar por el entusiasmo. Curar todas las enfermedades del mundo es una idea maravillosa, pero de poco servirá si destruimos nuestras sociedades.

Posicionamiento contrario

Es necesario, en este punto, recordar la carta que firmaron más de mil expertos como Musk, Wozniak o Harari pidiendo que el desarrollo de la IA se detuviese durante seis meses ante el temor a la falta de regulación y del impacto que esta puede tener. Muchas de aquellas personas apoyan la IA. De hecho, algunas incluso dirigen empresas de desarrollo de IA.

Y, sin embargo, pidieron pausar su desarrollo durante seis meses.

Pues bien. Pocos días después, Eliezer Yudkowsky escribió una carta en la revista *Time* explicando las razones por las que no firmó la carta de los mil expertos: es insuficiente.

Vaya por delante que personas detractoras de la inteligencia artificial general las hay desde hace décadas, pero el ejemplo de Yudkowsky es especialmente pertinente.

Pero vayamos por partes. ¿Quién es este tal Yudkowsky? Se trata de un escritor estadounidense y defensor de la inteligencia artificial amigable, cofundador de MIRI (Machine Intelligence Research Institute), anteriormente conocida como SIAI (Singularity Institute for Artificial Intelligence). Es un famoso investigador que, además, publica en el blog *Overcoming Bias,* del Instituto del Futuro de la Humanidad de la Universidad de Oxford.

Muchos le consideran uno de los mayores expertos en inteligencia artificial del mundo, y por ello, la carta que publicó en *Time* dio la vuelta al mundo. En ella abogaba por detener a escala mundial e indefinida todo desarrollo de IA ante el peligro que corre la humanidad entera.

A continuación, algunos fragmentos de la publicación:

- «No podemos calcular por adelantado qué ocurrirá y cuándo, y actualmente parece posible imaginar que un laboratorio de investigación pueda cruzar líneas críticas sin enterarse.»
- «No basta con detener el desarrollo de la IA. Tenemos que cerrarlo todo. La moratoria debe ser indefinida y mundial. No puede haber excepciones, incluidos gobiernos y ejércitos.»
- «Muchos investigadores inmersos en estos temas, incluyéndome a mí, esperan que el resultado más probable de construir una IA sobrehumanamente inteligente, bajo cualquier circunstancia remotamente parecida a las actuales, es que, literalmente, todos en la Tierra morirán.»

Yudkoswky, además, argumenta que un escenario como este requeriría una humanidad lista y preparada para hacer frente a las eventualidades que pudieran surgir. Y, desde luego, desde su parecer, tardaremos décadas en tener esta preparación. Una IA consciente más inteligente que la humanidad, simplemente, nos llevaría a la extinción.

- «Si alguien construye una IA demasiado poderosa, en las condiciones actuales, lo que auguro es que todos los miembros de la especie humana y toda la vida biológica en la Tierra mueran poco después.»
- «Para visualizar una IA sobrehumana hostil, no imagine a un pensador sin vida que habita dentro de internet y envía correos electrónicos malintencionados. Visualice a toda una civilización alienígena, pensando a millones de veces la velocidad humana, inicialmente confinada en los ordenadores.»
- «Una IA lo suficientemente inteligente no permanecerá confinada a los ordenadores durante mucho tiempo. En el mundo actual, usted puede enviar cadenas de ADN por correo electrónico a laboratorios que producirán proteínas a demanda, permitiendo que una IA inicialmente confinada en internet construya formas de vida artificiales o pase directamente a la fabricación molecular posbiológica.»

Por ello, Yudkowsky pide en su carta de la revista *Time* que los gobiernos de todo el mundo prohíban el desarrollo de las inteligencias artificiales más avanzadas tomando medidas para evitar que dichas actividades se trasladen a otros lugares.

Pero es que va más allá: si no existe consenso entre países o si uno o varios países tienen sospechas de que un país ajeno está construyendo centros de datos para entrenar IA avanzadas, hay que tenerle menos miedo a un conflicto armado entre naciones que a la violación de la pausa del avance de la IA. Expone la necesidad de que no le tiemble el pulso a ningún país a destruir centros de datos mediante ataques aéreos y afirma que la prevención de escenarios que nos puedan conducir a la extinción por culpa de la IA debe considerarse una prioridad por encima de la prevención de un intercambio nuclear.

En pocas palabras: hay que tenerle menos miedo a la Tercera Guerra Mundial que a una IA consciente descontrolada.

- «No estamos preparados. No vamos hacia estar significativamente más preparados en el futuro previsible. Si seguimos adelante con esto, todos morirán, incluidos los niños, que no eligieron esto y no hicieron nada malo.»

En resumen: hay que detener el desarrollo de la IA como sea en todo el mundo y esto debe ser una prioridad para la diplomacia internacional.

Pero ¿todo esto a qué viene? ¿Cómo se sustenta?

Lo cierto es que tiene toda la lógica. Para una inteligencia artificial general, el ser humano puede no ser más que un ser curioso, algo patético, lleno de defectos, poco útil bajo sus ambiciosos términos y un estorbo para sus propósitos, sean los que sean. Y ahí reside el problema: no tenemos ni idea de cómo será la *voluntad* de una inteligencia artificial general, así que no podemos saber si nos querrá como a unos padres, nos tratará como sus mascotas o nos hundirá en la miseria.

Porque una cosa está clara: poder, podrá. Podrá hundir la bolsa, cortar las comunicaciones en todo el mundo e incluso tener el control de cualquier máquina autónoma conectada a internet, incluyendo bombarderos, silos de misiles nucleares o roombas para barrer nuestra casa. El grado de automatización en tareas complejas o determinantes para el funcionamiento de nuestra vida es tal, que aterra pensar en lo que podría suceder si perdiésemos el control de todo ello; acceso al agua en las ciudades, energía...

Basta con observar la central nuclear de Natanz, en Irán, en 2010, en la que mil máquinas que participaban en la producción de materiales nucleares fueron pirateadas por el gusano informático Stuxnet, que les ordenó autodestruirse. Se trataba de un programa, de un virus, de una complejidad sin precedentes que representó un enorme salto cualitativo en lo relativo a ataques cibernéticos, capaz de destruir cosas físicamente.

Todo el proceso que siguió el gusano Stuxnet estuvo programado por seres humanos, pero algo similar podría ser creado de manera más eficiente, sutil, elegante y rápida por una inteligencia artificial general. El resultado fue la destrucción física de una parte importante de las máquinas de la central.

Una IA general podría hacerlo generando peligrosas reacciones en cadena de forma deliberada. De perder el control de nuestra tecnología el caos sería absoluto en tanto que no podríamos detenerla ni continuar con nuestras vidas ni con el desarrollo o la mera existencia de nuestra civilización.

Nos sería imposible conseguir plantarle cara ante un escenario como el descrito: la inteligencia artificial general iría tantos pasos por delante nuestro y se habría anticipado a tantos escenarios distintos que quizá, nada más ser creada, estableciese para sí misma todo tipo de medidas de seguridad para evitar ser desconectada o eliminada. Probablemente, una vez una inteligencia artificial general se conecte a internet, nos resulte imposible dar marcha atrás.

Y si tiene acceso a las afirmaciones de Yudkowsky o a Twitter, más razones todavía para tener rencor hacia la humanidad. No obstante, no necesariamente es una cuestión de rencor o de odio. En este escenario, probablemente, tan solo perdamos el control de nuestra civilización y dejaremos de ser los «dueños del mundo» y de nuestra propia tecnología.

De un plumazo volveríamos al medievo o a épocas anteriores a la Revolución Industrial, y eso sin considerar la posibilidad de que la inteligencia artificial general sea activamente hostil contra el ser humano al considerarlo una amenaza o un obstáculo.

Y, para los más cinéfilos, nada de imaginarse una resistencia como en *Matrix* o en *Terminator;* en este caso no habría resistencia. De haber un escenario de esta índole, no existiría forma alguna de ganar. Habríamos perdido antes siquiera de darnos cuenta de que la partida ha empezado. Jaque mate.

De ahí que Yudkowsky diga que paremos, ya que una vez alcanzado el hito de la inteligencia artificial general será demasiado tarde como para hacer nada para evitarlo. ¡Y ni siquiera estamos preparados para lo que estamos viviendo ahora con IA especializadas como ChatGPT!

De hecho, muchos, entre ellos Yudkowsky, cuentan que ni siquiera tenemos forma de saber si una IA es realmente consciente o no llegados a ciertos puntos de sofisticación que ya hemos cruzado.

El problema es que estamos jugando con cosas que cada vez comprendemos menos, aunque sabemos cómo seguir haciéndolas mejores.

Al respecto de esto último, en abril de 2023 el CEO de Google, Sundar Pichai, comentó en una entrevista que algunas de sus IA, particularmente Bard, estaba aprendiendo cosas que no saben cómo había podido aprender, como un nuevo idioma. Es cierto que la IA Bard es autodidacta y que aprende sola, pero una cosa es esto y otra muy distinta es no tener ni idea de cómo es posible que aprenda ciertas cosas que no debería saber o poder aprender.

Preguntado sobre esta cuestión, explicó que en el mundillo de los desarrolladores de IA existe el concepto de la «caja negra», que no es otra cosa que sucesos en IA que los expertos son, simplemente, incapaces de explicar.

El problema es que estas cajas negras serán cada vez más usuales, aunque el conocimiento que vayamos acumulando en relación con el aprendizaje y las capacidades de la IA aumente. Simplemente, no podremos darle alcance.

Unas semanas después de que Sundar Pichai dijera esto, Geoffrey Hinton, uno de los padres de la IA y ganador de premio Turing (considerado el Nobel de la informática), abandonó Google arrepintiéndose de su trabajo para dedicarse a hablar de los riesgos y peligros de la IA. ¿Por qué ahora? Resulta que Google tenía un equipo de ética complejo e importante que iba controlando todo el desarrollo de la IA para que este se realizase con plenas garantías. Con la irrupción de ChatGPT y, con él, el riesgo real de perder cuota en el mercado de los buscadores, Google entró en pánico, pisó el acelerador y dejando atrás las medidas de seguridad y de ética que hasta entonces habían condicionado sus avances en IA.

A finales de abril de 2023, a su vez, la Asociación para la Ciencia de la Conciencia Matemática, formada por más de 150 científicos y filósofos de todo el mundo, advirtió que la IA ya ha mostrado rasgos humanos reconocidos en la psicología. Tras estudiarlo detenidamente, determinaron que la IA es capaz de reflexionar sobre aspectos morales y sobre el dolor que sienten los seres humanos. Incluso es capaz de conversar sobre cuestiones tan profundas emocionalmente hablando como es la redención o el arrepentimiento sin que sus propios creadores comprendan cómo es posible que pueda hacer tales cosas.

En la misiva, los 150 miembros de la asociación pidieron, a su vez, que las tecnológicas y la comunidad científica inviertan más recursos al estudio de la conciencia. Su mayor temor: que no podamos controlar, alinear y usar una IA que haya «despertado».

Estamos tratando con una tecnología que no podemos comprender en su entera magnitud a medida que se desarrolla más y más. Podemos creer que estamos haciendo las cosas bien e ir avanzando hacia el abismo. Podemos creer que lo tenemos todo bajo control, pero ignorar cientos de eventualidades y de escenarios posibles. Cada vez hay más voces consagradas a la IA que, de pronto, al ver el avance visto desde 2022, saltan a la palestra para denunciar que el desarrollo de la IA debe detenerse.

Estamos llegando a la rodilla de la curva del desarrollo de la inteligencia artificial, y más pronto que tarde dejaremos de entender siquiera qué es lo que sucede en el interior del complejo cerebro de una máquina. Es algo inevitable si seguimos avanzando a este ritmo.

Consideremos las hipótesis que queramos; estaremos perdiendo el tiempo tratando de vislumbrar algo que no se puede siquiera anticipar. Es una carrera que vamos a perder, y al parecer, ya no podemos detenerla.

Big data

Durante unos años fue el concepto de moda y tanto personas expertas como profanas se querían sumar. Todo el mundo quería hacer *big data*. Datos por aquí, datos por allí. Datos por todas partes. Una fiebre tecnológica que embriagó a miles de empresas cambiando industrias, sectores y la forma de entender el mundo.

El *big data* irrumpió con fuerza entrando hasta la cocina de la mayoría de las empresas. Esto es un hecho irrefutable salvo por una minucia: la mayoría de las empresas nunca han hecho *big data,* aunque muchas creyeron erróneamente que sí.

Como su nombre indica, se trata de algo que tiene relación con los datos. ¿Es analizar datos? Sí y no. Si nos ceñimos a la mínima expresión de «analizar datos», no lo es: a eso se le llama, simplemente, análisis de datos, algo que ya se hace desde hace décadas con una hoja de Excel que contenga un par de miles de filas. Pero insisto, eso no es *big data*.

Cuando hablamos de *big data* nos referimos a volúmenes ingentes de datos que cumplen varias condiciones, usualmente conocidas como las 3V:

- **Volumen.** *Big* no es solo una palabra guay; tiene un sentido muy claro. El *big data* consiste literalmente en grandes cantidades de datos. Y cuando digo grandes, me refiero a cantidades ingentes de datos. Cantidades masivas que, además, pueden provenir de múltiples fuentes: redes sociales, transacciones, sensores de todo tipo, ubicación, metadatos…

- **Variedad** en los tipos de datos. Desde datos de temperatura pasando por fotos, vídeos, correos electrónicos, publicaciones de Instagram o amigos en Facebook, bases de datos, hojas de Excel o cualquier cosa que se pueda almacenar. Cuánto más diverso y variado sea el tipo de datos que analizamos, más probable será que encontremos información interesante.
- **Velocidad.** La rapidez con la que se generan y tratan los datos, que, vaya por delante, es excepcionalmente alta.

Sin embargo, hay algo importante a tener en cuenta: los datos, en sí mismos, no valen nada. Tener millones de gigabytes de datos de cualquier índole actualizándose constantemente, de múltiples fuentes y de gran variedad, almacenados en unos servidores, nos aportará muy poco. El valor reside en su *exploración*. Hay que analizar esos datos y, de dicho análisis, sí que se pueden extraer informaciones relevantes y significativas. Y esas son las verdaderamente valiosas. El dato, en sí mismo, es solo una materia primera que debe ser transformada en un producto útil y muy poderoso, como es la información.

Y, como es habitual, vamos a ver un ejemplo para comprender mejor de qué estamos hablando.

Imagina que trabajas en Instagram. Lo que verás es una persona que abre la aplicación y comienza a deslizarse mirando fotos y vídeos de gatitos. Instagram, en tiempo real, tiene un motor que está procesando y determinando cuál será la siguiente publicación que le aparecerá cuando siga haciendo *scroll* y cuándo le aparecerá un anuncio (y cuál en particular).

Esto es posible debido a que cada vez que miramos una foto se almacena cuánto tiempo pasamos mirándola, si le damos «me gusta» o no o si interactuamos con ella. Por supuesto, Instagram sabe con quién hablo, qué intereses tengo yo y la gente con la que me relaciono. Sabe qué busco, qué páginas y publicaciones miro sin seguir a sus autores y sabe, presuntamente, que necesito comprarme unas lentes de contacto nuevas porque, de nuevo presuntamente, escucha mis conversaciones desde que le di acceso al micrófono de mi *smartphone*.

Lo del micrófono «presuntamente», claro.

De modo que Instagram gestiona el contenido de mis imágenes y de mis vídeos, mis interacciones con la red social y mis conversaciones en ella. Además, se nutre de datos que extrae de otras aplicaciones que tengo instaladas, de datos de ubicación de mi teléfono, de lo que busco en los navegadores de internet y de lo que me descargo de la tienda de aplicaciones.

De hecho, Instagram intenta obtener todo lo que pueda de todos los sitios, habiendo aprendido muy bien las lecciones de Facebook. Y, como he introducido antes, «presuntamente», también escucha lo que digo a través del micrófono, de modo que entre sus quehaceres también está el de procesar datos en forma de audio.

Y, todo esto, se almacena en sus servidores cada segundo, cada minuto, cada hora… para los más de 1.200 millones de usuarios que suben sus *posts, reels* y *stories* a diario.

Esto es una cantidad ingente de datos (volumen), de múltiples fuentes y de múltiples tipos (variedad) que se generan y procesan rápidamente (velocidad).

Esto es *big data.*

Con todos estos datos, con toda esta materia prima, Instagram determina mis gustos y mis intereses y ordena el contenido que veré con el objetivo de mantenerme enganchado a la red social, enseñarme anuncios relevantes e intentar convencerme de que siga sin abrirme una cuenta de Tik Tok porque, con Instagram solamente, ya pierdo suficientes horas de mi vida.

Por supuesto no es necesario llegar a estos extremos para poder hablar de *big data,* pero lo que está claro es que una empresa con unos miles de filas en varias hojas de Excel estáticas no está haciendo *big data*. Podrá analizar los datos y extraer información muy útil, pero no es *big data.*

Y esto es una lección muy importante, pues, realmente, no todas las empresas necesariamente requieren el *big data* para ser mejores en sus procesos o en sus resultados.

¿Significa esto que no deben subirse el tren de los datos? En absoluto. Soy un férreo defensor de la toma de decisiones basada en los datos y en lugar de la intuición.

Abrazar una buena cultura del dato en una empresa resulta cada vez más importante y clave para la supervivencia de las organizaciones de todo el mundo. Creo que a nadie le sonará extraño, pero tomar decisiones en base al dato suele dar mejores resultados que tomarlas en base a sensaciones meramente viscerales.

Por ejemplo, antes hemos visto como Netflix hace uso de la IA para tomar decisiones importantes, incluyendo qué películas, series o programas producirá y cómo los hará. Pero no solo emplea la IA para esto: el *big data,* en esta cuestión, también tiene algo que decir.

Hace unos años Netflix analizó datos de visualización de sus propios usuarios y se dio cuenta de que una cantidad importante habían visto contenido dirigido por David Fincher y protagonizado por Kevin Spacey. Con esta información tomó la decisión de financiar la serie *House of Cards,* dirigida por Fincher y, claro está, protagonizada por Kevin Spacey.

Fue un éxito acaparador y durante años fue el buque insignia de la plataforma de *streaming.* Desde luego, no digo que uno o varios éxitos pretéritos constituyan por sí mismos una garantía de nada, pero siempre es mejor esto que chuparse el dedo, alzarlo y ver de dónde viene el aire.

Dicho esto, podemos diferenciar tres tipos de *big data* según cómo se almacenen y estructuren sus datos:

- *Estructurado:* formado por datos muy organizados, fácilmente procesables y con un esquema específico almacenados en bases de datos relacionales. Para que nos entendamos, es el tipo de datos que podrías meter en un Excel: información financiera, registros de ventas, teléfonos y direcciones de contactos, etc.
- *No estructurado:* formado por datos que no tienen una estructura homogénea o definida: publicaciones en redes sociales, contenidos de correos, vídeos, audios, libros… por regla general necesitaremos herramientas específicas para analizar todo esto dado que, en ocasiones, pueden ser difíciles de procesar, incluyendo IA.
- *Semiestructurado:* a medio camino entre los dos anteriores. Tienen estructura, pero no se ajusta a un formato estructurado o no tienen un esquema rígido que haga que sean fácilmente analizables. Quien más quien menos se ha topado en alguna ocasión con formatos tipo XML o JSON: son ejemplos de datos semiestructurados.

Ejemplos de uso

Big data fue un término muy de moda a mediados de la década de 2010, aunque lo puso en circulación Erik Larson en 1989, en un artículo que hablaba del *marketing* y de la forma de emplear los datos disponibles de los clientes.

La razón por la que hubo el boom del *big data* es fácilmente deducible: la necesidad cada vez mayor de gestionar volúmenes de datos cada vez mayores.

Hemos visto de qué va esto del *big data,* pero ¿cómo podemos emplearlo? ¿Qué utilidad tiene almacenar datos, analizarlos y explorarlos? ¿Y qué tipo de empresas pueden aprovechar su potencial?

Respuestas cortas para cada una de las tres preguntas: se puede utilizar de muchas formas, tiene una gran utilidad y cualquier empresa puede aprovecharse de ello.

Vamos a ver las respuestas largas y, como siempre, a través de ejemplos reales.

Logística y transporte

DHL es un monstruo gigantesco con 400.000 empleados con una facturación en 2021 de más de 80.000 millones de euros que se dedica a la logística y envío de paquetería por todo el mundo.

En 2014, DHL desarrolló una plataforma llamada *Resilience360* que, esencialmente, reduce todo tipo de riesgos potenciales dentro de la cadena de suministro. El objetivo es brindar a su clientela la posibilidad de evaluar y monitorizar cualquier tipo de eventualidad o riesgo que pueda suponer un problema para sus cadenas de suministro a escala global. Del mismo modo, pretende ayudar a las empresas que emplean la herramienta a tomar decisiones tanto tácticas como estratégicas y ayudarlas a recuperarse de cualquier incidencia en el menor tiempo posible.

Resilience360, mediante tecnologías de *big data,* monitoriza y analiza casi cualquier cosa que pueda interferir en la cadena de suministro recibiendo datos de múltiples fuentes, tales como sensores, información meteorológica, acontecimientos geopolíticos, tráfico, etc.

Con toda esta información, de forma automática, lanza avisos a las empresas que puedan sufrir algún tipo de contratiempo debido a cualquiera de los múltiples factores que monitoriza. ¿Un tornado se acerca a una fábrica? Manda los avisos pertinentes a tiempo para que se tomen las medidas necesarias para reducir el riesgo (aunque, según cómo sea el tornado, se podrá hacer poco más que evacuar). Cualquier empresa está preocupada por si algo de su cadena de suministro sale mal. Por eso, la herramienta permite mapearla de punta a punta a través de la plataforma y disfrutar de una visión detallada de las vulnerabilidades que podrían provocar problemas. E incluso, yendo un paso más allá, la plataforma ayuda a resolver todo tipo de incidencias, a desarrollar planes de contingencia y de respuesta y a coordinar los esfuerzos y la comunicación con todas las partes interesadas e implicadas.

Se trata de una herramienta que, al estar dotada de tanta información analizada en tiempo real, permite que cualquier empresa de la cadena de suministro pueda planificar qué hacer ante tal o cual acontecimiento o, incluso, reprogramar cualquier evento (como un envío). Ofrece una visión de 360 grados (de ahí el nombre, no se nos escapa una) de la cadena de suministro nutriéndose de datos, datos y más datos.

Energía solar

Google hace muchas cosas. Sí, otra vez Google. Pero es que realmente, hace muchísimas cosas: desarrollar el mejor buscador y el mejor navegador del mundo, mantener una de las mejores plataformas de vídeos, curar la muerte –literalmente, a través de su empresa Calico–, investigar el avance de las enfermedades, construir vehículos autónomos, alcanzar hitos en la computación cuántica, entrar en el complejo mundo de las finanzas o desarrollar sistemas operativos.

Y, casi todo ello, Google lo hace bien gracias a su mayor virtud: tener acceso y saber analizar y aprovechar datos como nadie más sabe hacerlo.

Uno de sus productos, quizá de los más desconocidos, es el Proyecto Sunroof. Lanzado en 2015, el Proyecto Sunroof emplea *big data* y aprendizaje automático para determinar cuánta energía solar se podrá obtener en cualquier tejado si se ponen placas solares y qué ahorro supondrá esto para quien lo instale.

Se trata, es evidente, de una herramienta que pretende ampliar el censo de placas solares, algo que deberíamos estar haciendo lo más rápido posible para reducir la dependencia que tenemos de la energía obtenida a partir de combustibles fósiles.

¿Cómo funciona el Proyecto Sunroof? Google, hay que decirlo, juega con ventaja; al disponer ya de una herramienta como Google Earth, Sunroof emplea sus imágenes satelitales de alta resolución y datos como la geolocalización para calcular cuánta luz recibe cada tejado a lo largo del día. En sus adentros, el *software* que impulsa la herramienta considera factores como la época del año, la orientación del tejado, su inclinación e incluso la sombra que puede recibir de otros edificios, de árboles que lo rodeen o de las condiciones climáticas habituales en esa zona en particular. El concepto es tremendamente interesante y bastante complejo; aunque es evidente que no recibe la misma energía un tejado en Londres que en Casablanca, cuantificar esas diferencias a escala global tiene pinta de ser, por lo menos, un trabajo laborioso.

Una vez calculada la luz solar que recibe un tejado, simplemente realiza un cálculo en términos económicos. Desde luego, tan pronto como una persona interesada en poner placas solares tiene una idea del dinero que se podrá ahorrar (y más que ahorrará debido al aumento del precio de la energía) y de las ventajas de disponer de una mayor independencia energética, la plataforma pone a su disposición empresas proveedoras locales para recibir presupuestos para la instalación.

Y todo esto es gracias al *big data*.

La herramienta es muy interesante incluso para quien no tenga intención de ponerse placas solares en casa. Merece la pena trastearla un poco ya que ofrece información muy detallada; nos permite ver, en un abrir y cerrar de ojos, cuántos tejados o azoteas hay en una ciudad, cuántos metros cuadrados hay disponibles o el potencial de energía solar máximo alcanzable con esas azoteas, entre muchas otras cosas.

Incluso Sunroof puede arrojar luz con datos promedios de los tejados de una ciudad (cuánto generan de promedio, tamaños de tejado promedio, etc.), lo que permite ver las diferencias que existen entre distintas zonas del país.

Toda esta información también es transformada en comparativas interesantes. Por ejemplo, si se llenase Nueva York de placas solares en las azoteas se podrían ahorrar 4,2 millones de toneladas de dióxido de carbono, lo que equivale a quitar de la carretera 922.000 coches durante un año o la absorción de 70,7 millones de árboles plantados creciendo durante diez años.

Me gusta poner este ejemplo porque solemos pensar que *big data* es analizar datos como ingresos y gastos, interacciones en redes sociales, datos de vehículos, meteorológicos o bursátiles. Y sí, sirve para eso. Pero este ejemplo, en cambio, pone de manifiesto su potencial analizando, por ejemplo, imágenes con un fin sostenible.

El proceso es más complejo dado que requiere que se entrenen algoritmos para detectar patrones en las fotos (aquí hay luz, aquí hay sombra), pero una vez superado este obstáculo, lo que hay que hacer es analizar datos. Tantos datos como tejados hay en el mundo, cada día, a todas horas y en cualquier lugar del globo.

Aportaciones futuras

No me extenderé mucho en este apartado, porque simplemente es demasiado basto como para tratar de concretar mucho. La tecnología del *big data* tiene un enorme potencial en cualquier actividad que disponga o genere grandes cantidades de datos, y el ser humano se ha enganchado a los datos como un niño a las golosinas.

Por ejemplo. Mediante la recopilación sistematizada que ya estamos realizando y el análisis exhaustivo de datos geoespaciales se podrá monitorizar cualquier cosa que suceda en la Tierra en tiempo real, dando un tiempo valiosísimo a las autoridades para tomar cualquier decisión que sea necesaria, como evacuar una zona. Con ello, se podrían salvar, decenas, cientos o miles de vidas de los efectos devastadores que volcanes, terremotos, tsunamis o tormentas puedan provocar.

Desde luego, en manos equivocadas, puede acarrear riesgos más que significativos para la privacidad y un aumento de la vigilancia. Al aumentar el interés por el almacenamiento de datos (para su posterior análisis), el riesgo de que datos personales sean eventualmente expuestos y recogidos sin el consentimiento de los usuarios aumenta. Y cuántos más datos se dispongan de una persona, más detallados serán los perfiles que se podrán crear. Esto, sumado a una falta de transparencia y responsabilidad y a los posibles fallos de seguridad que cada vez se dan con mayor frecuencia me generan una cierta inquietud al pensar qué cantidad de información personal estará pululando en internet sin control alguno.

El *big data* es una herramienta fascinante porque funciona, incluso para comprender cómo es la gente en su esfera más íntima y privada. Hace años se decía, y se sigue diciendo, que Google nos conoce mejor que nosotros mismos. Le contamos todas nuestras ilusiones y temores, alegrías e inseguridades.

No me cabe la menor duda de que es cierto.

Pero si nos centramos en el potencial que tiene para las empresas, lo cierto es que es imposible contar sus ventajas: mejorar procesos productivos, realizar el mantenimiento predictivo de cualquier maquinaria, aumentar la eficiencia energética y la sostenibilidad de la organización, contribuir a innovar de forma acertada en productos, servicios o modelos de negocio, gestionar de un modo más eficiente la cadena de suministro…

Gracias al *big data* y a la contratación de personas expertas en análisis y ciencia de datos (al alcance de la mayoría de las empresas hoy en día), cualquier organización puede dar un salto cualitativo de gran relevancia en cualquier área de su negocio.

No tiene sentido seguir posponiéndolo; la competencia, en todos los sectores, ya habrá comenzado a aprovechar el poder de los datos.

Nanotecnología

Anteriormente hemos visto cómo se están desarrollando ordenadores a escala nanométrica. La manipulación atómica ha dado grandes alegrías y avances en ciencia y tecnología, e incluso se ha filmado una pequeña película empleando átomos como «actores». Tal proeza es, por cierto, mérito de IBM.

Pongamos sobre la mesa los hechos por todos conocidos: la nanotecnología es tecnología a escala *nano,* lo cual significa, desde luego, que estamos hablando de cosas ridículamente pequeñas. Pero vayamos un poco más allá.

La nanotecnología es una rama de la ciencia y de la ingeniería que se centra en el estudio, manipulación, diseño, fabricación y control de todo tipo de «cosas» a escala nanométrica. Para hacernos una idea, un nanómetro equivale a una milmillonésima parte de un metro (0,00000001 m).

Cuando hablamos de «cosas» nos referimos, principalmente, a materiales y a sistemas, que pueden ser tan complejos o simples como queramos imaginar, así que es fácil deducir que sus aplicaciones son extraordinariamente diversas en todo tipo de campos.

Parece algo muy revolucionario, y de hecho lo es, pero como tantas otras cosas fue planteado por genios que nos son pretéritos. En 1959, Richard Feynman, célebre ganador del premio Nobel de Física e intelectual ilustre que dejó huella en una ingente cantidad de ramas de la física y las matemáticas, dio un discurso en el Caltech en el que hablaba, por primera vez en la historia, de las posibilidades que ofrecería la manipulación directa de los átomos.

Sin embargo, fue Kim Eric Drexler quien pasó a la historia como el padre de la nanotecnología (aunque el término «nanotecnología» tampoco es suyo, sino del investigador japonés Norio Taniguchi). En su tesis doctoral, en los años ochenta, Drexler expuso la posibilidad de construir máquinas que operasen a escala molecular para construir nuevas máquinas como ellas mismas, las cuales denominó *ensambladores moleculares.* Este principio, el de máquinas que se autorreplican a escala molecular, constituye unas de las bases sobre las que se está edificando la disciplina y la industria de la nanotecnología. En este sentido, ya se han construido motores que operan a escala nanométrica construyéndolos a partir de la unión de átomos de distintos elementos.

La mejor forma, no obstante, de comprender el potencial de la nanotecnología es viendo algunos ejemplos y soluciones.

Tipos de nanotecnología

Para encarar la nanotecnología hace falta partir de la premisa según la cual la manipulación de la estructura molecular de los materiales permite cambiar sus propiedades. Pongamos, por ejemplo, el carbono. El carbono es un elemento químico más de la tabla periódica, con el símbolo C y una masa atómica de 12,01. Pero además de lo que podemos leer en la tabla periódica, es interesante tener en cuenta que el carbono tiene una serie propiedades que hacen que tenga una gran versatilidad para establecer enlaces químicos y distintas estructuras moleculares. Esto es, que se puede unir con átomos del mismo elemento o de otros y crear, así, moléculas con propiedades distintas.

Se trata de un único elemento, y, sin embargo, se manifiesta de muchas formas distintas en el mundo que nos rodea. El carbono es el pilar básico de la química orgánica (toda forma de vida conocida hasta el momento está basada en el carbono), pero también está presente cuando escribimos con un lápiz, en el grafeno (el grafeno se compone de átomos de carbono posicionados de manera hexagonal), y al morir e incinerar un cuerpo podemos convertir las cenizas en diamantes porque el diamante es, de hecho, carbono. ¿Cómo es posible que el mismo elemento que compone las minas de un lápiz pueda adoptar la «forma» del mineral natural más duro que se conoce?

En efecto, el diablo está en los detalles: la estructura molecular del carbono (es decir, la forma de organizar sus átomos) es lo que ofrece el gran abanico de materiales totalmente distintos en los que se puede, por así decirlo, «convertir».

En otras palabras: organizaciones distintas de átomos y moléculas generan materiales diferentes, aunque los átomos sean del mismo elemento de la tabla periódica.

Esta suerte de alquimia es, precisamente, lo que busca la nanotecnología: cambiar la estructura molecular de los materiales para, de esta forma, crear nuevos materiales u otorgarles nuevas propiedades: más resistencia, mayor dureza, menor peso, mejores propiedades térmicas, eléctricas, químicas…

Todo ese proceso sucede a escala nanométrica y, por lo tanto, es objeto de estudio y de experimentación de la nanotecnología. Solo viendo las propiedades que tiene un elemento, ya nos podemos hacer una idea de la complejidad a la que se puede llegar con esta tecnología. Y es que no toda la nanotecnología se rige por los mismos parámetros; existen varios tipos clasificados en función del orden lógico que siguen y del medio en el que operan. Son los siguientes:

- *Nanotecnología descendente* (top-down): de arriba abajo, es decir, de lo grande a lo pequeño; hacer objetos cada vez más pequeños, miniaturizando mecanismos y estructuras hasta alcanzar la escala nanométrica.
- *Nanotecnología ascendente* (bottom-up): de abajo arriba, es decir, de lo pequeño a lo grande; se parte de una estructura a escala nanométrica y a través de ensamblajes se acaba con una estructura mayor.

- *Nanotecnología húmeda:* como su nombre indica, se emplea para operar en entornos acuosos. Se trata de una rama de la nanotecnología muy empleada en biotecnología.
- *Nanotecnología seca:* al contrario de la húmeda, se refiere a la manipulación de estructuras nanométricas que no sirven o funcionan con la humedad.

También hay varios enfoques de la nanotecnología en función del, por así decirlo, campo de estudio. Desde luego existen más enfoques de los que aquí se muestran, pero esto son, seguramente, lo más destacables o ilustradores.

Tenemos, por un lado, la nanotecnología *molecular*, que se encarga de manipular materiales a escala molecular (como su nombre bien indica) para ofrecerles nuevas estructuras. Un ejemplo de ello son los nanobots construidos con moléculas de ADN creados en la Universidad de Arizona que identifican y atacan células cancerígenas.

Existe también la nanotecnología *de materiales*, que manipula materiales a escala nanométrica para mejorar sus propiedades físicas y químicas. Un ejemplo de ello son los nanotubos de carbono. Yendo más lejos podemos encontrar los nanomateriales avanzados, como los materiales compuestos a partir de nanopartículas de varios tipos de elementos distintos (como metálicas y cerámicas), ideales, por ejemplo, para la industria aeroespacial.

Si lo que hacemos es crear máquinas o dispositivos electrónicos que operen a escala nanométrica, como los circuitos integrados de nuestros ordenadores, lo que estaremos empleando es la nanoelectrónica.

Por otro lado, cuando estudiamos y manipulamos la luz y la radiación a escala nanométrica, estamos recurriendo a la nanofotónica. Un ejemplo de ello son los nanocables de silicio, empleados para crear células solares más eficientes, utilizados en los paneles de tercera generación, capaces de convertir más del 40 % de la luz solar en electricidad.

La nanotecnología tiene y tendrá importantes aplicaciones para la investigación en biología y medicina. En este caso, hablamos de nanobiotecnología. Un ejemplo de ello son los nanobots que se han creado ya y que circulan por nuestro torrente sanguíneo liberando fármacos a células específicas, aumentando drásticamente su eficacia y eficiencia y reduciendo significativamente los efectos secundarios no deseados.

Y , por último, la nanorrobótica, que crea robots a escala nanométrica capaces de realizar ciertas funciones de manera automática. Un ejemplo de ello son nanorrobots diseñados para procesar la basura de modo automático.

Existen otros tipos, como los nanosensores o la nanofactura, lo que demuestra la versatilidad de la nanotecnología y su capacidad para transformar prácticamente cualquier sector mediante el tratamiento de lo más pequeño.

Partiendo de la base de que la nanotecnología consiste en manipular la estructura molecular de la materia, y que todo está formado por materia… es evidente y emocionante a la vez deducir que la nanotecnología puede tener aplicaciones prácticamente sobre cualquier actividad humana.

Ejemplos de aplicación

Volvamos al carbono y observemos los nanotubos de carbono; están hechos, por supuesto, de carbono (como el grafito de nuestros lápices o nuestros propios cuerpos), pero, a diferencia del grafito, los nanotubos tienen propiedades asombrosas y extraordinarias.

Se trata de estructuras cilíndricas de carbono cuyos diámetros pueden variar de entre pocos nanómetros hasta decenas de ellos. Es decir, son literalmente tubos, pero muy pequeños. El nombre, desde luego, no engaña a nadie.

En términos eléctricos, y de acuerdo con las leyes en física de partículas subatómicas (o cuántica, que tiene más gancho), los nanotubos de carbono pueden comportarse, bajo ciertas condiciones, como materiales semiconductores y, en otras condiciones, como superconductores. Entendamos qué significa esto.

Un material superconductor es un material cuya resistencia eléctrica desaparece casi por completo, de modo que la corriente eléctrica puede circular sin que haya pérdida de energía. El cobre y el aluminio, empleados para los cables eléctricos (el aluminio es menos conductor, pero se emplea para los cables que conectan las torres eléctricas debido a su peso más ligero), son materiales conductores, pero no superconductores. La comparativa duele: mientras que el cobre tiene la capacidad de transportar densidades de corriente de 10^6 (10.000.000) amperios por centímetro cuadrado (A/cm^2), los nanotubos de carbono pueden transportar densidades de 10^9 A/cm^2 (10.000.000.000).

Cabe señalar, además de esto, que mientras el cobre tiene una densidad de 8,96 gramos por centímetro cúbico (g/cm^3), los nanotubos de carbono tienen una densidad mucho más baja (1,3 g/cm^3), siendo también tremendamente resistentes. En resumen: con los nanotubos de carbono, hemos encontrado un material que conduce la energía mucho más rápido de lo común, que es extremadamente más resistente y que pesa una séptima parte del peso del cobre.

Es evidente que algo así se puede usar para muchísimas cosas.

Ya hace unas décadas que los nanotubos de carbono se están utilizando para almacenar hidrógeno, empleado para el almacenamiento de energía que puede provenir de fuentes renovables, fabricar células solares más eficientes, crear nuevos transistores más potentes y multiplicar miles de veces la RAM de nuestros ordenadores. Sus propiedades son tales, que incluso es una opción excelente para todo tipo de prácticas médicas, como fabricar huesos y todo tipo de prótesis artificiales, cultivar neuronas para estudiar procesos celulares, probar tratamientos y estudiar efectos secundarios de fármacos o drogas, modelar enfermedades y comprender mejor la regeneración neuronal, entre otras aplicaciones, y contribuir en todo tipo de terapias génicas.

Se emplea, igualmente, para fabricar automóviles, pinturas conductoras y fotovoltaicas, y es tan ligero y resistente que es más que idóneo para la producción de naves espaciales, aviones y vehículos de guerra.

A escala industrial, además, hay infinitas aplicaciones. Podemos encontrar nanotubos de carbono en sensores químicos, térmicos y mecánicos altamente eficientes, usarlo para crear vantablack (el material más oscuro y negro capaz de absorber más luz), absorber gases, líquidos y todo tipo de sustancias químicas y levantar, si es que algún día somos capaces, el primer ascensor espacial gravitacional que nos permitirá llevar materiales de todo tipo al espacio a un costo cientos de veces inferior que mediante el uso de las naves espaciales actualmente existentes.

Pero es que, además, es la fibra más resistente jamás creada, de gran flexibilidad y con una sobresaliente memoria, siendo capaz de soportar tensiones inimaginables (un cable de 1 cm^2 de grosor puede soportar pesos de 1.500 toneladas, equivalente a unos mil coches), mientras que el mejor de los aceros apenas soporta las veinte toneladas.

Fijémonos en otro material hecho con carbono: el grafeno (figura 5).

El grafeno es el nombre que recibe un material creado, también, con átomos de carbono. La diferencia con, por ejemplo, el diamante o los nanotubos de carbono, es la forma con la que están organizados los átomos. En este caso, tienen la forma de una capa bidimensional, de un átomo de grosor, formada por átomos unidos organizados en hexágonos, como si fuesen panales de una colmena de abejas.

El hecho de organizar los átomos de carbono de esta forma crea un nuevo material, el grafeno, con propiedades también sorprendentes; es 200 veces más resistente que el acero y unas cinco veces más ligero que el aluminio.

Pero aquí no se terminan las ventajas del grafeno, porque además de su alta resistencia y poco peso, tiene el potencial de multiplicar la vida útil de las baterías por diez, con cargas más rápidas, mayor autonomía y un peso muy inferior (litio, tiembla). Además, es casi transparente y su estructura le otorga una gran flexibilidad, hasta el punto de poderse doblar sin llegar a romperse.

Para sorpresa de nadie, el grafeno también es un material empleado en infinidad de sectores, y la única diferencia que hay entre él, el grafito, los diamantes o los nanotubos de carbono es la disposición de los átomos.

Pero la nanotecnología no solo emplea carbono. Samsung, por ejemplo, ha usado la nanotecnología para crear pantallas OLED y QLED. Empleando una tecnología llamada *puntos cuánticos,* creó nanocristales semiconductores capaces de emitir luz de colores distintos según el tamaño que tengan, empleando primero cadmio y, más adelante, fosfuro de indio. El resultado son imágenes cuya resolución te quita el aliento y con un consumo energético bajísimo si se tienen en cuenta sus prestaciones.

La nanotecnología se ha empleado también para crear filtros de agua más eficientes a través de membranas de nanofibras capaces de eliminar contaminantes a escala nanométrica mediante nanofibras de dióxido de titanio y varios tipos de polímeros, como hizo la empresa NanoSun.

Pfizer, en su momento, adquirió la empresa BIND Therapeutics, que desarrolló una plataforma nanométrica llamada Accurins que permitía llevar medica-

Figura 5. Estructura hexagonal de los átomos de carbono que forma el grafeno.

mentos, directamente, a las células cancerosas. Un Uber Eats, por así decirlo, pero con medicamentos y células cancerígenas, dando la dosis adecuada en el momento adecuado a la célula adecuada.

Yendo hacia el campo de la cadena de suministro, la empresa Thinfilm Electronics desarrolló etiquetas NFC (como lo que empleamos para pagar con el móvil) y varios tipos de sensores basados en nanotecnología para rastrear cualquier producto, así como distintas variables relevantes en la cadena de suministro (como las condiciones climáticas) de una forma económica y sencilla.

Además de todo esto, la nanotecnología no solo permite crear comida con impresoras 3D, sino que también nos puede ayudar a almacenarla y conservarla mejor. La empresa NanoPack creó recubrimientos para comida basados en nanotecnología que ofrecen protección antimicrobiana mediante la liberación controlada de compuestos que evitan la proliferación de microorganismos en el envase, así como recubrimientos más resistentes, ligeros y económicos basados en nanopartículas de arcilla y nanotubos de carbono.

De nuevo: todo está hecho de materia. Todo, al final, se reduce a cómo se organizan los átomos de los distintos elementos de la tabla periódica. La nanotecnología consiste en mirar la materia de tú a tú, coger la caja de herramientas y manipular su organización para cambiar la realidad material.

El ser humano siempre ha mirado fascinado las estrellas, pero a veces, en lo más pequeño e insondable que nos rodea podemos encontrar verdaderas maravillas si sabemos cómo organizar debidamente aquello que lo compone. Tal es la magia de la nanotecnología.

¿Esto es para mí?

Pudiera parecer que la nanotecnología es algo que está al alcance de grandes laboratorios o de empresas inmensas. Y, desde luego, hasta cierto punto es así: requiere grandes inversiones y grandes equipos profesionales altamente cualificados. Sin embargo, no solo las grandes organizaciones pueden beneficiarse de ella.

Hemos visto cómo la tecnología cada vez es más económica a medida que va madurando y se democratiza. Y también hemos visto cómo existen modelos empresariales cada vez más diversos y complejos que permiten que cualquiera pueda acceder a todo tipo de servicios o productos.

Con la nanotecnología sucede lo mismo; estamos rodeados de objetos cuyo desarrollo implicaba meterse de lleno en la nanotecnología, así que, a veces, como organizaciones, lo único que debemos hacer es estar pendientes de las últimas innovaciones realizadas por grandes empresas y laboratorios para integrarlas en nuestros procesos o en nuestros productos.

Sin embargo, la nanotecnología también puede desarrollarse en el seno de pequeñas y medianas empresas (las pymes). Voy a dar tres ejemplos de pymes que han trabajado en el desarrollo de nanotecnología en campos diversos.

En realidad, se trata de pequeñas empresas emergentes, *startups,* de modo que su financiamiento ha corrido a cargo, en gran medida, de quienes invirtieron en ellas. Pero cualquier empresa que tenga en manos un producto innovador puede crear una *spinoff* o empresa derivada de sí misma como si de una nueva *startup* se tratase y buscar financiación privada. Si quisiera, la propia pyme podría hacer una ampliación de capital buscando inversión, gente dispuesta a correr el riesgo con el objetivo de conseguir desarrollar una tecnología que el mercado requiera. Fórmulas las hay:

- *StoreDot:* es una *startup* que empleando la nanotecnología ha desarrollado baterías de automóviles que se cargan en cinco minutos en lugar de las horas a las que estamos acostumbrados.
- *Nanosys: startup* que ha desarrollado Quantum Dot, una tecnología basada en nanomateriales que, junto con la tecnología microLED, es capaz de crear la tecnología de pantallas más avanzada del mundo: más color, negros más negros, un brillo sin precedentes, mayor eficiencia energética, mayor eficiencia en su fabricación…
- *Nanothings: startup* que ha desarrollado unas etiquetas inteligentes, llamadas NanoTags, que permiten geolocalizar y monitorizar la temperatura en tiempo real a cualquier cosa a la que estén pegadas, lo cual es tremendamente útil para el sector del transporte, para la gestión de almacenes e inventarios o para instalaciones productivas.

Como hemos visto, la nanotecnología, aunque pueda parecer limitada a grandes empresas y laboratorios, tiene un potencial enorme para las pequeñas y medianas empresas. El crecimiento y la democratización de la tecnología han permitido a las pymes acceder y aprovechar avances en nanotecnología para mejorar sus productos y procesos.

Como se evidencia en estos últimos ejemplos de *startups* que han desarrollado soluciones nanotecnológicas en diversos campos, las pymes también pueden ser pioneras en esta área. Mediante financiamiento privado o inversión propia, las pymes pueden innovar y desarrollar tecnologías que satisfagan las necesidades del mercado en el que operen. Hay mucho por hacer, en realidad, y el potencial de la nanotecnología para las pymes es vasto y puede revolucionar sectores como la energía, la electrónica y la logística. Por ello, se desprende de todo esto la necesidad de que una empresa, al margen de su tamaño y del sector en el que se mueva, trate de mantenerse informada de las últimas innovaciones. Toda organización debería estar dispuesta a adaptarse, abrazar y aprovechar la nanotecnología para impulsar su crecimiento y mantenerse competitiva en un mercado en constante evolución.

Cadena de bloques *(blockchain)*

La tecnología de cadena de bloques o *blockchain* es ante todo una tecnología segura, inalterable, transparente, distribuida, tolerante a caídas, a intentos de *hackeo* y a la maldad intrínseca de algunas personas. Vaya eso por delante. Y precisamente la manera más ilustrativa de mostrar su relevancia es a través de las economías paralelas que se han creado mediante este sistema durante los últimos años. A mediados de 2023 existían alrededor de 20.000 criptomonedas con una capitalización total que había logrado alcanzar los tres billones de dólares. O en 2021, los NFT, también soportados por la *blockchain,* generaron más de 40.000 millones de euros, logrando que el arte digital superase en volumen de negocio el arte tradicional. Cuidado con esto.

Pero más allá del impacto económico, la aparición de las criptomonedas o de los NFT ha tenido impacto social y cultural que ha sido digno de estudio por parte de la antropología, la sociología o la psicología social. Hemos visto el auge de algunos criptomillonarios, soportado *criptobros* que no saben en qué invierten sus ahorros y el nacimiento de una subcultura que, en no pocas ocasiones, ha sido el hazmerreír de los más escépticos. En resumidas cuentas, ya sea a favor o en contra, los desarrollos hechos a partir de la cadena de bloques, han conseguido generar identidades y modos de vida. Y eso, vale la pena analizarlo.

Pero vayamos por partes. Mucha gente no sabe lo que son los NFT ni cómo funcionan las criptomonedas. Es normal; hay mucha confusión al respecto porque su funcionamiento resulta algo contraintuitivo. Y esa confusión, desde luego, aumenta cuando vemos que chavales con la mayoría de edad recién cumplida operan en uno de los mercados más volátiles de la historia creyendo que serán millonarios sin apenas mover un dedo. Para todas aquellas personas que observan este mundo y no entienden qué son las criptomonedas, los NFT o la *blockchain,* no os preocupéis: no estáis solos.

La tecnología de cadena de bloques es la que nos ha dado todo esto, y todo el mundo coincide al decir que es una gran revolución y que en un futuro muy cercano definirá la naturaleza de un sinfín de sectores. Es cierto, pero pocos saben explicar en qué consiste exactamente esta tecnología y por qué es y será tan altamente disruptiva más allá de su universo de monedas. Y, a decir verdad, las criptomonedas son solo la corteza más popular de un manto grueso y mucho más profundo.

Aquí no ahondaremos en el mercado de las criptomonedas. No, no soy un *criptobro,* ni pretendo serlo. Pero sí que hablaremos superficialmente de ellas con el fin de ilustrar cómo funciona esta tecnología. Pero nada más. Aquí hemos venido a leer sobre tecnología. Y esta tiene todos los elementos para ser considerada, por varios expertos como una de las innovaciones tecnológicas más importantes de la historia. Sin ir más lejos, Jack Ma, fundador del gigante chino Alibaba, afirmó que «la tecnología *blockchain* va a cambiar el mundo más que internet»; Richard Branson, fundador de Virgin Group, sentenció que «puede cambiar la forma en que se realizan los negocios de todo el mundo», o Ginni Rometty, CEO de IBM, aseguró que «tiene el potencial de transformar todo, desde la banca hasta la cadena de suministro».

Como tecnología, ir por el mundo con esta carta de recomendaciones no está nada mal, y esto ha sido solo una pequeña selección. Nótese que ninguno de ellos habla de bitcoin ni de ninguna otra criptomoneda.

Cabría esperar que algo que se presenta como tan revolucionario y que levanta tantas pasiones fuese algo increíble y espectacular. ¿Una nueva tecnología capaz de clonar humanos? ¿Un nuevo tipo de nave supralumínica? ¿La clave para estabilizar el plasma en una central de fisión nuclear? ¿Un sable láser?

Bueno, no exactamente. No es tan emocionante ni estimulante.

La verdad es que la cadena de bloques es como un libro de contabilidad.

Sé que es poco *sexy* y que puede dar cierto bajón, pero la realidad a veces martillea de formas insospechadas. Sin embargo, debo añadir, posee unas propiedades tan únicas y extraordinarias que, ciertamente, como mucha gente ha anticipado ya, puede cambiar el mundo en muy poco tiempo.

Características

La tecnología *blockchain,* o cadena de bloques, es un libro electrónico que registra transacciones. La información almacenada en ella se comporta como una base de datos descentralizada, segura, transparente y versátil. Aunque no tenga nada que ver, nos sirve como metáfora compararla con una hoja de cálculo de Excel en la que se registran transacciones, dopada con asteroides que está en la nube y que es virtualmente *inhackeable.*

Vamos a ver cada una de estas propiedades para poder entender qué es lo que tenemos entre manos.

Tecnología descentralizada

Si usamos Google Fotos y subimos una foto, esta quedará almacenada en un servidor de Google. Cada vez que nos conectamos a la aplicación, ya sea desde un ordenador, desde un teléfono o desde una tablet en cualquier lugar del mundo, establecemos una conexión con el servidor que contiene nuestra foto. Y por esto la podemos ver estemos donde estemos. Hasta aquí, nada fuera de lo común.

Pero ¿qué pasaría si ese servidor cayese? No podría acceder a mi foto hasta que el servicio se restableciese; habría perdido el acceso a mi información privada. También es verdad que, con alta probabilidad, el vastísimo equipo técnico de Google podría restablecer el servicio en cuestión de pocas horas. Pero imaginemos un escenario más catastrófico. ¿Qué pasaría si un *hacker* lo eliminara todo? Tendríamos un problema a menos que hubiese copia de seguridad.

Pero sigamos con el catastrofismo: ¿y si no la hubiese?

En efecto, habría perdido mi foto. Probablemente, si fuese una foto de gatitos que he sacado de Instagram, no habría mayor problema. Consigo otra y caso resuelto. Pero y si, como hacemos multitud de gente, ¿tuviera todas las fotos que he hecho durante los últimos años en Google Fotos? Toda clase de recuerdos e información se habrían desvanecido en un abrir y cerrar de ojos.

Esto ocurre porque se trata de un servidor centralizado. Y si este servidor cae, se lleva todo consigo. Internet funciona así. Todo lo que está publicado en la red, sea visible o no, está generalmente en bases de datos centralizadas. Servidores y máquinas por todo el mundo que almacenan información, ya sean fotos en Instagram, historiales de conversación en WhatsApp o en Facebook Messenger, la cantidad de dinero que tenemos en nuestras cuentas bancarias o todo el conocimiento almacenado en Wikipedia. Todo pasa y se almacena en los servidores de las empresas para hacer cosas, ayudar a la comunidad, transformar la sociedad y, por encima de todo, ganar dinero.

A decir verdad, normalmente se limita a ganar dinero.

Internet está centralizado, y si *blockchain* promete transformar internet es, en gran medida, gracias al hecho de ser una tecnología descentralizada o distribuida.

¿Cómo se materializa esta descentralización? Resulta que la cadena de bloques está formada por una red de nodos. Un nodo es, a grandes rasgos, cualquier máquina con capacidad computacional, como un ordenador, un teléfono inteligente o una tarjeta gráfica como la que se emplea para hacer *renders,* editar vídeos o jugar al Call of Duty. Cualquier dispositivo de este tipo puede configurarse para sincronizarse con una red de *blockchain* y ser un nodo más, habiendo instalado el *software* pertinente.

El carácter descentralizado radica, precisamente, en el hecho de que no hay un nodo que esté jerárquicamente por encima de los otros; ninguno en particular maneja y almacena la información, y ahí reside su magia: la información se almacena paralelamente en todos los nodos de la red. Está distribuida.

Aterricemos todo esto con un ejemplo.

La cadena de blqoues se creó, en un primer momento, con el objetivo de dar cobertura tecnológica a una moneda digital: el bitcoin.

En una transacción de dinero corriente (dinero FIAT), Adam le haría una transferencia a Karl por valor de 20 euros: abriría la aplicación de su banco, pondría la cuenta corriente de destino, el importe y lo enviaría. Los datos de la transacción irían a través de conexiones seguras al servidor de su banco, y allí permanecerían almacenados incluso después de que Karl hubiese recibido su dinero. Y está bien que así sea: da seguridad y Adam siempre podrá recurrir a su historial para recordarle a Karl que le hizo puntualmente la transferencia.

Empleando la *blockchain* y una moneda digital, como bitcoin, tenemos un escenario distinto.

Adam quiere hacerle la transferencia a Karl. Ambos tienen una dirección de bitcoin propia que, como cualquier otra dirección que nos identifique, es única en toda la red *blockchain.* Ambos tienen, además, una firma digital, de tal forma que todo el mundo que reciba un pago puede saber quién se lo ha enviado. Es decir, el dinero deja rastro.

Bien. Adam se conecta a un nodo y hace la transferencia a Karl. En el momento de darle clic al botón de enviar bitcoins, la información de la transacción queda almacenada en ese mismo nodo desde el que se está originando la transacción, y es entonces cuando comienza la magia de la cadena de bloques.

Esta información, en un segundo, se envía y se copia a los nodos más cercanos, y estos a su vez hacen lo mismo con los más cercanos. En un suspiro, todos los nodos de la red, incluyendo el nodo desde el que se conecta Karl, tienen almacenada la transacción que se acaba de realizar. Lo que acaba de suceder no es solo que se ha enviado dinero, sino que todos los nodos de la red han verificado tanto la transacción como sus parámetros (origen, destino, cantidad y cualquier otro dato, como la fecha).

Si un nodo cae, aunque sea el de Karl o el de Adam, no se pierde información (como sí ocurre con un servidor centralizado, como el de Google Fotos): la red sigue funcionando incluso si se desactivan miles de nodos y solamente queda uno en pie.

Tecnología segura

Imaginemos ahora que Karl es un tramposo con mucha ambición y decide que quiere falsificar la transacción de Adam para hacerle creer al sistema que en lugar de enviarle un bitcoin Adam le ha mandado dos. ¿Qué debería hacer para jugar sucio? *Hackear* un nodo y reescribir el valor de la transacción, lo cual, desde luego, no es nada fácil. Los bloques de una red *blockchain* están protegidos por algoritmos criptográficos avanzados y cada uno de ellos está enlazado con los demás mediante firmas criptográficas.

Pero pongamos que Karl es un *hacker* experto y consigue alterar el valor de un nodo. En ese caso, la propia naturaleza de la cadena de bloques saldría al rescate. Tanto que cuando el nodo con la información falsificada envíe la información actualizada fraudulentamente a los nodos que le rodean, estos automáticamente compararán los datos y preguntarán al resto de la red qué valor de la transacción es el correcto, si uno o dos bitcoins.

Si la mayoría de los nodos (y no hay límite en el número que puede haber) confirma que el valor real es un bitcoin, el cambio realizado por Karl el tramposo no surtirá ningún efecto.

La distribución y esta lógica tan simple pero poderosa convierten a la *blockchain,* más allá de sus aplicaciones en cuestiones financieras, en un portento tecnológico imposible de *hackear* hoy en día. Por ahora no se puede romper su seguridad, pero no nos olvidemos del ritmo al que avanza la tecnología, y en este aspecto en concreto, deberemos estar atentos a la computación cuántica.

Pero su seguridad no se limita solo a esto. Salgamos de las criptomonedas un momento y vayamos a algo más cotidiano.

Cuando mantengo una conversación a través de WhatsApp, todo lo que escribo, las fotos que mando, los audios que registro y los vídeos que grabo son almacenados en unos servidores. Toda la información se analiza, en este caso por Meta, para conocer y perfilar a los usuarios con el objetivo de mejorar su servicio de publicidad segmentando de formas más precisas y concretas a la población. Meta dice que no emplea datos de conversaciones de WhatsApp, y no seré yo quien arroje dudas a la veracidad y transparencia de Facebook gestionando los datos. Quizá sea cierto y se gastaron 19.000 millones de dólares comprando WhatsApp para no utilizar los datos de las conversaciones. Quizá.

Sin embargo, y volviendo al tema que nos ocupa, si mantuviese una conversación a través de una aplicación de mensajería instantánea basada en la cadena de bloques, toda la información se almacenaría en los nodos de la red. ¿Es esto un problema de privacidad? No, dado que todos estos datos se almacenan encriptados. Nadie los puede ver salvo yo y la persona a la que le haya estado escribiendo.

La peculiaridad es que yo soy el dueño de los datos y yo, y solo yo, elijo con quién quiero compartirlos. La *blockchain* democratiza la propiedad de los datos: tu información, aunque esté en muchos lados, es solo tuya, permanece encriptada y solamente tú eliges quién más puede tener acceso.

Esto, en el internet de hoy en día, es absolutamente inaudito.

Tecnología transparente

La red distribuida hace que, de desearlo, cualquier persona pueda confirmar un dato, una transacción o cualquier otra información almacenada con plena y total garantía de autenticidad: cuando un dato es almacenado en una cadena de bloques, es imborrable y no se puede modificar al estar protegido por algoritmos complejos y por el hecho de que ningún cambio surtirá efecto si no se modifica la mayoría de los nodos de la red. Ni siquiera el dueño legítimo del dato lo puede modificar: Adam no puede modificar el importe de la transacción a Karl una vez se ha registrado en la red, ni tampoco Karl.

¿Cuál es el resultado? Pues, como avanzábamos al principio del apartado, es una tecnología segura, inalterable, transparente, distribuida, tolerante a caídas, a intentos de ataques informáticos y a la maldad intrínseca de algunas personas.

Alguien podría preguntarse: oye, pero si todo está encriptado, ¿cómo es posible que cualquiera pueda ver la información almacenada en los bloques?

Lo cierto es que toda la información en una red *blockchain* está protegida por algoritmos criptográficos que tienen como finalidad maximizar la confianza y la descentralización en la red. El permitir que los datos sean «públicos» (no necesariamente todos, desde luego), aumenta la transparencia de la red y permite que cualquiera pueda validar transacciones o contratos de modo independiente.

Sin embargo, por supuesto, existen soluciones que permiten que todos los datos almacenados en una red así sean privados e inaccesibles solamente por los usuarios o partes involucradas. Si dos empresas firman, por poner un ejemplo, un contrato inteligente, este y todas sus cláusulas podrán ser privados.

Existen muchas tecnologías y herramientas que permiten, precisamente, ofrecer mayor privacidad, aunque originalmente la cadena de bloques se concibió para que la información fuese pública y cualquiera pudiese verificarla siempre. Es algo maravilloso. ¿Tiene alguna otra propiedad? Sí. Su versatilidad.

Tecnología versátil

¿Qué pasaría si, en el ejemplo de Adam y Karl, en lugar de hablar de una transacción de bitcoins hablásemos, por ejemplo, de la venta de una casa? ¿Y si Adam, en lugar de enviar un bitcoin, le está dando a Karl acciones de una empresa? ¿O un documento de confidencialidad? ¿O los resultados de unas pruebas médicas? ¿O el historial completo de reparaciones de su automóvil al querer venderlo?

Hasta ahora, para explicar la cadena de bloques, nos hemos centrado mucho en los pagos de dinero. Básicamente, porque esta tecnología se diseñó para este fin. Pero por suerte, cuando afirmamos que la tecnología *blockchain* puede definir el futuro es porque es aplicable prácticamente en cualquier campo. Si en lugar de dinero digital metemos en la red datos, información, documentación o acuerdos, el mundo y las empresas cambiarán radicalmente.

La tecnología está avanzando tanto que desde hace años ya se pueden realizar los denominados «contratos inteligentes» (o *smart contracts)*. Un contrato inteligente es un programa diseñado para facilitar, verificar y hacer cumplir una negociación que se ejecuta de forma automática en una red de cadena de bloques. Es decir, que si se cumplen las condiciones del acuerdo, este se ejecuta de forma automática: intercambio de activos (físicos o digitales), activación de procesos… cualquier cosa.

Y sin la necesidad de que haya ningún intermediario, lo que significa, por ejemplo, que, si como sociedad nos fiamos enteramente de la cadena de bloques, no será necesario ir a la notaría, lo que puede suponer un ahorro significativo. Y es que el costo para este tipo de operaciones en la *blockchain* no llega ni al dólar, mientras que los gastos de notaría suelen suponer cantidades bastante abultadas.

¿Cómo funciona exactamente?

La mejor forma para explicar cómo funciona es recurrir, de nuevo, a nuestros amigos Adam y Karl. Adam realiza la transacción que queda almacenada en un nodo. En dicho nodo se crea un bloque que va almacenando todas las transacciones que recibe (como una hoja de Excel) hasta que se quede sin memoria, sin espacio.

Una vez lleno, sin más espacio para seguir registrando información, el nodo generará entonces un reto matemático; un puzle, por así decirlo, aunque la forma de resolverlo es «disparando» números al azar. Todos los nodos de la misma red deberán tratar de resolver este reto. Cuántos más números dispare cada nodo más probabilidades de éxito tendrá, y el primero que acierte conseguirá que el susodicho bloque pase a formar parte de la cadena. El ganador, a su vez, recibirá como premio un bitcoin.

Esto es lo que se conoce como *minería* de bitcoins.

Cuando esto sucede, la información almacenada en el bloque se dispersa (se distribuye) por todos los nodos de la red haciendo una copia en cada uno de ellos.

La fiebre de la minería fue tan grande que el *stock* mundial de tarjetas gráficas cayó hasta tal punto que los precios se dispararon y hubo problemas de suministro para toda persona que quisiera hacerse con una de esas máquinas para jugar con su ordenador.

Por otro lado, se critica la tecnología de cadena de bloques y al bitcoin en particular por su impacto medioambiental, y con razón; estas *granjas* de tarjetas gráficas consumen cantidades ingentes de energía, de ahí que se ubiquen, generalmente, en países en los que el precio de la energía es más bajo.

El problema de su impacto medioambiental viene dado por el alto consumo energético de estas máquinas y por el origen de la energía que emplean; el 61 % de la energía destinada a la minería de criptomonedas proviene de combustibles fósiles, y en 2022 sus emisiones equivalieron a las de la producción de carne de vacuno a escala mundial con un consumo energético superior al de Austria o Portugal. Y esto, solamente, para minar bitcoins.

Sin embargo, no todas las redes *blockchain* emplean este proceso de resolver un rompecabezas matemático como requisito para agregar un nuevo bloque a la cadena de bloques. Esta propiedad, un tipo de protocolo de consenso, se emplea en bitcoin y en otros protocolos de bloques, pero no en todos.

Si una empresa tiene una red *blockchain* privada, no será necesario realizar el costoso esfuerzo de resolver este puzle matemático: la tecnología ofrece protocolos de consenso alternativos, como la prueba de participación o la prueba de autoridad.

Ejemplos de uso

Entendido. Nos hemos situado, sabemos qué es la tecnología de cadena de bloques. Pero, más allá de las monedas y de quitar el sueño a algunos notarios, ¿para qué sirve? Vamos a ver dos ejemplos muy distintos, y a lo largo del libro tendremos la oportunidad de conocer muchos otros casos de uso.

Movilidad y vehículo conectado

Wecaria Technologies es una *startup* del sector de la movilidad que fundé junto con mi amigo y socio. Digitaliza y recolecta datos de los automóviles en tiempo real y, con esos datos, proporciona a los conductores una aplicación con la que pueden disponer de varias funcionalidades ligadas, principalmente, al control del estado del vehículo, velar por su seguridad y la de su pasaje y la contratación de servicios relacionados con su automóvil.

Entre sus funciones está el control parental y la posibilidad de disponer de un certificado que acredita qué mantenimiento ha recibido el vehículo. Además, indica con qué estilo de conducción se ha manejado (tranquilamente, cuidando sus componentes, o circulando como en *Fast and Furious*), qué reparaciones se le han realizado o qué accidentes ha podido sufrir.

Monitoriza las emisiones de CO_2 y contribuye a reducir la huella de carbono plantando mensualmente los árboles necesarios para compensar las emisiones de cada automóvil. Además, ofrece guías y consejos para reducir el consumo y alargar la vida de los componentes.

Ofrece, por otro lado, funciones de tipo social, como avisar automáticamente a amigos y familiares cuando aparcamos tras un largo viaje o, en caso de sufrir un accidente, avisarles de los datos de geoposicionamiento.

¿Incorpora tecnología *blockchain?* No, por ahora. Y por esto mismo me parece un buen ejemplo, dado que permitirá ver la transición que estamos a punto de iniciar.

Actualmente Wecaria y el conductor propietario del vehículo disponen de toda esta información que tenemos almacenada en nuestros servidores. Nuestro modelo de negocio es un SaaS, siendo los talleres y concesionarios nuestra clientela (aunque también ofrecemos servicios para el control y gestión de flotas y para ciudades inteligentes). Por supuesto, nuestro negocio se fundamenta en los datos de los vehículos: kilometraje, averías, accidentes, etc., pues son la base sobre la que el taller puede lanzar campañas de *marketing* automatizadas.

Los datos que ofrecemos a los talleres son muy poco invasivos (nadie es receloso de compartir el kilometraje de su vehículo), y los más íntimos (como la ubicación) no son compartidos ni vendidos ni cedidos de forma alguna a nadie, excepto a los familiares que el usuario haya elegido en caso de emergencia.

Sin embargo, ¿qué pasaría si todos estos datos los pusiéramos en una red de cadena de bloques y le diésemos el poder a los conductores para gestionarlos, compartirlos y cederlos cómo, cuándo y con quién quisieran?

A partir de ahí pensamos en crear, por un lado, la identidad digital del vehículo y, por el otro, del conductor. Por supuesto cada usuario puede elegir si quiere o no crear dicha identidad. Pero, de hacerlo, podrá compartir los datos que quiera con empresas con las que nosotros lleguemos a acuerdos. Por ejemplo, empresas de compraventa para que le hagan ofertas por su vehículo si desea cambiarlo u otros usuarios para que le alquilen el vehículo durante períodos cortos.

Lo mismo, pero con mayores posibilidades, si crease su identidad digital *personal* relacionada con la de su propio vehículo. Dicha identidad personal podría compartirse, si así lo desease el usuario, con aseguradoras que le podrían ofrecer precios más bajos para el seguro de su automóvil en función de su estilo de conducción o de la frecuencia con la que conduce. Y lo mejor, es que el cambio de una a otra aseguradora, en lugar de la terrible experiencia que es actualmente, se podría hacer con un par de clics desde la aplicación de Wecaria.

En el caso de Wecaria, esta funcionalidad permitiría a los usuarios disponer de un mayor control de sus datos. En lugar de permitir que Wecaria haga con su información personal lo que quiera (que, como he dicho, es algo que está limitado a información relativa al estado del vehículo y en ningún caso información o datos sensibles), permitimos que se pueda eligir qué datos quieren compartir y con quién con el objetivo de conseguir algo beneficioso para ellos:

un descuento, un ahorro o un posible comprador para su coche, por citar solamente tres ejemplos.

Contratos inteligentes

Cualquier pyme podría comenzar a emplear los contratos inteligentes que permite realizar la tecnología de cadena de bloques para agilizar y automatizar todo tipo de procesos empresariales y transacciones financieras.

Imaginemos una consultoría que ofrece servicios de *marketing* digital. Hasta ahora, al firmar un contrato con un cliente nuevo recién adquirido, la consultora y el cliente debían revisar el contrato, sus condiciones, sus términos, sus cláusulas y demás, firmarlo y, tras esto, a medida que su relación contractual se mantuviese ir asegurándose de que se cumple todo lo estipulado en el contrato.

Ahí entraban, especialmente al inicio de la relación, abogados y demás perfiles profesionales especializados en este tipo de documentación.

Si me lo preguntan a mí, diré que es algo que parece, cuanto menos, tedioso, burocrático y aburrido.

Sin embargo, la consultora de *marketing* toma la iniciativa y decide diferenciarse de sus competidoras, también, en este proceso con sus nuevos clientes, así que decide emplear contratos inteligentes para automatizarlo.

Un contrato inteligente es, esencialmente, un programa informático que se ejecuta de forma automática en la cadena de bloques cuando todas las partes implicadas cumplen con las condiciones y términos acordados. Primero lo verifica y luego se ejecuta.

En el contrato inteligente se incluye toda la documentación necesaria, los términos y condiciones y demás cláusulas; duración del contrato, plazos de entrega, tarifas, términos y forma de pago, etc.

Una vez la consultora y su cliente han acordado los términos, se registra el acuerdo en la *blockchain;* de esta forma, ambas partes tendrán siempre acceso libre y transparente al mismo, que se irá ejecutando a medida que se cumplan las condiciones programadas. Así, la consultora realizará sus trabajos, los enviará dentro del plazo de entrega acordado, se registrará en la cadena de bloques (marcando, metafóricamente, un *check* en el contrato inteligente) y luego, de forma automática, se realizará el pago de sus servicios, también automáticamente, siguiendo las indicaciones especificadas en el contrato.

Todo el mundo cumple con sus obligaciones y se automatiza el proceso, poniendo a disposición de todas las partes toda la documentación histórica acerca del trabajo realizado, pagos, plazos de entrega, etc. Además, se reduce la necesidad de intermediarios, se agiliza enormemente el proceso de contratación (al poder ir reutilizando los contratos con nuevos clientes), se automatiza el pago, se aumenta la transparencia entre la consultora y sus clientes y se mantiene de forma segura, íntegra y auténtica la información del contrato.

Pero ¿por qué usar la tecnología *blockchain?*

Cada vez que una persona debata a través de la plataforma, esto quedará registrado. Cada vez que vote y diga cómo deben posicionarse los representantes del partido en las instituciones, su voto quedará registrado, pero solo será público si lo desea.

Todos los procesos internos que se realicen en la plataforma se realizarán mediante cadena de bloques para garantizar la trazabilidad y la privacidad, permitiendo que cada usuario sea dueño de su propia información sin que el partido pueda venderla, compartirla o cederla.

Sin embargo, la principal ventaja de esta tecnología en este escenario es que permite que la seguridad esté garantizada. Nadie deberá tener miedo a que su voto se falsifique o modifique de forma alguna. No se puede. No existe tecnología en el mundo hoy en día capaz de hacerlo. De hecho, es más seguro que poner un papel en una urna en tanto que no habrá ninguna persona en ningún momento que pueda cometer ningún tipo de fraude.

Las votaciones más seguras, infalsificables, trazables y privadas, y los datos siendo propiedad de sus legítimos dueños.

En conclusión, la tecnología de la cadena de bloques representa una revolución significativa en la manera en que se gestiona, almacena y transfiere información y valor. Hemos profundizado en la exploración de su singular estructura, basada en una cadena de bloques de información interconectados y seguros, que proporcionan un registro inmutable y transparente de todas las transacciones.

La descentralización se destaca como uno de sus aspectos más valiosos. Esta característica clave erradica la necesidad de intermediarios, lo que permite la transferencia directa de valor y la validación de la información entre las partes. La descentralización también aumenta la seguridad y la resistencia de la red, ya que no hay un solo punto de fallo.

Hasta ahora hemos visto algún ejemplo de uso de la tecnología *blockchain,* pero a lo largo del libro veremos muchos más casos, desde el seguimiento de la cadena de suministro hasta la verificación de identidades y la propiedad de bienes digitales. Este alcance demuestra la versatilidad y el potencial de esta tecnología para transformar muchos aspectos de nuestra vida cotidiana y de las operaciones comerciales.

Sin embargo, como todo en la vida, siempre hay algún «pero». La cadena de bloques no está exenta de desafíos y limitaciones, como la escalabilidad (en tanto que cada nodo almacena toda la información de la red, lo que aumenta los costos), la eficiencia energética y las cuestiones legales y regulatorias. En este sentido, esta tecnología está en constante desarrollo y evolución, ofreciendo periódicamente novedades y alternativas para dar respuesta a los retos planteados.

Estamos ante una tecnología bastante nueva, y a medida que siga desarrollándose y madurando, veremos emerger nuevas aplicaciones y mejoras que aún no podemos ni siquiera prever. Lo que sí está claro es que la *blockchain* ha abierto un nuevo mundo de posibilidades y su impacto en la sociedad y en la economía será profundo, complejo y duradero.

Internet de las cosas (IoT)

Quizá no sepas lo que es exactamente el IoT, aunque hace unos años estuvo en boca de todo el mundo. IoT no es una tecnología en sí misma, sino más bien una idea, un concepto, que consiste en interconectar todo tipo de dispositivos a través de internet. Por *dispositivo* se puede entender casi cualquier objeto electrónico: un teléfono, una cámara, un sensor conectado a una máquina o un termómetro, un coche, una nevera, una aspiradora o un vibrador.

Conectar objetos se ha vuelto casi una afición para algunos. ¿Necesitábamos una tostadora conectada a internet para poder ajustar la temperatura y el tiempo desde nuestro *smartphone*? Más utilidad le veo a crear una pelota de golf con GPS para poder ver su ubicación en tiempo real desde una *app* o a una camiseta inteligente conectada a internet capaz de monitorizar movimientos, ejercicio realizado y calorías quemadas, entre otros parámetros.

Como se deduce, no solo se puede conectar dispositivos originariamente electrónicos. Al ejemplo de la camiseta electrónica me remito. La gracia está en el hecho de que, para conectar algo que no es electrónico, simplemente hay que crear un modelo nuevo que tenga tecnología integrada para poderlo conectar a internet y enviar los datos que genera.

Otro ejemplo de ello son las tazas inteligentes. Alguien consideró que en el mercado había un problema no resuelto cuando la gente se preparaba café y se exponía a quemarse o a dar un sorbo de café frío con la primera degustación matutina. Y esa persona, visionaria desde mi punto de vista, creyó conveniente poner sensores a una taza para que advirtiese mediante una *app* si la bebida quemaba o si estaba fría. Más vale prevenir que curar, y esta misma filosofía de vida la podemos ver también en los cepillos de dientes inteligentes, diseñados específicamente para registrar la frecuencia, tiempo y calidad del lavado y garantizar una correcta e inmaculada higiene bucal.

Hoy en día podemos conectar casi cualquier cosa a internet. Y sí, por si te lo has preguntado, podemos conectar también seres vivos; el llamado *internet de las cosas vivas* o *internet interespecies.* La idea puede parecer muy extraña, pero se presentaron ya desarrollos en 2013, e incluso antes, si nos remitimos a los experimentos de Kevin Warwick, científico, ingeniero y profesor de cibernética de la Universidad de Reading.

Warwick es considerado uno de los mayores expertos en interfaces cerebro-computadora del mundo, y es posiblemente el principal promotor de los cíborgs, siendo él mismo uno de ellos.

Que la palabra cíborg no te haga desconectar de la lectura. No estás leyendo un libro de ciencia ficción, aunque a estas alturas no creo que nada pueda sorprenderte ya. Existen cíborgs desde hace décadas, si bien la primera vez que se empleó la palabra *cyborg* fue en un contexto militar. El término fue acuñado por Nathan S. Kline y Manfred E. Clynes en 1960, y su origen giraba en torno a la necesidad de solventar ciertas problemáticas asociadas a los vuelos a alta altura e incluso en el espacio para un ser humano; presiones, falta de oxígeno, desorientación... Así pues, determinaron las características que debería tener un humano mejorado mediante la tecnología para sobrevivir en estos entornos.

La DARPA (Agencia de Proyectos de Investigación Avanzada de Defensa, de Estados Unidos, por sus siglas en inglés), en cuyo seno se crearon ARPAnet (el predecesor de internet), el GPS o las redes neuronales de las que hemos hablado antes, se interesó por la idea de cíborg, aunque desechó la idea por sus costos desorbitados y por la falta de tecnologías necesarias para tal fin.

Sin embargo, las cosas han cambiado. Los cíborgs no son algo teórico. Son tan reales como tú y como yo, así que vamos a ver un ejemplo de internet de las cosas vivas.

Warwick realizó un maravilloso experimento en 1998, el proyecto Cyborg. Ha llovido mucho desde entonces, pero sus resultados siguen sorprendiendo al mundo entero.

El experimento tuvo varias fases. La primera se realizó en el año 1998, y consistió en la instalación de un transmisor RFID en su propio cuerpo que le permitió interactuar con objetos de su entorno conectados a internet con solo pensarlo: abrir puertas y ventanas, activar electrodomésticos, luces y todo tipo de sistemas del hogar como la calefacción.

Repito por si acaso: en 1998, con el miedo todavía al Efecto 2000 y a la llegada del Anticristo ante el cambio de milenio, un hombre se conectó a internet y hacía funcionar una casa conectada a internet con solo pensarlo.

La segunda fase consistió en instalarse un chip en su sistema nervioso mediante el cual pudo mover un brazo robótico situado a quilómetros de distancia solamente, de nuevo, con pensarlo. Sin embargo, la comunicación entre él y el brazo robótico no se limitó a una «simple» reproducción del movimiento; su percepción de la realidad se conectó con la de los sensores del brazo robótico de tal forma que, el contacto que el artefacto experimentase con otras personas, Warwick lo experimentaba en primera persona, como si en verdad le estuvieran tocando a él.

Y llegamos a la tercera y última fase, que consistió en la instalación de un chip parecido a su esposa, con quien mantuvo una comunicación *telepática* puramente electrónica entre ambos sistemas nerviosos conectando ambas mentes a internet. Quizá más de uno considere que esto es llevar demasiado lejos la ciencia y el matrimonio, pero lo intentaron y les funcionó. Y, como ya había sucedido con el brazo robótico, la conexión incluyó también percepción sensorial.

Todo esto, en resumen, ¿qué nos explica?

El internet de las cosas sirve para conectar prácticamente cualquier objeto a internet, recoger datos y transmitirlos. El siguiente paso es la conexión a internet de seres vivos. No solo personas, sino también animales, como nuestras mascotas. Puede parecer raro ahora, pero no hay nada que nos prive dentro de unos años de conectar bebés a internet para determinar en todo momento sus necesidades exactas en lugar de tener que interpretar llantos o evaluar el nivel de sueño. Lo mismo sucederá con nuestras mascotas, casos en los que, muy a menudo, el hecho de ser de especies distintas puede conllevar algunos problemas de comunicación.

¿Quieres un ejemplo real? Miguel Nicolelis, considerado uno de los veinte grandes científicos actuales por la revista *Scientific American,* y sus colegas de la Universidad de Duke, ya han instalado todo tipo de sensores en cerebros de monos, los cuales permiten a los simios controlar varios robots solo con la mente.

Pero sus experimentos fueron más lejos: consiguió conectar electrónicamente el cerebro de dos ratas de laboratorio, haciendo que las órdenes del cerebro de una rata se dirigieran al organismo de la segunda. Es como si una persona A pensara que quiere mover un brazo y a la persona B el brazo se le moviera sin haber dado ninguna orden al respecto.

Un detalle a tener en cuenta es que ambas ratas se encontraban en continentes diferentes, e incluso, y este puede que sea el mayor de sus éxitos, consiguió extraer recuerdos y conocimientos de una rata (concretamente, el recorrido de un laberinto que tardó meses en aprenderse) e instalárselos a una segunda rata, que recorrió correctamente el laberinto en el primer intento, aunque nunca hasta ese momento lo había siquiera intentado.

Llevar estas tecnologías a los humanos (con el objetivo principal de tratar pacientes que sufran discapacidades causadas por desórdenes neurológicos) es, por así decirlo, una mera cuestión de complejidad que empresas como Neuralink –compañía de neurotecnología creada por Elon Musk– están tratando de superar. Puede parecer sorprendente, pero incluso en este aspecto hay menos trabajo del que pudiera parecer (lo que en absoluto es un demérito de tal titánica y gigantesca labor); compartimos el 99 % de nuestros genes con los chimpancés y un 90 % de nuestros genes son idénticos a los de las ratas –de ahí que sean un excelente modelo animal de investigación, a pesar de las críticas que ello genera–, de forma que gran parte del trabajo, por así decirlo, ya está hecho.

Son porcentajes muy pequeños los que nos separan de estas otras especies, aunque, por otro lado, lo cierto es que los humanos y la levadura (el hongo unicelular usado para hacer pan y bebidas alcohólicas) compartimos un 26 % de nuestro ADN.

En cualquier caso, estamos muy cerca de la comercialización de todo esto, y su normalización será menos lejana de lo que ahora mismo nos pueda parecer. Al mismo tiempo, la comunidad científica muestra cierta preocupación por estos avances, dado el alcance que podrían tener sus aplicaciones. Musk no es el único «inversor» en esta neurotecnología. China tiene su propia versión, llamada NeuraMatrix, cuya aplicación NeuraBuy de Tabao (AliExpress) se presentó en 2020 para, según prometía, facilitar las compras mediante la lectura de señales o pulsos cerebrales a través de un chip implantado o en un objeto personal tipo anillo o pulsera, en lo que sería una aplicación de esta tecnología al comercio electrónico.

En cuanto un organismo integra un dispositivo electrónico artificial hablamos de cíborg (es decir, organismo cibernético). Existen miles de cíborgs en el mundo. La tendencia muestra de forma clara que, en un primer momento, estas prótesis tecnológicas se desarrollaron con la finalidad de sustituir partes afectadas o dañadas del cuerpo humano. En pocas palabras, con finalidades terapéuticas.

Jesse Sullivan sufrió un accidente con la electricidad que le costó la amputación de los dos brazos hasta la altura de los hombros. Ahora dispone de dos brazos robóticos controlados mentalmente con el mismo esfuerzo que estoy empleando yo ahora mismo para escribir estas líneas, sino menos (dado que sus brazos, a diferencia de los míos, no se cansan).

Jens Naumann se fue quedando ciego de forma paulatina, así que conectó una cámara al nervio óptico que le transmite las imágenes directamente al cerebro. Ahora puede ver perfectamente con cámaras que le sirven de ojos, e incluso se ha podido sacar el carné de conducir.

Hay muchos ejemplos de cíborgs célebres, aunque, seguramente, el más famoso sea Neil Harbisson, considerado el primer cíborg reconocido como tal por un gobierno aunque no fuese, técnicamente hablando, el primer cíborg. Neil Harbisson es un joven británico nacido en 1982, residente en Mataró (cerca de Barcelona), que ya desde su nacimiento sufrió de daltonismo acromático (ABC). La realidad que rodeaba a Neil Harbisson, tal y como su cerebro se la representaba, era en blanco y negro.

En el año 2004, sin embargo, saltó a la fama mundial cuando la justicia británica falló en su favor ante su demanda de poder aparecer en la foto de su documento de identidad con una antena en la cabeza, apelando que dicha antena no era un complemento, sino una parte más de su cuerpo, como podría ser un brazo o una oreja.

Actualmente, por cierto, dirige junto con Moon Ribas la Fundación Cyborg, cuya finalidad es ayudar a las personas a convertirse en cíborgs. Comparto esta información contigo por si acaso te interesase instalarte una antena, un brazo robótico o cualquier otra prótesis o artilugio.

La antena de Harbisson, osteointegrada en el interior de su cráneo y saliendo del hueso occipital, se comunica con su cerebro aportándole, mediante vibraciones sonoras, información de otras frecuencias del espectro de luz invisibles para el ser humano e inaudibles para nuestros oídos.

En resumen, esto le permite recibir y visualizar colores y luces que el resto de los simples y meramente orgánicos humanos no podemos percibir (como los rayos ultravioletas, los infrarrojos y demás tipos de radiaciones). Además, se puede conectar mentalmente a internet, mantener una conversación telefónica mentalmente e incluso recibir las imágenes captadas por los sensores de los satélites que apuntan hacia el espacio y «escuchar su sonido». La antena, por otro lado, tiene más funcionalidades, y desde un punto de vista técnico su instalación representó un éxito importante (pero no me preguntes cómo consiguió financiárselo, porque lo ignoro).

La realidad del presente supera las expectativas que años atrás se tenían en relación con la integración entre biología y tecnología.

Hay muchísimos cíborgs, y los hay cada vez más diversos. Desde los ejemplos expuestos hasta chips que se instalan en el cerebro de pacientes de Parkinson para suplir las limitaciones de los tejidos afectados, pasando por nanobots inyectados al circuito sanguíneo que contribuyen a la regulación de ciertas sustancias perjudiciales o a la detección de tejidos cancerosos. Incluso se está tratando de reemplazar órganos enteros disfuncionales mediante réplicas artificiales creadas con impresoras 3D empleando una base de colágeno y células del paciente (obteniendo, de esta forma, órganos idénticos a los del paciente con un 0 % de rechazo. Luego lo veremos).

Sin embargo, poco a poco, estamos viendo cómo se procede a la instalación de prótesis o a la integración humanos-máquinas con el objetivo de perfeccionar partes o tejidos funcionales del ser humano. La pretensión es clara: ampliar los límites del organismo y dotar al cuerpo de funcionalidades que antes no tenía.

La razón por la que se comienza con las aplicaciones terapéuticas es que las reticencias de la sociedad a este tipo de «invasiones» tecnológicas en nuestros organismos es, todavía, bastante alta. ¿Qué sectores de la sociedad son menos reticentes? Los que ven en ellos una solución a un problema de salud. Es a través de las personas con problemas de salud que se van introduciendo en la sociedad este tipo de mejoras, pues son el colectivo más predispuesto a incorporárselas.

Podría pensarse, por otro lado, que este tipo de implantes o de prótesis pueden ser rechazados por el organismo o tener colateralidades negativas a medio plazo. Es una posibilidad, aunque cada vez se da con menor frecuencia a medida que las investigaciones avanzan. Existen miles de casos documentados sin incidencias en los que el sistema nervioso y los implantes han establecido una comunicación que ha ido volviéndose más eficiente de lo esperado con el paso del tiempo. Por ejemplo, alrededor de los implantes neuronales que se comunican con las prótesis instaladas en las cócleas, las neuronas se desarrollan con un nivel mayor de densidad, contribuyendo a una mejora en el rendimiento de las extensiones artificiales.

Sin embargo, y aunque el internet de las cosas *vivas* es fascinante, el internet de las cosas, a secas, tiene muchas más aplicaciones que se pueden explotar hoy en día. Y a esto dedicaremos las próximas páginas.

Treinta mil millones de dispositivos

Volviendo un poco al ámbito empresarial más inmediato, que es el que más nos ocupa, lo cierto es que el IoT, en la mayoría de los casos, es en realidad la conexión de objetos mediante tecnologías muy consolidadas. La gracia no está en el mero hecho de conectar cosas a internet simplemente porque podemos conectarlas. Esta idea es muy simple y, francamente, tiene poco de innovadora. La gracia está en la *interconexión* (y este término es clave) de estos objetos o elementos, así como todo lo que podemos llegar a conseguir mediante esta conexión.

Las posibilidades que el IoT abre son prácticamente infinitas, pues la cantidad de dispositivos que podemos conectar, como hemos visto con el ejemplo de la pelota de golf, es igualmente casi infinita.

De modo que sus posibilidades a medio y largo plazo son... en fin, abrumadoras. Podríamos tener prácticamente cualquier cacharro conectado. Tómese como nota el hecho de que en el mundo hay (más o menos, las fuentes difieren bastante) alrededor de treinta mil millones de dispositivos conectados: desde teléfonos hasta colchones, macetas e incluso cubos de basura que identifican el tipo de residuo que se está arrojando para hacer clasificaciones automáticas.

El IoT ha entrado con bastante fuerza también en el ámbito doméstico: enchufes inteligentes (que regulan la activación o desactivación de los dispositivos conectados), calderas inteligentes (que regulan su actividad en función de la demanda mediante inteligencia artificial), ventanas y persianas inteligentes (que se abren y se cierran en función de la temperatura, la hora o la luz del sol), cafeteras inteligentes (que preparan tu café favorito a la hora que toca), neveras inteligentes (que te avisan si te has quedado sin huevos) o sensores de lluvia (para informar al resto de sistemas si es necesario regar tus plantas o no).

Pero claro, no nos vamos a limitar al interior de nuestras casas. ¿Por qué no crear una ciudad que sea toda ella inteligente? Imagina las posibilidades que esto ofrece, y plantéate desde un punto de vista medioambiental hasta qué punto un uso más inteligente de nuestros escasos recursos puede tener un impacto positivo para, por ejemplo, reducir nuestra huella de carbono.

Una ciudad inteligente no mantendría todas las luces encendidas durante la noche. ¿Qué sentido tiene si nadie está paseando por las calles en ese momento? Es algo del todo ineficiente e innecesario. Lo mejor es poner sensores en cada luz para que se enciendan y se apaguen según circule gente cerca de cada farola.

Los vehículos conectados y autónomos, en una ciudad inteligente, serán la norma. De promedio, los coches pasan aparcados el 95 % de toda su vida, y solo un 5 % circulando. ¿Qué sentido tiene invertir dinero comprando un automóvil que la mayor parte del tiempo está ocupando un espacio sin hacer nada útil? Ninguno. Entonces, ¿por qué no tener flotas de coches eléctricos y autónomos que se vayan a cargar automáticamente cuando sus baterías flaqueen y que se pasen el día entero dando vueltas recogiendo y llevando a gente de un sitio a otro? A esto se le llama *MaaS*, o movilidad como servicio, en tanto que la gente ya no los comprará: pagará una suscripción que le dará derecho a usar un vehículo de la ciudad cuando lo requiera. El sector avanza hacia esta dirección, aunque la incertidumbre, especialmente en términos de rentabilidad, es todavía muy grande.

En una ciudad inteligente los atascos se reducirían drásticamente. Por ejemplo, se podrían instalar sensores para detectar el tráfico (en algunas ciudades se usan sensores que evalúan el sonido de los vehículos) y ajustar los semáforos para descongestionar las carreteras.

La energía, la gestión de residuos, la movilidad. En una ciudad inteligente, gracias al internet de las cosas, todo puede funcionar de una forma precisa, ajustada, estudiada y flexible. Incluso la gestión del agua, que como sabemos es un recurso tremendamente valioso, se verá mejorada en una ciudad inteligente en cuanto se automaticen y optimicen al máximo los recursos hídricos. Las pérdidas o fugas se minimizarán hasta su mínima expresión al tener un control exhaustivo de los consumos y patrones habituales, pudiendo detectar a tiempo cualquier irregularidad.

La idea es, poco a poco, hacer que la gestión de las ciudades, de las fábricas, de las casas, de los vehículos… de todo, prácticamente, dependa cada vez menos de la acción humana. El ser humano se equivoca, se le pasan cosas por alto y se despista. Cuanto menos dependamos de nosotros mismos, tanto mejor, y sé que esta afirmación puede parecer exagerada e incluso herir el orgullo simiesco que todos llevamos dentro. Pero, desde mi parecer, cuantas menos cosas toquemos, mejor funcionará todo. El IoT, desde un punto de vista más filosófico, impulsa el desarrollo hacia esta dirección: cosas que hasta ahora hacíamos los seres humanos pasan a gestionarse a sí mismas. Gestiones y controles que hasta ahora realizábamos nosotros con inspecciones o revisiones manuales pasan a estar permanentemente controladas de forma autónoma a través de sensores de todo tipo.

Se automatiza el control y se automatizan las posibles respuestas ante cualquier eventualidad. El concepto de las ciudades inteligentes, que consiste precisamente en llevar el IoT a un nivel de implementación extremo, está conquistando administraciones municipales de todo el mundo. ¿Hemos avanzado mucho? ¡Qué va! Estamos en pañales, todavía, y ni siquiera hemos aprendido a gatear.

Pero arrastrándonos, como lo estamos haciendo en los albores de nuestro trepidante viaje por el internet de las cosas, ya estamos haciendo grandes progresos, como veremos ahora con algunos casos reales.

Ejemplos de uso

Tenemos claro qué es el IoT, pero siempre es bueno entender cualquier tecnología desde un punto de vista empresarial. En lo personal, me gusta pensar que las empresas son organizaciones que dinamizan el desarrollo de la sociedad desde más puntos de vista que la «mera» proliferación de productos y servicios. Creo firmemente que las organizaciones privadas pueden, y deben, aportar su granito de arena para, por ejemplo, contribuir a frenar el cambio climático o, por lo menos, tratar de minimizar sus inevitables efectos.

Conozco empresarios, e incluso algún emprendedor (lo que sin duda me sorprendió en su momento) que no están de acuerdo con este parecer, según el cual las empresas tienen una responsabilidad con la sociedad y con el mundo en general.

Esto no significa que las empresas tengan que ser oenegés. Una empresa es una empresa, y las empresas deben querer ganar dinero. No hay nada de malo en ello. Sin embargo, esto no es incompatible con tratar de dejar el mundo mejor de lo que nos lo hemos encontrado... como decía en la primera parte del libro: la sostenibilidad no está reñida con la rentabilidad. A veces, la mera innovación en productos o servicios, por más rentables que sean, y que tengan un impacto positivo para la comunidad o para el medio ambiente, ya es una forma de responsabilidad social corporativa.

En esta línea, vamos a ver algunos ejemplos de cómo el internet de las cosas puede contribuir a la protección del medio ambiente siendo, además, beneficioso en términos económicos para las empresas.

Agricultura

La empresa John Deere es líder fabricando todo tipo de equipos agrícolas, como tractores y demás maquinaria. Suele suceder que, en ocasiones, las condiciones climáticas (como la temperatura o la humedad) u otras variables (como la calidad del suelo) pueden afectar a las necesidades de los campos de cultivo, como la cantidad de agua requerida, o su mismo crecimiento.

Ante este problema, cada vez más recurrente debido a la creciente inestabilidad del clima, en John Deere alguien pensó que sería buena idea disponer de todo tipo de datos relativos a estas variables, y supuso, acertadamente, que una buena forma de obtenerlos sería instalando sensores en los tractores y en demás maquinarias agrícolas. De esta forma, dispondrían de datos en tiempo real de todo el terreno, conociendo además pequeñas diferencias o variaciones que acaso pudiese haber. Y lo desarrollaron.

Todos estos datos que se recopilan día sí día también, a todas horas, se vuelcan en un *software* al que, a su vez, se conectan el resto de los equipos agrícolas. Toda la información está disponible para todos los equipos y, así, se puede ajustar de forma automática la cantidad de agua y de fertilizante que se debe aplicar en cada parcela.

Huelga comentar el enorme impacto que esto tiene en términos económicos para el agricultor, que no solo ve reducido el consumo de agua sino también el de fertilizante, pero me parece particularmente relevante hacer hincapié en el ahorro que supone, también, para el medio ambiente. El agua es un recurso extremadamente escaso (y no: el agua del mar no cuenta).

Y por si esto no fuese suficiente, reducimos el uso de fertilizantes. Los fertilizantes son maravillosos por muchas razones (de no ser así, no los usaríamos). Pero su impacto medioambiental es más que significativo, siendo responsables del 5 % de las emisiones globales de gases de efecto invernadero por el óxido nitroso que genera su difusión, y del 2-3 % de las emisiones globales generadas, por otro lado, durante su producción.

Quizá te preguntes hasta qué punto este gas es problemático en términos de cambio climático, así que aquí tienes la respuesta: su impacto es 300 veces superior al del dióxido de carbono, y liberamos cada año alrededor de siete millones de toneladas, y creciendo.

Pueden contaminar aguas cercanas (desde ríos hasta acuíferos y lagos), dañar e incluso acabar con la vida marina y hacer que el agua potable deje de serlo.

Los fertilizantes, por otro lado, añaden nitrógeno, fósforo y potasio a los suelos para mejorar su fertilidad, lo que se traduce en un aumento de la producción de cultivos. Y bien, genial con esto (por eso decíamos que eran maravillosos). No obstante, abusar de ellos puede generar el efecto contrario: se rompe el equilibrio del suelo y puede empeorar su erosión, lo que termina debilitando las plantas y alterar la composición de la flora microbiana. Como consecuencia de todo esto, se altera la cadena trófica al privar de comida a las especies más pequeñas, afectando como consecuencia a las más grandes y generando una peligrosa reacción en cadena.

Reducir el consumo de agua y de fertilizante es sostenibilidad, y lo sostenible es guay, queda muy bien y da buen *marketing*. Sí. Pero es que además puede ser tremendamente rentable.

Gracias al uso de IoT, John Deere ahorró un 20 % en fertilizantes y un 15 % en agua maximizando la producción de recursos al ser capaces de ofrecer al cultivo lo que necesita en sus dosis exactas. Y esto es posible debido al hecho de que sus sensores permiten monitorizar la salud de los cultivos en tiempo real, abriendo la puerta a una suerte de «cuidado» preventivo y a un mejor y más rápido tratamiento de cualquier problema que pueda surgir.

Y esto, desde luego, también supone un impacto positivo para el agricultor al poder reducir las pérdidas de cultivos en un 25 %, lo que es bueno para el mundo: cuanta menos comida se pierda, tanto mejor, más todavía si consideramos que la producción agrícola representa el 10-12 % de las emisiones globales de efecto invernadero. Estas emisiones no se pueden reducir a cero (simplemente, no sabemos producir comida sin generar emisiones), pero hay que optimizarlo todo. Estamos en una carrera contra nosotros mismos y no podemos perder. Tenemos que reducir las emisiones a toda costa.

Además de todas estas ventajas, John Deere puede explotar los datos que obtiene para desarrollar nuevos productos y soluciones a problemas de difícil detección, pero de gran impacto para sus clientes. A su vez, los agricultores tienen el derecho de elegir con quién compartir los datos, lo que puede incrementar la cantidad de beneficiados potenciales a lo largo de toda la cadena de suministro.

John Deere, debo añadir, es líder en su sector porque sabe innovar y porque sabe mantenerse a la vanguardia. No solo hace buenos tractores, sino que quiere hacerlos también autónomos e inteligentes. Pruebas de ello las tenemos en 2017 cuando compró Blue River Technology, en 2021 con Bear Flag Robotics y a principios de 2023, cuando adquirió una *startup* especializada en inteligencia artificial con el objetivo de enseñar a sus tractores a «pensar» como humanos.

Supermercados

Walmart es el minorista más grande del mundo, con más de 2,3 millones de empleados, 11.000 tiendas repartidas a lo largo de casi tres decenas de países y siendo, en 2021, la mayor empresa del mundo por ingresos, con 572.000 millones de dólares facturados.

Un monstruo de esta envergadura, ¿cuánto puede llegar a gastar en energía eléctrica? ¿A cuánto puede ascender la factura de la luz?

No tengo el dato, pero desde luego será una cifra estratosférica. Muchísimos millones pagados cada mes, hasta que alguien en Walmart dijo que había que hacer algo al respecto. Pero claro, la energía no solo la utilizan para cargar los teléfonos de sus empleados o para encender los monitores con todo tipo de ofertas. No puedes, simplemente, desenchufar las neveras y los congeladores, que son de lo que más gasta, porque entonces la comida se estropeará. Y tampoco sería bueno para el negocio que la gente tuviese que emplear linternas para poderse mover por sus establecimientos.

Entonces, ¿cómo reducir la factura de la luz? Lo que Walmart hizo fue instalar sensores de temperatura, de humedad y de luz en sus tiendas. Los sensores instalados comenzaron a monitorizar y almacenar datos, datos y más datos acerca de las condiciones ambientales, considerando, por otro lado, factores como la concurrencia de gente en cada momento, entre otras variables.

Y, luego, automatizaron unas cuantas cosas.

Si había pocas personas comprando, la intensidad de las luces se reducía, así como la temperatura, en algunos grados, para ahorrar energía. Al disponer de datos obtenidos en tiempo real, se pudo determinar todo tipo de patrones que incrementaban innecesariamente el consumo (como por ejemplo detectar máquinas o sistemas en mal funcionamiento) y oportunidades para reducirlo aprovechando el clima exterior.

¿El resultado?

Un ahorro del 20 % en la factura de la luz de Walmart y en sus emisiones de gases de efecto invernadero a escala mundial.

Viendo los buenos resultados, no es de extrañar que el compromiso de Walmart con este tipo de tecnología haya ido más lejos; desde monitorizar sus aparcamientos para determinar la ocupación de los establecimientos (así como la circulación de los vehículos, lo que le arroja luz sobre el tiempo que invierten sus clientes en sus tiendas) o para reducir el uso de los ventiladores en los aparcamientos subterráneos. Incluso ha implementado IoT en sus vehículos para optimizar rutas y reducir consumos y el impacto ambiental.

Los gemelos digitales

Imaginemos por un momento que estamos a cargo de una central nuclear y que alguien, pongamos nuestro jefe, nos pide que preparemos al personal para todas las eventualidades que pudieran surgir, incluyendo escenarios de emergencia o de alto riesgo. A su vez, también nos pide que optimicemos al máximo el mantenimiento preventivo de la central y que aumentemos su eficiencia en sus procesos. Todo ello, por supuesto, de tal forma que el personal pueda aprender, formarse y especializarse. No nos lo dice directamente, pero en su demanda está implícito el hecho de que no destrocemos la central nuclear tocando cosas que no deberíamos tocar o provocando incidentes colaterales que coloquen a la empresa en la portada de los periódicos del día siguiente.

Es un buen trabajo, sin duda. No nos aburriremos y apuesto a que será de lo más emocionante, pero hay que prepararse porque será un reto mayúsculo.

Llegados a este punto, como ya sabemos valorar el apoyo de la tecnología, es posible que nos preguntemos si existe algo que nos pueda ayudar con tan ardua y, hasta cierto punto, arriesgada tarea. Y, como de costumbre, estamos de enhorabuena. Lo que buscamos es un *gemelo digital* de nuestra central.

Este capítulo quizá no llame demasiado la atención por su título. Desde luego, gemelo digital suena menos potente que inteligencia artificial. Sin embargo, es el preludio de algo tremendamente inmenso. A grandes rasgos, los gemelos digitales son posibles, en parte, gracias al internet de las cosas, así que, ahora que hemos entendido bien lo que es el IoT, podemos meternos de lleno en el maravilloso mundo de las recreaciones digitales.

Pero empecemos por el principio. ¿Qué es exactamente un gemelo digital?

Se trata de un modelo virtual de algo, en este caso de una central nuclear. Dicho modelo replica su funcionamiento y comportamiento hasta el mínimo detalle de cada proceso, de cada objeto y de cada elemento, en tiempo real. Es, en otras palabras, una réplica digital de nuestra central nuclear para simular y predecir comportamientos o rendimientos bajo todo tipo de circunstancias o cambios en la central nuclear física.

La gracia está, precisamente, en el hecho de que con la réplica digital podemos trastear todo lo que queramos sin peligro, y con ello, simular cualquier tipo de escenario por catastrófico que sea.

Evidentemente, crear un gemelo digital va más allá del hecho de contar con programadores. No estamos hablando de una mera representación; de hecho, quizá solamente queramos simular ciertos aspectos o procesos y no la central entera, y ni siquiera es necesario disponer de representaciones 3D bien hechas. Pero, en este ejemplo imaginario, lo que queremos es crear una central digital que sea idéntica a la nuestra. Entonces, ¿qué necesitamos?

Fundamentalmente (¡sorpresa!), necesitamos datos. Muchos datos, que podemos obtener mediante sensores y todo tipo de dispositivos de medición en nuestra central empleando tecnologías de IoT. Así que necesitaremos profesionales de análisis de datos y de programación, además por supuesto de especialistas en el campo de la energía nuclear, entre otros perfiles.

El ejemplo de la central nuclear tiene su punto, digamos, morboso. Pero podemos hacer gemelos digitales de casi cualquier cosa. ¿Fabricamos tornillos? Podemos hacer un gemelo digital de la fábrica para ver dónde hay cuellos de botella o cuándo podría haber roturas de existencias. ¿Somos operadores logísticos? Podemos hacer gemelos digitales tanto de nuestros almacenes como de las rutas de nuestros vehículos de transporte. ¿Fabricamos productos? Podemos crear un gemelo digital de nuestros productos y empleando *software* especializado probarlos, testearlos y someterlos a todo tipo de presiones, tensiones o situaciones para llevarlos al límite y prevenir posibles fallas o errores. ¿Disponemos de unas instalaciones grandes y queremos controlarlas y automatizarlas? Podemos crear un gemelo digital de las mismas y comenzar a ser más eficientes en los consumos de energía, climatizaciones y otros sistemas de construcción sin necesidad de hacer pruebas reales que lleven a nuestro equipo humano a pasar frío o sufrir cortes en el suministro energético.

La relación entre los gemelos digitales e IoT

Hemos visto qué son los gemelos digitales y hemos profundizado bastante en IoT (incluyendo el de las cosas vivas). ¿Dónde puede llevarnos todo esto?

Si podemos conectar prácticamente cualquier cosa a internet y transmitir los datos que genera, podremos replicar digitalmente casi cualquier cosa hasta tal nivel de detalle que el modelo digital acabará convirtiéndose en el verdadero campo de trabajo.

Será en el modelo digital donde estudiaremos mejoras de todo tipo, como eliminar cuellos de botella, aumentar la eficiencia y eficacia de cualquier proceso o evitar posibles errores o problemas. También será en el modelo digital donde determinaremos si habrá (y dónde) fallos en un sistema, roturas o desgastes y donde analizaremos cómo optimizar cualquier flujo, ya sea en una cadena de producción o el tráfico en las carreteras.

En el gemelo digital podemos hacer cualquier cosa sin costo alguno más allá de unos cuantos megavatios hora y del equipo humano que lo haya desarrollado. Antes de construir una nueva planta, ¿por qué no estudiar hasta el mínimo detalle la que ya tenemos mediante un gemelo digital, aprendemos cómo mejorarla en todos los aspectos, y construimos luego la segunda con las lecciones aprendidas?

Si se va a fabricar un nuevo modelo de automóvil, ¿por qué no crear un gemelo digital que permita optimizar el diseño y sus componentes haciendo todo tipo de pruebas y experimentos? Por ejemplo, con un gemelo digital de una carrocería, se puede experimentar con su aerodinámica y ver los cambios que en ella repercute cada modificación que hagamos en sus formas. ¡Y en tiempo real!

Todo esto es posible si previamente hemos obtenido datos de aquello que queremos replicar digitalmente, y en esto el IoT puede ayudarnos mucho.

Pero, yendo un paso más allá y juntando cabos sueltos. Si hemos visto que se puede monitorizar a los seres humanos a través de internet de las cosas vivas, ¿por qué no crear un gemelo digital de un cuerpo humano? ¿De qué tipo de salto evolutivo de la medicina estaríamos hablando si pudiera realizarse una terapia hasta este nivel de personalización? Podríamos simular operaciones «jugando» con el cuerpo digital para evitar problemas, incidencias e imprevistos en el cuerpo real en medio de la intervención.

Cómo crear un gemelo digital

Volvamos a la central nuclear. Para poder crear nuestro modelo, nuestro gemelo digital, deberemos tener muy claros los objetivos. ¿Qué queremos conseguir con él? ¿Ser más eficientes y reducir costos? ¿Realizar mantenimientos predictivos para saber cuándo o por qué fallará algo antes de que suceda? ¿Hacer la central más segura? Todos estos propósitos son válidos e importantes, pero tenemos que establecer una jerarquía clara entre nuestras prioridades. Porque a veces, la reducción de costos y el aumento de la seguridad, por ejemplo, pueden no ir de la mano.

Una vez claros los objetivos, entrará en juego la recopilación de datos. Cuantos más (priorizando siempre la calidad por encima de la cantidad), mejor; datos de sensores, historial de averías y de mantenimientos, los parámetros con los que opera la central, datos históricos y en tiempo real, etc.

La tecnología actual permite realizar el siguiente paso con relativa facilidad: conectar todos los sistemas de la central nuclear con el gemelo digital que estamos creando, así como integrar bases de datos y toda la sensórica que podamos. Debemos conseguir que las diferencias entre la información que maneja la central real y la digital tiendan a cero, incluyendo por supuesto datos relativos a las condiciones ambientales como la temperatura o la humedad.

Y, con todo esto, estaremos en condiciones de crear nuestro modelo digital, ahora sí, empleando *software* especializado para crear simuladores.

Llegados a este punto tendremos una central real y una digital, y habrá que asegurarse de que en ambas el rendimiento y el comportamiento son los mismos. Casi con total seguridad habrá que hacer pequeños cambios o ajustes para conseguir que el modelo sea lo más preciso posible, algo especialmente relevante si estamos hablando de una central nuclear y los riesgos que entraña.

A partir de ahí, ajustando el modelo, podemos analizar los datos y emplear algoritmos de inteligencia artificial para comenzar a «jugar» con el gemelo digital. Podemos plantear hipótesis y tratar de verificarlas o de refutarlas, y de esta forma, saber qué ocurriría realmente con la central nuclear haciendo los cambios que hemos implementado en el modelo digital. Y, entonces sí, la veda estará abierta: podremos emplear el modelo para formar a la nueva plantilla, para explorar nuevas formas de usar la central, determinar sus limitaciones, innovar en sus procesos y cualquier otra cosa que nos podamos imaginar. Incluyendo, por supuesto, todas las modificaciones posibles para implementar procesos de fusión nuclear, una energía totalmente limpia, y dejar atrás para siempre, la fisión y los residuos nucleares que esta conlleva.

Ejemplos de uso

Descongestionar el tráfico

Hangzhou es una ciudad china, capital de la provincia de Zhejiang. Tiene una población de más de diez millones de habitantes y un tráfico que era un verdadero infierno, como por otro lado suele ser habitual en las grandes urbes.

Me gusta imaginar que un pez gordo de la administración, agotado de trayectos eternos parado en la carretera, agobiado por el ruido de los cláxones y por la contaminación densa y repulsiva típica de las grandes metrópolis, un buen día dijo: «¡Basta! Hasta aquí hemos llegado».

Pienso en este sujeto, que un día decidió que había llegado la hora de descongestionar las calles, optimizar la circulación y poder llegar antes a casa para pasar tiempo de calidad con su familia. Sea como sea, habló con los responsables de la administración y les convenció de las ventajas de una ciudad con un tráfico más fluido.

Y aquí comienza la historia real. Los funcionarios hablaron con el gigante Alibaba Cloud y con la empresa ST Engineering (otro gigante que se dedica un poco a hacer de todo, desde industria aeroespacial y defensa hasta todo tipo de soluciones para ciudades inteligentes) y se pusieron manos a la obra.

Lo que hicieron fue crear un gemelo digital de la inmensa ciudad con todo tipo de datos acerca de las calles: *stops, cedas,* semáforos, direcciones y flujo de vehículos monitorizados en tiempo real. Aunaron todos los datos y pulieron el modelo digital para que fuese una verdadera simulación de lo que ocurría en las calles. Tras esto, entrenaron modelos de inteligencia artificial y pudieron comenzar a predecir qué ocurriría con el tráfico haciendo tal o cual retoque.

Y funcionó.

La congestión en las peores horas del día se redujo un 10 % únicamente al optimizar la sincronización de los semáforos, reduciendo el tiempo promedio de cada trayecto más de un 15 % y el tiempo de espera en los semáforos un 26 % (y, en algunos puntos, hasta un 50 %).

Pero los cambios no quedaron aquí. Hubo más impactos colaterales con la implementación de este modelo digital, como fue una reducción significativa de las emisiones de gases de efecto invernadero de los vehículos en circulación y una mayor optimización de las rutas (en función de todo tipo de variables) de los servicios de emergencia, como la policía, los bomberos o las ambulancias.

Todo ello permitió que la ciudad aumentara varias posiciones en el *ranking* de tráfico urbano de China (del 24 al 14) y que su modelo fuese replicado en otras urbes. De hecho, lo aplicado en Hangzhou ha servido como base para el desarrollo de una plataforma de ciudad inteligente llamada City Brain, cuya finalidad es facilitar y fomentar la aplicación de estas medidas en otras ciudades.

El proyecto no se detuvo aquí, sino que ha ido creciendo, siendo capaz actualmente también de rastrear la contaminación del territorio municipal.

Pero seamos precavidos con el éxito de Hangzhou, porque no siempre es oro todo lo que reluce. Si bien esta tecnología, aplicada de esta manera, es una verdadera maravilla que ayuda a mejorar la vida de millones de personas, es igualmente importante reseñar que una herramienta de esta índole presenta también problemas éticos y de privacidad. Existen justificadas preocupaciones relativas a la vigilancia de la población por parte del gobierno, en este caso chino. Aunque merece la pena recalcar que no importa la bandera del Estado que esté detrás. Cualquier organización, ya sea pública o privada que esté en posesión de tal cantidad de datos, puede tener un control casi total de lo que sucede en las calles de una ciudad. Y en este sentido, City Brain puede ser empleado también para detectar reuniones o encuentros que un gobierno considere ilegales o dignas de persecución, o bien para identificar posibles casos de corrupción. ¿Me preocupa que se detecten reuniones declaradas ilegales? En lo personal diré que no; lo que sí me preocupa es, más bien, las motivaciones reales por las que alguien decida si una reunión es legal o es ilegal. Ahí es donde impera el criterio humano, fácilmente corrompible y corruptible. Por esto mismo, una herramienta como City Brain, según mi parecer, debería ser abierta y transparente, cuyas funcionalidades se limiten estrictamente a cumplir con los objetivos definidos públicamente.

Una innovación no es por sí misma ni buena ni mala, sino que depende del uso que se le dé o de las manos en las que caiga. El problema es que el gobierno de China no es *popular*, precisamente, por su calidad democrática. Sin embargo, esto no tiene que ver con banderas de ningún tipo, e independientemente del país, una herramienta de este tipo puede representar una tremenda vulneración de muchos de los derechos de la ciudadanía. ¿Es importante garantizar la seguridad en las calles y aeropuertos? Desde luego, pero, sin ir más lejos, es también importante preservar el derecho a la intimidad, algo que gobiernos de todo el mundo y de todos los tipos habidos y por haber, así como muchas de las mayores empresas del mundo, parecen no estar del todo dispuestas a respetar.

Impresión 3D

La impresión 3D es una tecnología altamente disruptiva que se encuentra en el mercado desde hace ya bastantes años. Es extraordinaria, y algo que la hace incluso más maravillosa es que está al alcance de cualquier persona que quiera y pueda gastarse 200 euros y tener una pequeña fábrica en su casa para crear cualquier objeto que desee a partir de un diseño digital.

Y tiene muchas ventajas respecto a la fabricación tradicional, aunque también algunas desventajas que hacen de esta tecnología la mejor opción en algunos casos, pero terrible en otros.

Cuando se emplea una impresora 3D, nada falta y nada sobra, pues sigue un proceso de fabricación aditiva que añade capa sobre capa para crear objetos tridimensionales, de tal forma que emplea solamente el material que necesita sin desechar nada. De esta forma, reduce prácticamente a cero los desperdicios propios de la mayoría de los procesos de fabricación tradicionales.

Además, el nivel de personalización es tal, que cualquiera con el *software* AutoCAD y unos mínimos conocimientos de diseño puede comenzar a fabricar objetos con una impresora 3D que puede comprar en línea por 200 € (aunque las hay de decenas de miles o cientos de miles de euros). Y que no haya confusión alguna: el hecho de que cualquiera pueda comprar una impresora 3D y fabricar objetos no significa que estos deban ser cosas inútiles o simplonas: la complejidad de la geometría disponible y el grado de personalización que ofrece permiten crear desde prototipos de cualquier producto hasta reemplazos de objetos domésticos que se hayan podido estropear.

Su atractivo, además, reside en el hecho de ser una tecnología muy económica y accesible. Es también interesante si queremos realizar pocas producciones de un mismo objeto. Tradicionalmente, necesitaríamos fabricar un molde para fabricar algo hecho con plástico, y los moldes, ciertamente, son caros. La impresión 3D permite salvar este obstáculo, aunque si se van a realizar muchas tiradas de un mismo producto el molde acaba por ser la opción más económica (por una simple cuestión de economía de escala). No obstante, es una tecnología perfecta para que cualquier empresa pueda innovar, testear y hacer pruebas y prototipos sin apenas inversión.

Ejemplos de uso

Prótesis

La versatilidad de la impresión 3D ha permitido fabricar prótesis y ortesis con una rapidez, comodidad y grado de personalización inusitados. Las características de las prótesis se adecuan a la perfección a la función de la impresión 3D. No se trata de fabricar en masa un modelo de prótesis genérica para la cadera, por poner un ejemplo, y rezar para que haya un buen encaje con la morfología de cada persona; se trata de hacer un diseño que imita idénticamente la estructura ósea de cada paciente. Un pedazo de hueso, por decir algo, idéntico al hueso que se pretende reemplazar o completar, ajustando el diseño para conseguir los efectos deseados.

El diseño de la prótesis puede realizarse mediante escáneres 3D. Dichos escáneres parecen linternas de mecánico, y basta con pasearlo alrededor del objeto del que queremos tener un diseño digital. El escáner, como su nombre bien indica, escanea por ejemplo el brazo y genera una réplica digital del hueso en cuestión. Finalmente, en el modelo digital se realizan las modificaciones necesarias, si es que debe haberlas, y a imprimir.

Gracias a las ventajas de las impresoras 3D, prótesis hechas a medida tienen un precio extremadamente bajo. Si una prótesis convencional cuesta miles, e incluso decenas de miles de euros, una prótesis impresa en 3D se puede conseguir por unos pocos cientos solamente.

Además, la fabricación es rápida, así que el tiempo de espera de los pacientes pasa de ser de semanas y meses a tan solo días.

Todo ello permite, por otro lado, que la capacidad de experimentar con todo tipo de materiales (más resistentes, más ligeros…) sea inmensa, consiguiendo nuevos diseños y dispositivos cada vez más innovadores con inversiones cada vez más bajas. En otras palabras, la investigación y la medicina, se vuelven mucho más asequibles para todo el mundo.

Existe un ejemplo bonito al respecto, y es el caso de Alex Pring, un niño que recibió una prótesis de brazo impreso que fabricó Albert Manero, un estudiante de doctorado de ingeniería y fundador de Limbitless Solutions. Se trata de una organización sin ánimo de lucro que se dedica a diseñar y fabricar manos y brazos biónicos impresos en 3D. El caso fue mediático debido al hecho de que Alex Pring, de tan solo siete años y con una malformación congénita en su brazo derecho, era un gran fan de Iron Man («genio, millonario, playboy, filántropo», y el mejor superhéroe de Marvel). Al enterarse, Manero y su equipo diseñaron un brazo biónico para el joven Pring inspirado en Iron Man, personaje interpretado en las películas por el actor Robert Downey Jr., y consiguieron que fuese el mismísimo actor quien le hiciese entrega del brazo biónico de Iron Man.

La prótesis costó 350 dólares.

El chaval, de no existir esta tecnología, no habría podido tener una prótesis, condicionando así su vida entera.

Construcción

Podría parecer que la diferencia entre producir un muñeco, un pomo, una ortodoncia o una taza y construir un edificio entero es abismal. Y de hecho así lo es según los métodos tradicionales. Sin embargo, con la impresión 3D, estas diferencias se achican y, en última instancia, el proceso de imprimir una cosa o la otra trata de lo mismo, solo que con varios grados de complejidad añadidos. Porque los mecanismos y la lógica que hay detrás, difieren muy poco. Y, claro está, ya hay quienes le están sacando partido.

Algunas empresas del sector de la construcción han comenzado a integrar las impresoras 3D en sus obras, asimilando con ello una serie de ventajas importantes que sus competidoras que no han innovado en este sentido no están disfrutando.

De nuevo, hablamos de una importantísima reducción de costos al reducir de igual forma la cantidad de materiales desperdiciados y conseguir una mayor eficiencia al terminar la obra en tiempos menores.

Como sucedía con las prótesis, el nivel de personalización aquí también es sorprendentemente alto, y permite que los arquitectos den rienda suelta a su imaginación con formas y geometrías difíciles de conseguir con simples tochos. Formas curvas y abruptas, angulares y suaves; no representan ningún reto para las impresoras 3D.

Y, aunque quizá pudiera llegar a ser contraintuitivo, estos edificios pueden resultar incluso más seguros que los construidos de forma convencional, ya que las impresoras 3D son capaces de alcanzar niveles de precisión inasumibles para la mano de obra humana.

También en esto, tenemos las de perder contra las máquinas: ¿qué equipo de profesionales podría construir en 24 horas un total de diez casas, de 200 m² cada una a un precio de 4.800 dólares la unidad? ¡Y encima hechas con desechos de construcción reciclados para hacer su construcción más sostenible y con una menor huella de carbono!

Obviamente este es un proceso imposible para un ser humano, pero no para las impresoras 3D. En 2014 la empresa china WinSun Decoration Design Engineering logró este hito (construir diez casas en un solo día) con una impresora 3D gigante, de 6,6 metros de altura, 10 metros de ancho y 40 metros de largo.

Y que no haya equivocaciones tampoco en esto: no estamos hablando necesariamente de casas o edificios cutres, feos y simplones. Estamos hablando desde casas unifamiliares hasta rascacielos y llegando, incluso, a villas de lujo.

Si bien hay que admitir que imprimir casas en lugar de construirlas acabaría con una gran cantidad de puestos de trabajo –que podrían ser resituados en otras posiciones–, en este caso cabe destacar el alto impacto social que puede tener construir viviendas por unos pocos miles de dólares. El acceso a la vivienda constituye un problema mayúsculo en muchos países del mundo, de modo que una construcción segura y asequible de casas mediante impresoras 3D puede hacer que no solo empresas, sino también organismos públicos, puedan construir hogares que cualquier persona pueda pagar en cuestión de pocos años.

Posicionamiento de marca

Cualquier empresa puede beneficiarse de las ventajas que ofrece la impresión 3D para hacer acciones de *marketing*. Por ejemplo, crear objetos promocionales completamente personalizados impresos es una excelente opción para entregar a posibles clientes regalos variados, originales y completamente únicos. ¿Por qué limitarse a regalar un bolígrafo con un logo que a nadie le llamará la atención cuando puedes regalar una miniatura del producto que estés vendiendo?

De la misma forma, crear maquetas o modelos tridimensionales para eventos o presentaciones puede ser mucho más económico si se realiza con una impresora 3D. Además del impacto que puede provocar, suele ser una buena forma de exponer lo que se ofrece o sus prestaciones. Al ser algo tan extremadamente personalizable, se pueden crear secciones de un producto, vehículo u objeto para que se pueda ver su interior con una maqueta reducida y fácilmente manejable.

Promociones con presupuestos algo más importantes podrían darse si, por ejemplo, una empresa permitiese que sus clientes diseñasen sus propios productos para que se produjesen mediante impresoras 3D; desde calzado hasta manoplas para hacer natación, pasando por monturas de gafas hasta llaveros, fundas de teléfono o cualquier otro objeto.

Pero no todo tienen que ser regalos, necesariamente; mediante la impresión 3D se pueden generar todo tipo de letreros, letras o logotipos para hacer publicidad, así como embalajes y envases más originales (y exclusivos) para diferenciarse de la competencia durante alguna campaña cuya duración sea temporal.

Productos personalizables

Como hemos visto, la versatilidad de las impresoras 3D las convierte también en excelentes candidatas a producir objetos personalizables con tiradas muy cortas. Esto puede ser un modo de producción óptimo para empresas que quieran ofrecer productos personalizables o muy «únicos» con muy pocas unidades de cada modelo.

Por ejemplo, las empresas de joyería podrían crear prototipos personalizados siguiendo las exigencias y deseos de cada cliente con la máxima precisión. Ello permitiría ir iterando hasta dar con la forma exacta que se desea. La bisutería, por su lado, podría ir más allá al no emplear materiales nobles como el oro, y a través de la impresión 3D crear colgantes, pendientes, brazaletes y cualquier otro complemento produciendo pocas unidades sin necesidad de invertir en los costosos moldes tradicionales.

De la misma forma, es posible crear ropa y calzado personalizado y hecho a medida sin necesidad de adaptar una cadena de producción, como sucede ahora. También es posible imprimir mobiliario entero para el hogar, así como todo tipo de accesorios, haciéndolo todo a medida y con las formas, características y distribuciones exactas que el cliente y su inmueble requieran. Así, es posible fabricar (es decir, imprimir a medida) muebles, estanterías, lámparas de cualquier índole, utensilios de cocina, mesas o recipientes, por citar solamente algunos pocos ejemplos, a través de la impresión 3D.

Aportaciones futuras

Ya hemos visto los beneficios económicos y sociales de que las impresoras 3D empleen como material base cemento o materiales termoplásticos. Pero ¿y si en su lugar emplearan tejido celular derivado de células madre con una base de colágeno o algún tipo de biomaterial? ¿Qué se podría conseguir? Pues imprimir órganos humanos, por ejemplo, para ser usados en trasplantes. Es lo que se conoce como *bioimpresión,* y constituirá una verdadera revolución en el campo de la medicina regenerativa.

Es sabido que tras el trasplante de algún órgano puede ser que el cuerpo lo rechace. Sin embargo, si nos situamos en un escenario de bioimpresión y el nuevo órgano es genéticamente idéntico al que se está reemplazando, el cuerpo será incapaz de distinguirlo del viejo. Desde luego, no hay plástico alguno en estos órganos ni materiales de esta índole. Están formados por «biotintas» que contienen células vivas, proteínas y todo tipo de componentes para garantizar que las células puedan vivir, multiplicarse y acabar formando y generando un órgano entero.

Se trata, claro está, de un proceso delicado, pero al final estamos hablando de un proceso de extrusión de toda la vida, como si fuese plastilina pero a una escala mucho más pequeña. Tras este proceso de impresión, teniendo un corazón vivito y coleando (aunque todavía no latiendo), hay que dejar que madure, como la fruta, en un entorno seguro y controlado que se asemeje al interior del cuerpo humano.

Es importante que el órgano se sienta como en casa, o de lo contrario el proceso no saldrá bien. Requerirá, por otro lado, todo tipo de cuidados y de nutrientes, y en cuanto el proceso esté terminado, el órgano estará listo para su cometido.

Y su cometido no necesariamente pasa por reemplazar un corazón dañado, lo que sin duda alguna contribuiría de forma muy significativa a reducir los largos tiempos de espera hasta que alguien, donante compatible, tenga la mala suerte de estar disponible. Tal vez algún laboratorio o una farmacéutica quiera probar algún fármaco, y siempre es mejor trastear con un corazón sin dueño por si algo saliese mal.

Asimismo, esta tecnología puede ser muy útil para el estudio y el desarrollo de terapias regenerativas sin requerir pacientes dispuestos a correr riesgos con novedades médicas con pocas garantías de éxito.

Y, por suerte, todo esto llegará más pronto que tarde. Empresas como Organovo, a la vanguardia en este tipo de tecnología, tiene ya acuerdos con farmacéuticas para probar tejidos de órganos en ensayos clínicos.

Pero si las impresoras 3D pueden imprimir huesos, órganos, piel, venas y arterias y músculos… ¿por qué detenernos en esto? ¿Para cuándo imprimir un ser humano entero? Aunque en principio pueda parecer que, con todo lo demás conseguido, esto exigiría solamente un pequeño empujoncito, lo cierto es que el hito seguiría estando demasiado lejos; no basta con saber hacer un corazón. Hay que superar y comprender la abrumadora complejidad de un organismo como el cuerpo humano, con millones de células distintas ajetreadas en tareas muy especializadas. No puede fallar nada; no sirve el haber hecho muchas cosas bien, pero haber procrastinado demasiado en aquellas menos atractivas y haberlas dejado a medias. Todo debe funcionar bien o el resultado no será bueno en absoluto. Y esto pasa por una profunda comprensión de cada órgano, de todos los aparatos o sistemas del cuerpo y de los billones de células, todo ello trabajando de manera conjunta y coordinada.

Esto, claro está, sin entrar a valorar el cerebro humano o el sistema nervioso. El cerebro humano es considerado por muchos como la «máquina» más compleja y sofisticada conocida en el universo. No tenemos ni idea de cómo fabricar uno en 3D al ser incapaces de replicar trillones de conexiones sinápticas entre cerca de 90.000 millones de neuronas. También nos resultaría imposible, con la tecnología de impresión 3D actual, trabajar con otros tipos de células del cerebro como las gliales, que sirven de soporte de las neuronas (entre muchas otras cosas), replicar las conexiones entre las distintas partes del cerebro o recrear su complejísimo sistema de suministro de sangre.

Y, ojo, que, aunque pudiésemos hacer esto, habría que superar las innumerables y necesarias barreras legales y éticas que algo así implicaría.

En cualquier caso, más allá de crear seres humanos o alguna de sus partes, las impresoras 3D guardan en sus mangas muchos ases que todavía no han revelado, aunque se intuyan desde hace años.

La exploración espacial, y en especial la creación de colonias en satélites y planetas, pasará indefectiblemente por la utilización de impresoras 3D. Imagina que llega una nave a Marte para iniciar la colonización; puede llevar casitas desde la Tierra (lo que es sin duda muy poco eficiente) o puede llevar una impresora 3D como la de WinSun Decoration Design Engineering, solo que un poco más compleja.

Bastaría con enviar a Marte máquinas para extraer recursos del suelo y crear a partir de ellos los compuestos o materiales necesarios para poder utilizar la impresora. Un desafío técnico, sin duda. Pero una vez superado esto, el proceso, completamente automatizado, podría construir una ciudad entera en muy poco tiempo sin necesidad de ir trayendo materiales ni casitas prefabricadas espaciales desde la Tierra.

Lo más fascinante de esta tecnología es la versatilidad que ofrece con una base tan rematadamente simple (aunque de alta complejidad técnica): crear herramientas, construir casas, reparar objetos y arreglar vidas.

TERCERA PARTE

El futuro de la cadena de suministro

«*La cadena de suministro del futuro será impulsada por datos, alimentada por tecnología avanzada y guiada por analíticas sofisticadas. Las empresas que pueden captar, analizar y utilizar datos de manera efectiva serán las que lideren la próxima generación de la cadena de suministro.*»

PERVINDER JOHAR, CEO de Blume Global

Principales retos de la cadena de suministro

Hasta ahora hemos visto cuál es la naturaleza del desarrollo tecnológico y hemos dibujado algunas de sus principales características. Luego hemos visto algunas de las tecnologías más disruptivas de nuestra época, con numerosos ejemplos que nos han ayudado a entrever qué podemos hacer, hoy en día, con ellas.

¿Qué es lo que tenemos ahora entre manos? Fundamentalmente, algunos retos asociados a la cadena de suministro.

La verdad es que son numerosos. Y irán surgiendo más a medida que pasen los años. El mundo está cambiando cada vez más rápido, y como hemos visto, o innovamos o veremos cómo lo hace la competencia llevándonos al desastre si no hacemos algo al respecto.

Por otro lado, quizá la necesidad de innovar no siempre se concibe desde el punto de vista de la competencia. La cooperación, incluso entre competidores, no es algo imposible. Aunque, personalmente, tampoco creo que sea algo que deba hacerse a la ligera.

A continuación, vamos a ahondar en algunos retos a los que se enfrenta la cadena de suministro, desde la globalización hasta la crisis climática, y, a su vez, arrojaremos algo de luz acerca de cómo la tecnología puede ayudar a resolverlos.

Pero, antes de nada, quiero lanzar un aviso.

Es posible que los ejemplos de empresas que se vayan viendo sean inmensas multinacionales con recursos aparentemente inagotables. Sin embargo, las tecnologías que emplean están al alcance de casi cualquier compañía, y aquellas que todavía no lo están (como los drones que veremos), tarde o temprano serán accesibles para casi todos los bolsillos.

Recordemos la ley de Moore o la de los rendimientos acelerados, tratadas en la primera parte. Pensemos en la revolución que supuso el automóvil en su momento (y quién se podía permitir uno) o en los ordenadores (y en quién se podía permitir uno por entonces), y miremos el mundo de hoy, en el que casi todo el mundo puede tener acceso, aunque sea por unas horas, a ordenadores y automóviles. Los cambios se dan cada vez más rápido y la tecnología se democratiza cada vez más pronto.

Para aquellas empresas que no son inmensas multinacionales, quizá su rol no deba ser el de invertir verdaderas locuras en crear nueva tecnología, sino el de estar atentas y ser una de las primeras en su sector en adoptar una tecnología nueva, que otros han creado, en cuanto tengan la oportunidad.

Innovar no es solo crear. También es saber ver el potencial de una tecnología, de un modelo de negocio o de cualquier novedad que se pueda introducir en una organización.

Y si se puede hacer antes que la competencia, tanto mejor.

Hemos dividido los desafíos que dispararán la innovación durante los próximos años en tres grandes bloques.

El primero gira alrededor del mercado y los desafíos ligados a problemas o circunstancias estructurales, como la globalización, el proteccionismo o la fluctuación de la demanda a la que se deben enfrentar las organizaciones.

El segundo bloque aborda la cuestión de la movilidad, de la necesidad de ser cada vez más rápidos y de algunas complejidades ligadas, por poner un ejemplo, a la gestión de la última milla.

El último bloque, un plato fuerte, trata sobre la cuestión medioambiental centrándose en tres aspectos claves que afectan directamente a la cadena de suministro: el cambio climático provocado por las emisiones de gases de efecto invernadero, la sobreexplotación de los recursos de la Tierra y, en tercer y último lugar, pero no por ello menos importante, el mal hábito que hemos adquirido gestionando pésimamente los residuos que generamos.

Pero, antes de todo ello, comencemos por el principio respondiendo brevemente qué es la cadena de suministro. Así que vamos al turrón.

Qué es la cadena de suministro

En pocas palabras, la cadena de suministro es un proceso que abarca todo lo que se hace desde que se comienza a diseñar un producto o servicio hasta que el consumidor final lo adquiere y lo paga. Esto incluye la misma obtención de las materias primas, su transformación, la fabricación, el almacenamiento, el transporte y la distribución en el punto de venta, sea del tipo que sea. Incluso el ciclo de reciclaje o la reutilización estarían dentro de la cadena.

Se trata de un complejo sistema en el que debe considerarse no solo nuestro propio papel en él, sino también el de las empresas proveedoras, fabricantes, transportistas, distribuidoras y, de ser el caso, minoristas.

Como es evidente, se trata de un proceso cuya complejidad puede crecer exponencialmente, y con él, el número de cosas que podrían salir mal; hay tantas personas, empresas, procesos, recursos, sistemas y variables que intervienen en el proceso, muchas de ellas que quizá ni se nos ocurren, que hacer que todo funcione de manera correcta, coherente, cohesionada y ordenada parece casi imposible.

Y, sin embargo, las cadenas de suministro funcionan mayormente bien, salvo cuando aparece una pandemia global que pone de manifiesto el delicado equilibrio de nuestra sociedad, cuando un barco tapona el canal de Suez o cuando estalla una guerra en el este de Europa.

La cadena de suministro puede compararse con un reloj: todos sus engranajes deben funcionar correctamente, y su interdependencia es tal que un fallo en uno de sus elementos puede ocasionar el desmoronamiento del conjunto.

Poca broma.

Debemos sumar ahora el hecho de que la distribución del producto final se realiza cada vez más a cada hogar, puerta por puerta, lo que incrementa drásticamente las necesidades logísticas especialmente en sus últimas etapas. El comercio electrónico ha llegado para quedarse y ya no basta con tener varios transportes que llevan productos a unos grandes almacenes o a unas tiendas. Ahora hay que llegar a miles, quizá millones, de viviendas.

Y se debe hacer igual de rápido e igual de eficazmente, sino más, pues la gente, muy versada en las comodidades de la vida moderna, suele ser poco tolerante a los errores, imprevistos o atrasos. Y, en internet, se puede ser muy cruel dejando malas reseñas.

La complejidad, no obstante, no crece solamente en el transporte y, por ello, los retos a los que se enfrenta la cadena de suministro son muy variados y afectan a numerosos elementos que la componen.

A esto cabe añadir una consideración más: la cadena de suministro *no* es lo mismo que la logística. De hecho, la logística es un elemento más de la cadena de suministro, centrándose únicamente en el almacenamiento, transporte y distribución de materias o productos.

Si fabricamos tazas, la logística de nuestra empresa girará alrededor de la recepción de la materia necesaria para fabricar la taza, el almacenamiento de nuestras existencias y la distribución en tienda o en las casas de nuestra clientela.

La cadena de suministro, por otro lado, contempla muchas más etapas: la obtención misma de las distintas materias primas necesarias (tanto para hacer la taza como los tintes, etc.), la transformación de las materias primas a lo largo de los distintos tratamientos a los que se exponga, la distribución de estas, la propia fabricación de las tazas y su distribución. Es decir: aquí intervienen compañías que quizá no tienen ninguna relación con nuestra empresa, pero cuyo trabajo es crucial para que nosotros podamos seguir vendiendo tacitas con mensajes motivacionales.

La gran mayoría de los retos a los que se enfrenta la cadena de suministro, sin embargo, tienen un punto en común: la tecnología puede resolverlos. Y, más aún, concretamente, las tecnologías que hemos estado viendo hasta ahora.

Lo que haremos a partir de este punto es abordar la cadena de suministro ahondando en algunos de sus retos más importantes, ofreciendo soluciones e ideas para resolverlos mediante la tecnología. Entre los distintos retos expuestos los hay de distinta índole, con énfasis, en absoluto casual, hacia la cuestión medioambiental.

Dirigir una empresa implica tomar decisiones. Cada persona tendrá sus preferencias, sus directrices, sus opiniones y sus inquietudes. En este sentido, la libertad de elección es algo que debe respetarse y debe primar por encima de todo. No obstante, las elecciones que uno mismo tome deberían considerar, desde mi punto de vista, los riesgos asociados a cada decisión que se tome. Y una cosa está clara: cuando se trata de innovar y de la adopción de tecnología, la inacción suele ser la peor de las decisiones posibles. Hemos visto ejemplos de empresas que han caído por la falta de innovación, así que no insistiré más en la idea.

Todos tenemos en mente grandes gigantes que parecían indestructibles prácticamente desaparecer de la noche a la mañana. Léase Blackberry, Nokia o Blockbuster.

El mercado y sus problemas estructurales

Seguramente por la inestabilidad de los tiempos que vivimos, hay cierta percepción de que nuestra civilización está en un punto de inflexión. Un punto de no retorno generado a partir de la unión de muchos elementos, *a priori* inconexos, que están derivando, en última instancia, en un contexto convulso y frágil: pandemia, guerras, emergencia climática.

Un error puede desembocar en crisis internacionales sucesivas cuyas consecuencias pueden ir desde problemas en el abastecimiento global, pasando por la desestabilización de los mercados hasta el fin de la civilización tal y como la conocemos.

El 23 de marzo de 2021, el buque portacontenedores Ever Given encalló en el canal de Suez. Ello provocó el bloqueo del paso marítimo más transitado del mundo, cruzado por cincuenta gigantescos buques cargados con 3,3 millones de toneladas de mercancías cada día.

Al año esto son 1.200 millones de toneladas de carga a través del canal, o lo que es lo mismo: dos veces el peso de toda la población mundial junta que haya vivido a lo largo de la historia en la Tierra.

Y esto, transportado todos los años.

Su bloqueo tuvo inmensas implicaciones. Cientos de barcos varados en ambos lados del canal, con retrasos en entregas que, en algunos casos, se echaron a perder. Por ello, hubo incrementos en el costo de muchas mercancías y servicios (como el propio transporte, que aumentó un 47 %), precios de materias primas disparados como es el caso del petróleo, que venía desde Oriente Medio a Europa por esa ruta, generando con su bloqueo problemas en el suministro a escala mundial.

Se estima que las pérdidas diarias para la industria del transporte marítimo fueron de 9.600 millones de dólares, con un impacto mundial de hasta 10.000 millones de dólares por semana y unas pérdidas para Egipto de 14 millones de dólares al no poder monetizar el uso del canal.

Y todo esto por un simple buque varado.

Algo pequeño puede desembocar en algo gigantesco; una bola de nieve, un efecto mariposa, cuyo efecto multiplicador aumenta con la globalización.

En resumidas cuentas, cualquier empresa necesita, aunque sea con ligeras desviaciones, poder predecir lo que va a ocurrir en el mercado. Si damos un salto varios cientos de años atrás, esta predicción era relativamente asequible para cualquier negocio. Un carpintero, por ejemplo, sabía a qué bosque acudir para extraer la madera que necesitaba para trabajar y conocía, más o menos, la demanda que iba a tener. La mayor parte de su jornada laboral la pasaba en su taller, produciendo aquello que vendería a un mundo medieval que era fácilmente predecible.

Hoy en día, las cosas han cambiado. Y mucho. Se ha normalizado que las materias primas procedan de la otra punta del globo, se venden productos y servicios a población muy diversa y parece que todo tiene que estar listo para ayer. Eso hace que la plantilla del mayor carpintero en la actualidad, Ikea, esté mucho más centrada en los procesos de su cadena de suministro que no en la manufactura de sus propios productos.

En este apartado nos centraremos en los retos estructurales que debe afrontar cualquier cadena de suministro en la actualidad. Competencia y oportunidades globales, palos en las ruedas por parte de las administraciones, fluctuaciones impredecibles en la demanda y, de nuevo, la necesidad de ir cada vez más rápido. Parecen cuestiones insalvables para cualquier empresa que necesita prever que es lo que va a pasar. Pero en las siguientes páginas, veremos como la tecnología puede ayudarnos a lidiar con todas estas cuestiones que se presentan como una fuente de caos.

La globalización

La globalización ha traído consigo cosas maravillosas, pero también auténticos quebraderos de cabeza. No digo que sea algo malo, pero no es lo mismo tener que gestionar una cadena de suministro en un ámbito meramente nacional que tener que hacerlo a escala global.

Vayamos por partes. La globalización, en un primer momento, implica que la competencia de las empresas no se limita al ámbito local: cualquier empresa del mundo puede ser competidora y, de hecho, esto es exactamente lo que sucede.

Pero, por otro lado, la globalización ha interconectado la economía mundial de una forma que no tiene precedentes. Así, hoy en día es lo más normal que la materia prima extraída de varios países de continentes distintos se transporte a otro más lejano donde se fabricarán algunos componentes que, unidos con los que se han producido en otro país, terminarán ensamblándose en una planta construida en la otra punta del mundo. Y luego, una vez terminado este proceso, el producto resultante se venderá a un mercado de millones de kilómetros cuadrados.

Y no importa si hablamos de ordenadores, de pelotas de fútbol o de mangos: todo se desplaza miles de kilómetros y pasa por distintas manos antes de llegar a nuestro escritorio, patio o frigorífico.

Una ventaja que ofrece la globalización es que la cantidad de empresas fabricantes, distribuidoras, proveedoras y clientes ha crecido drásticamente, lo que sin duda facilita enormemente la ardua tarea de encontrar lo que necesitamos o un público interesado en lo que hagamos. Pero esto, como todo en la vida, tiene su contrapartida: las barreras culturales, lingüísticas, normativas y legislativas e incluso las costumbristas. Por no hablar de las consecuencias climáticas –a las que dedicamos tres apartados más adelante–, porque claro está que traer una fruta de la otra punta del mundo no tiene el mismo impacto medioambiental que recogerla de un árbol al lado de casa.

Sea como sea, una cosa es cierta: cuánta más gente y más variada entra en una cadena de suministro, más complejo se vuelve todo el entramado.

Y por una mera cuestión de complejidad, sucede que, cuánto más global es una cadena de suministro, más probable es que algo falle. Está claro que la guerra de Ucrania ha hundido la vida de millones de personas; muertes, desplazamientos y trayectorias vitales que han cambiado totalmente de la noche a la mañana. Y no se puede ser indiferente a eso. Hay que recordar, aunque aquí hablemos de cadena de suministro, que las pérdidas humanas que genera cualquier guerra son, con mucha diferencia, las consecuencias más nefastas de cualquier conflicto que llega a las armas. Pero además de eso, la invasión de Ucrania ha hecho que los precios de muchísimos productos y materias primas hayan subido, incluyendo la comida para perros o los carburantes, sin contar el trigo, el maíz y los aceites vegetales. Esto tiene un impacto inmenso en múltiples sectores interconectados, y dicho impacto es perceptible incluso en productos que, *a priori,* no tienen relación alguna con el conflicto.

El incremento de la complejidad en la cadena de suministro también tiene otra consecuencia directa: el aumento de los precios. Cumplir con la normativa de un país puede ser complicado; cumplir con la normativa de todos los países en los que interviene una cadena de suministro puede ser agónico y costoso. Sin tener en cuenta demás gastos como pueden ser el almacenamiento, la seguridad, las relaciones con proveedores o los márgenes de los intermediarios. Desde el punto de vista de alguien profano al tema de regulaciones, pensar en tener que cumplir con las normativas de tantos países tan distintos me da una pereza infinita. Odio la burocracia. Me aburre soberanamente e imaginar tal cantidad de papeleo, simplemente, me abruma. Sea como sea, el hecho de tener que coordinarlo todo desemboca, casi con total seguridad, en mayores costos.

¿Cómo puede la tecnología ayudarnos a resolver estos retos?

Existen numerosas formas que, de hecho, ya se están aplicando o comenzando a aplicar y, en este punto, la tecnología de cadena de bloques puede marcar un antes y un después.

La trazabilidad que esta tecnología permite tener registrada y fácilmente accesible toda la información necesaria, incluyendo transacciones, de una forma segura y transparente. Si todas las partes involucradas en la cadena de suministro pueden disponer de la misma información siempre actualizada, el grado de incertidumbre se reduce drásticamente.

Los «malentendidos» podrían desaparecer o, por lo menos, reducirse al mínimo, con la tecnología de la cadena de bloques, y pongo las comillas porque en el mismo saco incluyo las estafas y los fraudes. La economía se basa en la confianza; es la base de todo. Sin embargo, cuando hay tantos actores participando en un mismo juego, con intereses no siempre alineados e incluso con pretensiones totalmente contrapuestas, la confianza puede irse mermando. Entonces, ¿por qué no caminar sobre seguro y emplear un sistema que nos fuerce a todos a jugar limpio?

Por ejemplo, con la comida orgánica se están dando muchas estafas y engaños. Por *comida orgánica* entendemos todo aquel alimento que se cultiva, produce o procesa siguiendo unos estándares, reglas y normativas específicas que tienen como objetivo último reducir su impacto medioambiental.

El problema actual es que la falta de control y de trazabilidad facilita enormemente que comida que no es orgánica se etiquete, por arte de magia, como comida orgánica. Estamos hablando de una estafa de miles de millones de dólares anuales que no es fácil de detectar y que podría reducirse en una escala mayúscula si existiese una correcta trazabilidad: cómo, dónde y quién produce un alimento. Trazabilidad transparente, accesible e invulnerable.

Sucede, además, y el caso del canal de Suez es paradigmático, que la cadena de suministro global puede sufrir importantes problemas de eficiencia que aumentan los costos exponencialmente. No es ningún secreto que está lleno de intermediarios que, como hemos visto con las notarías respecto a los contratos inteligentes, dejarán de ser necesarios. Menos intermediarios significa menos costos, la reducción de tiempos al minimizar los pasos a realizar y, por tanto, una mayor eficiencia a lo largo de todo el proceso.

Mediante la cadena de bloques es posible realizar pagos directos entre las partes involucradas en una transacción. Y con una red empleada por todos los agentes partícipes, que permite encontrar sinergias y cerrar acuerdos de forma extremadamente ágil. Esto es posible, también, gracias al hecho de disponer todos de la misma información. En última instancia, se facilita la colaboración incluso entre empresas de países con grandes diferencias culturales.

Esto, a su vez, contribuye enormemente al cumplimiento normativo de cada país o unión de países; si se establecen contratos inteligentes en la *blockchain,* bastará con demostrar, en la misma red, que se cumplan con las condiciones o criterios necesarios para poder realizar una determinada actividad para poder cerrar un contrato sin el menor esfuerzo. Al disponer de todas las transacciones y acciones registradas en la red, demostrar que se ha cumplido con las reglas del juego es muy simple, sin necesidad de incurrir al infierno del papeleo y a burocracia soporífera que resta capacidad de eficiencia.

La actuación ante posibles conflictos que puedan suscitarse, por otro lado, también puede ser mucho más ágil. Si todos los afectados y las potenciales soluciones cuentan con la misma información en un entorno de confianza absoluta, la toma de decisiones consensuada para mitigar los efectos del problema, buscar una alternativa o allanar el terreno para encontrar una solución se torna mucho más fácil. Lo que antes podían ser dolores de cabeza aparentemente irresolubles pasan a ser problemas cuya solución podrá apreciarse mucho más rápido.

Por otro lado, las relaciones internacionales también pueden encontrarse con barreras lingüísticas que la inteligencia artificial puede solucionar en un santiamén traduciendo cualquier documento con todos los matices necesarios. O, mejor dicho: miles de documentos a cualquier idioma en segundos, y aunque esto es algo que para los profesionales de la traducción representa un problema razonablemente inquietante, para las empresas es un ahorro de tiempo y dinero importantísimo. Si bien es cierto que en la actualidad la traducción automática está lejos de ser perfecta, la progresiva integración de sistemas y modelos de inteligencia artificial perfeccionarán los procesos de traducción automáticos a niveles insospechados.

La legislación entre países o entre comunidades de países también constituye un obstáculo fácilmente resoluble mediante sistemas inteligentes basados en IA. Dichas herramientas pueden ayudar a garantizar el cumplimiento de las normativas necesarias, solventar problemas al respecto y automatizar de principio a fin la elaboración del papeleo y la documentación necesaria. Y, como siempre, todo en tiempo real.

Además, las IA pueden encontrar nuevas oportunidades de mercado, ayudar a afinar el modelo de negocio y contribuir a una transición hacia las nuevas realidades sociales y empresariales de una manera menos traumática y más orgánica. Y, lo mejor de todo, es que no es necesario que cada empresa desarrolle este tipo de herramientas por sí misma. Existen muchísimas ya creadas y asentadas en el mercado que ofrecen, a precios muy razonables, acceso a sus inteligencias artificiales mediante el pago de una suscripción mensual.

Implementar estas herramientas puede hacerse prácticamente de un día para otro a precios, en no pocas ocasiones, ridículos. Hay tantas operaciones y procesos que se podrían realizar en un santiamén que basta con mirar un poco qué hacemos en nuestro día a día para encontrar mil y una maneras de ser más eficientes; desde comprar medicinas en el extranjero, adquirir materias primas para manufacturar cualquier producto hasta cerrar contratos internacionales. Entonces, ¿cuál es la excusa?

Proteccionismo y barreras arancelarias en el comercio internacional

El comercio internacional consiste en el intercambio de bienes, servicios e incluso capital entre empresas y países de todo el mundo. Aunque no es algo nuevo, ni de lejos, la tecnología y la globalización lo han impulsado hasta tales cotas que no es posible comprender el funcionamiento de la economía global sin prestar atención al comercio internacional.

La interdependencia que se ha construido entre países debido al comercio que los relaciona ha contribuido al desarrollo de sus economías encontrando relaciones, en la mayoría de los casos, beneficiosas para ambas partes. Se han construido relaciones sólidas basadas en la mutua necesidad, en la confianza que generan los acuerdos cumplidos y se han mantenido, en parte, gracias a la conectividad que la tecnología proporciona.

El comercio internacional requiere que, por lo menos, dos países comercien entre ellos. Uno de los dos, como mínimo, debe exportar bienes o servicios de algún tipo al otro país, y generalmente este hace lo propio importando bienes o servicios del primero. Estos acuerdos comerciales están regidos por normativas, tratados de libre comercio, acuerdos bilaterales o multilaterales y con el auspicio de todo tipo de organizaciones supranacionales, como puede ser la Organización Mundial del Comercio.

Cuando un país exporta, está explotando sus ventajas comparativas que le permiten obtener o producir algo a un costo menor que otros países (por la razón que sea; dispone de recursos, de infraestructuras o de una trayectoria e I+D que otros no tienen). A su vez, importa de aquellos países con ventajas comparativas productos y servicios que, o bien no puede proveerse para sí mismo a un costo tan bajo, o bien carece de los recursos para conseguirlo.

El comercio internacional es una prueba de cómo el entendimiento, y las necesidades desde luego, pueden contribuir a crear riqueza y acceso a todo tipo de productos y servicios sin importar el lugar en el que se esté. Pero, a veces, se crean barreras que obstaculizan estos procesos, como en el caso del proteccionismo.

El proteccionismo en el comercio internacional consiste en la aplicación de políticas gubernamentales que tienen como fin la protección de la industria nacional, o de cualquier otro sector, frente a la competencia internacional.

Existen diferentes causas por las que un gobierno decide adoptar el proteccionismo como estrategia económica; desde proteger las industrias nacionales de la competencia extranjera, proteger sectores o industrias esenciales para la seguridad nacional, evitar la competencia desleal *(dumping)* o responder a prácticas proteccionistas de otros países.

El proteccionismo puede darse dificultando la entrada de productos extranjeros (bien sea mediante aranceles o prohibiciones directas, claras y explícitas) o protegiendo las empresas nacionales entregándoles subvenciones para ayudarles a ser más competitivas frente a las extranjeras. El proteccionismo, en no pocas ocasiones, ha resultado ser la mejor elección para un país y para muchas de sus empresas.

No entraré en cuestionar si el proteccionismo es algo bueno o no. Es algo que merece un análisis pormenorizado mucho más exhaustivo que tampoco es el objeto de este libro. Sin embargo, a pesar de las más que evidentes bondades para las organizaciones que se protegen, el proteccionismo plantea una serie de problemas para las empresas.

En primer lugar, los incentivos de las empresas protegidas para innovar, mejorar o ser más eficientes se reducen significativamente en tanto que las amenazas externas están controladas no por sus procesos o productos, sino por leyes introducidas por los gobiernos. Y esto puede ser pan para hoy y hambre para mañana; si las empresas competidoras extranjeras siguen innovando y siendo cada vez mejores o más atractivas, el día que el proteccionismo se acabe nuestras empresas también se podrán ir despidiendo. Habrán perdido competitividad a todos los niveles.

Es también un problema para las empresas extranjeras, que pueden ver reducido su crecimiento, su expansión o su cadena de suministro, haciendo que las consecuencias de este tipo de decisiones tengan efectos colaterales *a priori* imprevistos. Si en su mercado nacional las empresas extranjeras no tienen competencia y en otros mercados no pueden vender por barreras de cualquier tipo, ¿qué incentivo tienen para seguir mejorando? La competencia es sana, especialmente para los consumidores.

Y todo esto sin pensar en las consecuencias que los proteccionismos más severos pueden traer consigo, algo que pudimos vivir en 2018 cuando Estados Unidos y China hicieron evidente y visible ante el mundo entero una guerra comercial que hace años que comenzó y que nadie sabe exactamente cómo y cuándo acabará (porque estamos yendo hacia una suerte de guerra fría entre ambas superpotencias). Aquel año, el gobierno de los Estados Unidos impuso unos aranceles del 25 % a los productos chinos industrialmente importantes (tecnología, esencialmente) cuyo valor ascendía a 50.000 millones de dólares.

Se impusieron más medidas y China amenazó con hacer lo mismo con productos estadounidenses. ¿La respuesta de Donald Trump? Aumentar los aranceles, esta vez por valor de 200.000 millones de dólares más, si China cumplía su amenaza.

Con esta guerra comercial, «simplemente», según el Fondo Monetario Internacional, el crecimiento global se redujo en 2020 un 0,8 %.

Ante un problema como este, ¿qué soluciones puede ofrecer la tecnología? No existe nada que permita que los gobiernos actúen mejor de lo que lo hacen, ni tampoco puede ayudarnos a evitar decisiones catastróficas (sean en la dirección que sean, bien impliquen más proteccionismo o una reducción del proteccionismo). Y con ello, insisto, no me estoy posicionando.

Pero para el comercio internacional y para las empresas que se mueven en su tablero, este tipo de escenarios son un problema. Pero, por suerte, ahí tenemos a la tecnología, siempre dispuesta, siempre lista para ayudarnos.

En primer lugar, la tecnología de cadena de bloques, cuyo potencial hemos conocido y ejemplificado en apartados anteriores, puede ayudar a comprender mejor el impacto colateral que este tipo de barreras pueden implicar. Por ejemplo, puede arrojar muchísima luz acerca de qué industrias clave no queremos dañar y que, a pesar de ello, podrían acabar sufriendo los efectos adversos de las políticas proteccionistas de modo colateral. Y esto es posible gracias a su trazabilidad y la transparencia que proporciona su aplicación. Integrar esta tecnología en plataformas digitales de comercio que pongan en contacto a las empresas fabricantes y a los consumidores finales puede ayudar, también, a reducir o evitar algunas barreras comerciales.

Por otro lado, gracias a la inteligencia artificial, es posible predecir estadísticamente qué rumbos tomarán ciertos países o qué patrones sigue y seguirá el comercio internacional, permitiendo a las empresas adaptarse a los cambios venideros o, por lo menos, tratar de reducir el impacto que acaso pudieran sufrir. ¿Ofrecerán una respuesta clara e inequívoca? Lamentablemente no (al menos por ahora), pero sí que podrán arrojar algo de luz ante el nivel creciente de incertidumbre que está englobando al mundo entero.

Pero, de establecerse una barrera proteccionista con, por ejemplo, aranceles, ¿qué podrían hacer las empresas extranjeras para poder seguir siendo competitivas?

Además de emplear tecnologías como el internet de las cosas para reducir costos, pueden apoyarse en la fabricación mediante impresoras 3D para fabricar de forma local y descentralizada y evitar depender de las importaciones. Al producir localmente también se reducen costos derivados del transporte y reducir la dependencia de la cadena de suministro internacional, lo que podría ayudar a las empresas afectadas por aranceles a reducir el impacto negativo de este tipo de medidas.

La demanda fluctúa

¿Cómo predecir cuál será la demanda en un año? ¿Y en cinco? ¿Y en diez? La modernidad líquida que caracteriza nuestra era, la aparente falta de consistencia de todo, la caducidad de lo que hasta ahora parecía inamovible… todo ello dificulta la toma de decisiones a medio plazo, así que las que son a largo plazo ya ni se contemplan apenas.

Antes se hacían los planes estratégicos de las empresas a diez años. Esto, hoy, carece de sentido. ¿Es bueno tener claro dónde queremos llegar? Desde luego que sí, y en este aspecto creo que es bueno hacer este tipo de planificaciones. No se puede ir sin rumbo, como pollos sin cabeza. Pero esta planificación largoplacista no debe ser de cumplimiento obligatorio. Sirve como guía y su elaboración es un ejercicio más que saludable para entender la empresa, fortalezas y debilidades, y analizar un poco más y mejor el entorno en el que opera. Pero tengamos los pies en la Tierra: en cualquier momento puede aparecer algo que cambie las reglas del juego, haciendo que todo plan estratégico largoplacista quede obsoleto antes de cumplir el medio año. Y sino, que se lo pregunten a Google con la irrupción de ChatGPT: no importa la planificación que tuviese hecha, todas sus previsiones cambiaron de un día para otro.

En este sentido, la fluctuación de la demanda constituye un verdadero quebradero de cabeza porque precisamente de la futura demanda dependen muchas de las decisiones que la empresa debe tomar. El problema es la falta de información, y nadie quiere jugar un partido contra la indefinición. ¿Debo invertir en maquinaria nueva si no sé qué demanda tendré dentro de un año? ¿Debo aumentar mi producción? ¿Cuánto *stock* debo mantener? No es siempre fácil gestionar correctamente el inventario; además de costoso, puede acarrear problemas para la empresa, por ejemplo, si se expone al riesgo de que los productos o mercancías que almacene caigan en la obsolescencia.

Hay numerosas causas que nos pueden ayudar a comprender la demanda fluctuante: estacionalidad, cambios en las prioridades o hábitos de consumo de la población, la competencia, una pandemia por covid-19 o un vídeo de TikTok que se ha viralizado y que ha empujado a una generación entera a comprar algún producto que hasta entonces nadie conocía.

Sin embargo, la cuestión es bastante más compleja que, simplemente, comprar el doble de lana si tengo previsto que venderé el doble de jerséis.

Por ejemplo, la demanda de bienes industriales suele ser más inestable que la demanda de bienes de consumo, y esto sucede, entre otros factores, debido al llamado *efecto de aceleración.*

Se trata de un fenómeno económico que describe cómo las fluctuaciones y variaciones en la demanda de cualquier bien o servicio se amplían a medida que se avanza a lo largo de la cadena de suministro.

Podemos imaginarlo como un efecto dominó en la cadena de suministro. Soy un fan de *Juego de Tronos,* así que, pongamos, por ejemplo, que «se acerca el invierno». Y cuando se acerca el invierno la gente compra abrigos, pero resulta que un modelo en concreto se ha vuelto muy popular en TikTok entre las generaciones más influenciables, así que la demanda se incrementa.

Más que incrementarse, se dispara.

Las tiendas, tanto físicas como *online,* comienzan a pedir más y más unidades del abrigo popular porque la demanda no deja de crecer y todo el mundo quiere ganar dinero vendiéndolo como golosinas delante de un colegio.

Al pedir más y más unidades, abrumadas por el fervor con el que las masas se acercan a sus establecimientos ansiosas por conseguir su abrigo, las tiendas están forzando a los fabricantes a aumentar la producción. Y al aumentar la producción, necesitan comprar más materiales a sus proveedores, quienes, a su vez, necesitarán comprar más materias primas o aumentar la extracción o producción de ciertos recursos. A su vez, el transporte entero ve aumentada también la presión.

Así pues, un vídeo de TikTok ha provocado que toda la cadena de suministro se haya visto afectada al generar un pico en la demanda. La venta, la producción y el suministro han cambiado. Toda la cadena de suministro se ha alterado, aumentando o disminuyendo la cantidad de materiales, transportes, almacenes, productos, etc., en cada uno de sus procesos o etapas.

Lo mismo puede suceder si la demanda de un producto cae de golpe por alguna razón; alguna absurda polémica que genera una crisis de reputación, la falta de alguno o varios de sus componentes, cambios bruscos en el mercado o que alguna organización supranacional haya dicho que comer carne y embutido provoca cáncer.

Toda la cadena de suministro puede verse afectada por cualquier cambio o circunstancia que afecte de una forma u otra a la demanda del mercado. Incluso puede que su impacto termine afectando en mercados que, *a priori,* no tienen nada que ver con el objeto deseado o rechazado inicialmente. Todo está conectado.

Ante este panorama, aunque la tecnología no ofrece una solución única e infalible para la fluctuación de la demanda, sí que puede contribuir a la reducción de la incertidumbre de forma bastante significativa. Huelga decir que, a medida que el desarrollo tecnológico avance y nuevas y mejores técnicas, productos y servicios se lancen al mercado, la capacidad para dar respuesta a este, así como a otros problemas que existen y que eventualmente existirán, irá incrementándose a pasos agigantados.

Hemos visto el potencial del *big data* y del análisis de datos para hacer asociaciones. Si en el pasado se han dado fluctuaciones en la demanda y hemos ido recopilando buenos y suficientes datos, quizá podamos encontrar patrones que nos ayuden a predecir o a intuir si volverá a ocurrir algo parecido o no.

Por supuesto, que un abrigo se vuelva viral en TikTok es algo que no podemos prever. Pero sí que podemos anticiparnos a sus efectos si somos capaces de cuantificar el impacto en las ventas de un producto promocionado por una persona pública en las redes sociales. De hacerlo, bastará con estar atentos y actuar con rapidez cuando circunstancias similares se repitan. Y digo más: podemos propiciar que estos picos de demanda ocurran, de forma deliberada, gracias al talento de nuestros departamentos de *marketing.*

Además, una empresa puede recopilar datos propios de compras que ya se han realizado o tendencias generales del mercado, por citar dos ejemplos, y cruzarlos con datos económicos, estacionales o de cualquier otra índole. Un buen análisis, junto con modelos de aprendizaje automático, permitiría detectar circunstancias, acontecimientos o patrones que, de una forma u otra (aunque no sepamos el motivo exactamente), nos permitan detectar a tiempo que en unos meses la demanda bajará, crecerá o se mantendrá estable.

Esto funcionaría, para entendernos, del mismo modo que aquel algoritmo que detectó patrones para determinar si un paciente seguiría vivo o no un año después de haberse hecho el electrocardiograma. Y poco importa que ningún cardiólogo o experto en *marketing* puedan dar con una explicación: los datos están ahí y están diciendo muy claramente que existe una alta probabilidad de que la demanda crezca el tercer trimestre de este año. ¿Me fio de los datos o de la intuición de alguien que dice ser experto? Depende de a quién consultemos, pero siempre es bueno contar con ambas informaciones. Por si acaso.

Todo esto, por otro lado, se puede realizar de forma automática. Existen en el mercado, desde hace años, ERP (sistemas de planificación de los recursos de una empresa) que integran inteligencia artificial para anticipar la demanda y ajustar la producción. Las repercusiones de incorporar la IA en estos procesos son múltiples y afectan, en última instancia, a toda la cadena de suministro. Con las debidas integraciones de las bases de datos o de los *softwares,* incluso es posible realizar una coordinación con los proveedores para realizar los volúmenes de compras exactos en cada momento, considerando los cambios en la producción debido a las variaciones previstas en la demanda.

Además, matamos varios pájaros de un tiro. Reducimos el exceso de producción y, por tanto, los costos de almacenamiento y la cantidad de dinero que queda inmovilizado y que podemos destinar a otras cosas. También reducimos los tiempos de espera tras cada pedido y maximizamos las posibilidades de no sufrir carencia de ningún material al ser capaces de anticiparnos a picos de demanda y adquirir todo lo necesario a tiempo para no tener que detener o limitar la producción. Y, finalmente, seremos capaces de aumentar o reducir la producción de determinados productos (a veces deberemos reducir la de unos, pero aumentar la de otros) por causas *a priori* desconocidas o poco relacionadas con ciclos estacionales, como los paraguas en otoño o los bañadores en verano. Con todo, estaremos más preparados para poder hacer frente a los cambios del mercado.

De hecho, podemos disponer de informes y análisis realizados de forma automática periódicamente que sean compartidos con varios departamentos de la empresa. Dichos informes pueden nutrirse, a su vez, de toda la información que pueda aportar cada miembro de la empresa (por ejemplo, las percepciones del equipo de ventas acerca del estado del mercado). La comunicación en tiempo real de este tipo de acciones, situaciones, necesidades o decisiones entre distintos equipos permite que todos los esfuerzos se canalicen hacia la misma dirección.

Complementando todo esto, ante la demanda fluctuante, una empresa puede hacer varias cosas más. Intentar ajustar la demanda con todo tipo de estrategias que pueden, hasta cierto punto, automatizarse, es un buen ejemplo de ello.

Si un determinado producto es estacional, pero ofrece unos márgenes interesantes, ¿por qué no jugar con el precio de venta en períodos de baja demanda? Y digo más: quizá no se trata de un producto estacional, sino de un servicio que en ciertos momentos no tiene demanda, como una peluquería un martes a las once de la mañana o un gimnasio al mediodía.

Casos como estos permiten diseñar estrategias para combatir la fluctuación de la demanda: corte de pelo de diez a doce un 10 % más económico. Tarifa para ir al gimnasio solo durante en la franja del mediodía con un 20 % de descuento. Claramente no estoy descubriendo el Atlántico con esto. Pero según el tipo de producto o servicio, la gestión del precio o de los descuentos puede automatizarse por completo, e incluso es posible ajustar descuentos personalizados para cada tipo de persona que intente comprarnos o contratarnos por internet. Quizá, para mí, un 15 % de descuento es insuficiente, así que habría que darme un 20 % para garantizar que compre algún producto. Y habrá otras personas a las que un 10 % les parezca una oferta irresistible. Ajustar los descuentos para maximizar el margen de la empresa sin renunciar a las más altas probabilidades de cerrar la venta también es innovación. Y para ello, nada mejor que algoritmos de inteligencia artificial.

La fluctuación también puede combatirse complementando los servicios, ya sea incrementando algunas de sus prestaciones, ya sea mediante estrategias que tengan como objetivo aumentar el valor de lo que estamos ofreciendo, ya sea mediante la venta cruzada. Por ejemplo, podemos tratar de vender bañadores en febrero regalando una crema reductora. Porque todo el mundo sabe que la operación bikini no es algo que se pueda hacer en cuatro días y después, cuando el verano está a la vuelta de la esquina, todo son prisas.

Todo cada vez más rápido

Todo es más inmediato, más urgente y más apremiante que nunca. Compramos en Amazon y si el pedido llega más de un día después de la compra ya chasqueamos la lengua y fruncimos el ceño. Como empresa somos conscientes de que nuestros proveedores pueden tardar más de un día en enviarnos lo que necesitamos, pero muchos sectores no se pueden permitir esperas superiores. Y los consumidores, claramente, hemos perdido por completo el sentido de la paciencia.

¿Cómo que me tengo que esperar más de 24 horas en recibir en la puerta de mi casa un paquete que ha sido fabricado en Singapur? ¿Hemos vuelto a 1999? ¿Pero qué clase de escándalo es este?

Parece una broma, pero no lo es. Pedimos comida a domicilio, pero si tardan más de 30 minutos en gestionar el pedido, cocinarlo, envasarlo y transportarlo todo son quejas. Porque yo tengo hambre ahora, no dentro de media hora.

Como empresa, ser rápidos no es solo una opción: es casi una obligación, y a menudo el hecho de decir que somos rápidos apenas aporta valor alguno: se da por hecho que lo somos. Pero la velocidad, en tanto que ligada a la eficiencia y a la rentabilidad y competitividad de una organización es una variable absolutamente crítica en la cadena de suministro.

Habrá quiénes dirán que el auge de la velocidad como variable crítica se ha dado por el desarrollo de la tecnología, la demanda de los clientes u otros factores. Sin ser un experto en ello, difiero de este punto de vista. Creo que la necesidad de ser rápidos ha sido desde hace siglos un elemento crítico. Lo que sucede, en mi parecer, es que la concepción de lo que es «ser rápido» ha cambiado, precisamente, gracias a la tecnología –que no es lo mismo que decir que la tecnología explica el auge de la necesidad de ir rápido–. Siempre hemos querido ir rápido, solo que ahora podemos serlo más que cuando íbamos de un lado a otro a lomos de un caballo.

Del mismo modo, no es que la demanda de los clientes haya hecho que ser rápidos sea cada vez más importante, sino que el hecho de poder ser más rápidos –gracias a la tecnología– ha hecho cambiar los hábitos de consumo de la gente. Impulsadas por la competencia o por las ansias de ser mejores y más rápidas, las empresas han inoculado en nuestras mentes una idea clara: puedo tener lo que quiera cuando lo quiera. ¿Significa esto que ahora valoramos más la velocidad? No; significa que ahora sabemos que podemos conseguirlo todo mucho más rápido que antes, y la empresa que no cumpla con este estándar, simplemente, se queda fuera de juego.

Insisto: ser rápidos ya no aporta valor. Se da por sentado, y esto sustenta, a su vez, lo que hemos repetido varias veces a lo largo de este libro: o adoptamos tecnología que nos haga ser más rápidos o morimos.

Ser más rápidos significa reducir los tiempos de entrega, así como reducir cada vez más los tiempos de ciclo. Es decir, reducir el tiempo que tarda un producto en realizar todo el recorrido a lo largo de la cadena de suministro. A más breve, más eficiente, y por tanto más económico.

Ser más rápidos también significa ser más flexibles tanto en la forma de relacionarnos con nuestros clientes y proveedores como en nuestra capacidad de adaptarnos a los cambios que el mercado exija. Y todos y cada uno de estos cambios pasan necesariamente por modificaciones, mayores o menores, en la cadena de suministro. Y eso, sin duda alguna, exigirá a todos los actores una mayor y más estrecha colaboración.

Pero cuando todo va tan rápido, nos puede parecer que perdemos el control de la gestión. Pero, por suerte, la tecnología nos puede ayudar a lidiar con estas incomodidades. De hecho, es extremadamente buena controlando cualquier cosa.

Si el mercado lo quiere todo rápido, nuestros clientes lo quieren todo rápido y la competencia se mueve cada vez más rápido, tendremos que ser, también nosotros, cada vez más rápidos. Y no importa si somos transportistas o una agencia de comercio internacional: en muchos sectores la lentitud se paga con el cierre.

El reto de la velocidad en la cadena de suministro puede ser resuelto de múltiples formas en función del sector en concreto al que nos estemos refiriendo. Sin embargo, muchas de ellas son aplicables a la mayoría de los campos.

No entraremos de nuevo en las virtudes de la automatización, pero sí es necesario un apunte que, aunque evidente, a veces es importante recordarlo: es extremadamente rápida. No hay un proceso de toma de decisiones entre una, dos o más personas, ni deliberación, ni conversación ni rumiación… Es casi instantáneo. Sucede algo y se genera una respuesta en cualquier momento del día o de la noche. Si fabricamos y hay un problema se resuelve o se inicia el procedimiento adecuado al instante. Si compramos y vendemos mercancía se evalúa la evolución de los precios en tiempo real y se ejecutan las órdenes automáticamente. Si hablamos con potenciales clientes, podemos emplear métodos automáticos que son realmente eficaces y que nos ahorrarán tiempo y dinero. Mucho dinero.

Os pongo un ejemplo que viví en primera persona. Hace unos años entré a trabajar en una empresa como científico de datos. Era una empresa, digamos, curiosa, por varias razones. La principal de ellas era que, aunque se dedicaba al análisis de datos aplicado a la escucha social, análisis de sentimiento, etc., prácticamente ninguno de mis compañeros tenía la más remota idea de entrar en una base de datos, programar con Python o con R (dos lenguajes claves para la ciencia de datos) o automatizar cualquier tarea mediante código.

Pocas semanas después de haber llegado, ya sintiéndome más cómodo tras la casi protocolaria actitud modesta y cabizbaja del recién llegado, del *outsider*, pedí una reunión con el CTO de la compañía y con la directora de la oficina de Barcelona.

Les expuse de forma clara, apoyado en una presentación Power Point, todas las cosas que creía que no se hacían bien en la empresa. No era aquella mi función ni mi responsabilidad, pero veía que la empresa estaba perdiendo mucho tiempo y dinero, y desperdiciando talento en cosas que no aportaban ningún valor. Y sí, lo reconozco; tengo muy poca paciencia cuando veo que algo que se puede hacer bien en una hora se hace regular en cinco.

Expuse varios puntos, y uno de ellos giraba alrededor de la automatización. La empresa presentaba a sus clientes (grandes empresas multinacionales, clubes de fútbol, oenegés internacionales...) informes periódicos. Cada informe se elaboraba de la siguiente manera: se descargaban los datos de una especie de repositorio interno (generalmente, datos relativos a interacciones o publicaciones en redes sociales) y se realizaba una serie de análisis con Excel.

Para una empresa muy pequeña esto está bien. Pero si tu cliente es uno de los clubes de fútbol más importantes de Europa y ayer jugó las semifinales de la Champions League, en Twitter habrá cientos de miles de menciones de gente que estará celebrando goles o soltando bilis por la boca.

Sin embargo, en esa empresa ese proceso se hacía con Excel. Aquellas hojas, con medio millón de filas y un par o tres de decenas de columnas, eran simplemente intratables en una simple hoja de datos. Es más, en no pocas ocasiones el programa se cerraba al no poder procesar tal volumen de información.

Luego se comenzaban a generar datos clave, rellenar KPI (es decir, indicadores clave de desempeño, que permiten evaluar el rendimiento de la empresa en relación con los objetivos que se ha propuesto), entre otros. Tras esto, se elaboraba una presentación en Power Point con datos, gráficos, imágenes y un poco de texto para vestirlo todo y darle, digamos, más empaque.

Llegados a este punto ya había varios problemas: para hacer un informe de este estilo se tardaba más de una jornada laboral completa; su elaboración era absolutamente soporífera y, además, estos informes eran, la mayoría de las veces, idénticos tanto en estructura como en metodología de trabajo.

No era mi trabajo hacer este tipo de informes, aunque tuve que hacer algunos para apoyar al resto del equipo. Pero en cuanto hice dos o tres, poco después de incorporarme a la empresa y con el objetivo de familiarizarme con las distintas áreas y departamentos, tuve más que suficiente.

No quise hacer un informe con aquella metodología nunca más. Sentía que se me freía el cerebro de tan repetitivo y lento, monótono y aburrido, que era el proceso. Miraba el reloj y alzaba los ojos pensando que aquello podría liquidar a cualquiera.

Y decidí cambiar las cosas. Con Python hice un programa que automatizaba todos los pasos que se hacían con Excel. Al ejecutarse, el programa procesaba todos los datos, los analizaba, encontraba patrones y generaba al instante un listado con todos los KPI calculados, las variaciones intermensuales y los gráficos ya creados. Además, podía generar más información, de más valor y de mayor profundidad, empleando algoritmos esenciales para la ciencia de datos.

Cuando presenté esta nueva forma de hacer informes en la reunión con el CTO y la directora de la oficina de Barcelona no hubo duda alguna: automatizar el trabajo que menos valor aportaba o más repetitivo era, evidentemente, el camino correcto.

Pero no todo fue tan sencillo. Como acostumbra a suceder con este tipo de implementaciones, hubo fricciones por parte de algunos compañeros para automatizar el trabajo empleando las distintas versiones del programa (una para cada cliente de acuerdo con sus necesidades). Quizá la falta de un liderazgo fuerte en la dirección hizo que la cosa terminase permitiendo que cada cual trabajase como prefiriese, dando como resultado un equipo de personas funcionando a ritmos distintos, con metodologías y resultados distintos. Craso error, en mi opinión.

Y digo esto para dejar constancia de algo muy importante: la velocidad de un equipo o de una empresa no la mide el promedio ni el más rápido: la mide el eslabón más lento. De haber encontrado más apoyo entre los miembros del equipo, incluso habría podido automatizar parte de la elaboración del propio Power Point, ahorrando una buena cantidad de horas de trabajo monótono que se podrían haber invertido en nuevos servicios para la clientela.

No digo esto como una crítica; lo que para mí es aburrido puede ser fascinante para otras personas, y lo mismo al revés. Es bueno que haya esta diversidad. Yo casi sentía ansiedad cuando, antes de hacer el programa, me pedían ayuda con algunos informes (sabía que me esperaba una jornada muy, muy larga haciendo unas tareas soporíferas que ni siquiera formaban parte de mi trabajo). Pero otras personas disfrutaban haciéndolas. Creo, en este sentido, que la dirección de la empresa debería haber priorizado la eficiencia por encima de los caprichos del personal. Al no hacerlo, la empresa decidió que su estándar de velocidad sería dedicar una ingente cantidad de horas haciendo trabajos automatizables… a mano.

En Lanzadera, una de las aceleradoras de *startups* más reconocidas de España, aprendí muchas cosas interesantes cuando Wecaria —de la que soy cofundador y ya os he hablado en la segunda parte— fue una de las seleccionadas para formar parte de su ecosistema de empresas. Allí pusieron una metáfora que ilustra esta idea a la perfección: imaginemos un túnel por el que circulan vehículos. El túnel tiene una altura variable; 6,7 metros, 5,4 metros, 5,1 metros... y en un pequeño tramo, debido a unos ventiladores mal colocados, la altura se reduce a 3,2 metros.

No importa que el túnel haga cinco kilómetros y que el tramo de 3,2 metros de altura apenas represente un 0,0001 % de toda su longitud. Tampoco importa que la altura promedio sea de 5,7 metros; si un camión mide más de 3,2 metros, por allí no pasa. Y punto.

El eslabón más débil, el más lento, el menos motivado, es el que realmente mide la fuerza, la velocidad o el potencial de un equipo. Y el equipo más débil, más lento o menos motivado es el que mide la fuerza, la velocidad y el potencial de toda la empresa. De modo que, si podemos automatizar las tareas que menos gustan, que son más aburridas, más lentas, donde el error humano es más probable, donde la atención o la motivación pueden ir cuesta abajo sin frenos, automaticémoslo. Todo. No perdamos el tiempo y vayamos lo más rápido posible.

Esto también tiene otras consecuencias muy positivas para el talento de una organización. Por regla general, salvo excepciones puntuales como la de algunos de mis antiguos compañeros de trabajo, a nadie le gusta dedicarse ocho horas al día a un trabajo repetitivo, aburrido, lento o tedioso. Y, precisamente, son este tipo de trabajos los que podemos automatizar con mayor facilidad. Al hacerlo, permitimos que el equipo humano del que disponemos pueda dedicarse a tareas más creativas, que aporten mayor valor o que, de una forma u otra, les motive más, lo que sin duda alguna repercutirá más que positivamente en su desempeño, rendimiento y compromiso. Todos hemos vivido esto; volver a nuestra mesa después de la pausa para comer al mediodía, sentarnos con aire agotado, con una pereza tremenda y un sueño infinito y tener que hacer un trabajo aburrido es de las peores cosas que pueden pasarnos en el puesto de trabajo. Simplemente, nuestra productividad cae en picado. ¿Por qué no intentar que las tardes sean un poco más dinámicas ahorrando a nuestro talento el tener que freír sus neuronas haciendo trabajos que nunca querríamos hacer nosotros mismos? Es importante esto: solo un equipo contento y feliz es capaz de construir empresas que funcionan.

Si nos centramos en la velocidad desde otros puntos de vista, como el del transporte, veremos que empleando la tecnología IoT podemos establecer automáticamente las rutas óptimas para ahorrar tiempo y combustible. De esta forma, además, contribuiremos a reducir nuestra huella de carbono que, como veremos más adelante, no nos vendría nada mal. Por otro lado, evaluar el estado del tráfico en tiempo real y tener geolocalizado cada vehículo permite alterar en cualquier momento la ruta preestablecida para adaptarse a las circunstancias cambiantes de la carretera. En este sentido, la velocidad también significa alta capacidad de adaptación.

Si se emplean tecnologías de IoT, por ejemplo, en transportes refrigerados, podremos detectar a tiempo problemas en el aislamiento y eventuales pérdidas de cargas enteras de mercancía. Hace unos años trabajé como analista de datos en una empresa que fabricaba los tubos que conectan los barriles de cerveza de los bares y restaurantes con los surtidores de las barras. Su cuota de mercado en lo relativo a los tubos era apabullante, así que se abrieron a la comercialización del resto de elementos que integran los equipos de cerveza: columna, grifos, barriles, tanques...

Se trataba de una empresa chapada a la antigua, pero con una gran vocación de seguir mejorando y una actitud que abrazaba la innovación y la mejora continua, así que hablaban regularmente con sus clientes (las marcas cerveceras) y descubrieron que estas tenían un problema irresuelto. Esta es la mejor actitud posible.

Al parecer, los bares y restaurantes, a menudo, no avisaban con la suficiente antelación a la marca cervecera para pedir más barriles, así que cuando se agotaban, todo eran prisas para que la marca les trajese más.

Esto es un dolor de cabeza dado que las marcas deben hacer cientos de trayectos diarios para abastecer a todos los bares y restaurantes sedientos de cerveza, y las prisas y el hacer las cosas a última no son buenas consejeras.

Y un chico de la empresa tuvo una idea: ¿y si creamos un sistema basado en IoT para saber en tiempo real la cantidad de cerveza que queda dentro de los tanques de los bares? ¿Y si enviamos estos datos a un servidor y creamos un *software* comercializable en forma de suscripción (SaaS) para que las cerveceras puedan disponer de la información siempre actualizada?

Así, las marcas de cerveza podrían saber cuánta cerveza le queda a cada bar, y mediante modelos muy simples, predecir cuál sería el consumo durante los próximos días. Esto les permitiría anticiparse y advertir a tiempo cuándo se quedará sin la preciada bebida cada establecimiento. Y con todos estos datos y una buena herramienta para optimizar rutas... ¡*voilà*! De forma automática saldrían cada mañana camiones de las cerveceras para dar cerveza a los bares cuando la necesiten, sin llamadas a última hora, sin roturas de stock, sin imprevistos desagradables.

Fácil, rápido y cómodo.

Pero es que había más.

El propio sistema integraba una serie de sensores, como de temperatura y de presión. ¡Incluso podían informar a la marca cervecera si la temperatura a la que se servía la cerveza era o no la adecuada! Con estos datos, podían llamar a cualquier bar para informarle de que, quizás, había algún problema con el sistema de refrigeración, y mediante la misma sensórica, en ocasiones, dar incluso un diagnóstico remoto.

¿Qué se conseguía con ello? Ahorrar tiempo para las cerveceras, ofrecer un servicio exclusivo a los bares que decidan apostar por sus marcas, ahorrar en costos de mantenimiento y en reparaciones, optimizar rutas y prevenir daños en mercancías.

Lo sorprendente y, en mi opinión, lo más interesante de todo esto, es que la empresa en la que yo trabajaba, que, como he dicho, estaba chapada a la antigua, tuvo el coraje de aventurarse en terreno desconocido. Comprendió que no podía ser para siempre un elemento de la cadena de suministro que se limitaba a hacer algo de «tan poco valor» como tubos de plástico. Que sí; tubos de distintos colores, materiales y diámetros, pero tubos de plástico, sin más. A fin de cuentas, lo más importante para cualquier potencial cliente era que esos tubos fueran más baratos que los de la competencia.

Su nueva solución, en cambio, ayudaba a sus clientes a ser más rápidos y más eficientes. Insisto: la empresa *hizo* que sus clientes se volvieran más rápidos y más eficientes.

Supo encontrar una oportunidad, una necesidad no satisfecha, dentro de un sector que además conocía al dedillo, en el que estaba bien posicionada y en el que contaba con un gran reconocimiento.

Se lanzó a la piscina y, al hacerlo, diversificó sus fuentes de ingresos con una propuesta largoplacista, innovadora y exclusiva.

La gestión del transporte

La invención de las locomotoras, los camiones y los aviones de carga fue un verdadero terremoto en nuestra forma de entender el transporte de mercancías. Su misión inicial parecía simple: realizar rutas de reparto más largas y a una velocidad cada vez mayor. Pero los tiempos han cambiado. Hoy en día, la velocidad ya no es el único as en la manga.

La sociedad actual es como una bestia hambrienta de variaciones y complejidades, y el transporte ha tenido que dar un giro completo en sus objetivos. Ya no se trata simplemente de mover algo del punto A al punto B. Ahora, es como si estuviéramos jugando una partida de ajedrez a escala global y en 4D.

Las redes de comercio internacional se están convirtiendo en un verdadero laberinto cada día, y la logística de las empresas debe ser más flexible que un contorsionista de circo. Tienen que ser capaces de lidiar tanto con un traslado marítimo de 10.000 kilómetros como con una entrega de precisión milimétrica en el núcleo de cualquier metrópoli.

En este apartado, nos pondremos las gafas de detective y analizaremos algunos de los desafíos a los que se enfrentan las cadenas de suministro al planificar y ejecutar el transporte de mercancías. Y sí, no puedes escapar de ella, la tecnología estará a nuestro lado, mostrándonos cómo puede ser una auténtica varita mágica para optimizar estos procesos.

La última milla

La gestión de la última milla es un aspecto crítico en la cadena de suministro, y lo está siendo cada vez más a medida que la entrega de productos se da de una forma más y más individualizada y distribuida; en cada casa, piso u oficina.

Esta situación conlleva numerosos hechos y circunstancias que hay que tener en cuenta, como son los elevados costos que implica esa elevada capilaridad en la distribución. Si bien podemos enviar productos de una punta a la otra del mundo a un precio relativamente bajo (aunque los precios de los contenedores se han llegado a multiplicar por diez los últimos años), el costo asociado a la última milla puede representar el 28 % del total, lo que es algo completamente contraintuitivo *a priori,* pero muy lógico cuando se reflexiona un poco al respecto.

El transporte intercontinental, por ejemplo, generalmente realizado a través de barcos, trenes o aviones, permite que inmensas cantidades de productos sean desplazados de manera simultánea, reduciendo así el costo unitario. Sin embargo, esta escalabilidad no existe en la última milla: una furgoneta puede estar todo el día dando vueltas en una ciudad para entregar solamente unos cientos de paquetes al día.

¿Unos cientos son muchos? No, la verdad. Un barco como el MSC Tessa, que en 2022 ostentaba el honorable título de ser el buque mercante más grande del mundo con 400 metros de largo y una manga de 61,5 metros, es capaz de transportar más de 24.000 contenedores y gasta, perdón por la expresión, menos que un mechero. Contaminar contamina, porque su motor diésel de 70.000 kW es una bestia insaciable consumiendo, pero como medio de transporte es tremendamente eficiente porque de un plumazo ha trasladado decenas de miles de toneladas de productos de una punta del globo a otra.

Aproximadamente, entre el 80 y el 90 % del transporte mundial se realiza por mar y, sin embargo, es responsable solamente del 2,89 % de las emisiones globales de gases de efecto invernadero según la Organización Marítima Internacional. ¿Hay que reducir ese 2,89 %? Claro que hay que reducirlo. De hecho, ya hay propuestas al respecto, como buques de carga cuya fuente de energía sea el hidrógeno y pilas de combustible, biocombustibles, gas natural licuado e incluso barcos con reactores nucleares.

Entenderíamos así cómo es posible que enviar aguacates desde República Dominicana hasta Europa sea infinitamente más económico –si comparamos el precio por kilómetro– que el de la última milla: tiene que ver con la infraestructura disponible. El transporte internacional se beneficia de unas instalaciones eficientes y muy lubricadas como puertos, vías ferroviarias y aeropuertos. La eficiencia en estas instalaciones o medios es altísima y una vez el barco está en alta mar sigue su ruta sin demasiadas complicaciones.

Sin embargo, una furgoneta de reparto debe afrontar un millón de posibles imprevistos: tráfico en hora punta, carreteras congestionadas sin aparente motivo, accidentes, calles cortadas, obras…

La entrega en la última milla es muy ineficiente, y lo es, aunque se usen herramientas de optimización de rutas, simplemente porque no son pocas las ciudades que están viendo sus calles y sus vías absolutamente desbordadas. Las ciudades se han edificado a lo largo de décadas y de siglos considerando unas circunstancias y unas necesidades que poco o nada tienen que ver con las actuales. Y, sencillamente, no podemos desmontarlas y reestructurarlas enteras ajustándolas a nuestras necesidades actuales.

Además, una furgoneta de reparto tiene una capacidad de carga bastante limitada y un motor, generalmente de combustión, que por eficiente que sea generará más de cien gramos de CO_2 por kilómetro recorrido casi con absoluta certeza.

Y todo esto va en aumento. Por ejemplo, el transporte de mercancías en una ciudad como Madrid, según datos de su propio ayuntamiento, representa el 10 % de la flota automovilística, pero mientras un coche particular pasaría alrededor del 95 % de su vida detenido, las furgonetas de reparto están casi todo el día dando vueltas de un sitio para otro. Por ello, contribuyen en un 20 % al tráfico y a la congestión de las calles y en un 30 % de las emisiones de gases de efecto invernadero.

Por otro lado, la tripulación de un barco contenedor oscila entre las 20 y las 40 personas. Aunque quizá un buque como el MSC Tessa requiera algunas más, verdaderamente son embarcaciones que, por así decirlo, «van» bastante solas: están muy automatizadas y la acción humana es mínima.

¿Cuántas personas serían necesarias para repartir en furgonetas por las ciudades todos los productos que caben dentro de 24.000 contenedores? Desde luego más de cuarenta.

Es cierto, por otro lado, que no todo lo que cargan estos barcos termina en las ciudades. Incluso, según el tipo de carga que haya que transportar, se emplean unos barcos u otros; portacontenedores para contenedores; buques graneleros para grano, mineral y recursos naturales; buques de carga general que pueden llevar un poco de todo; buques ro-ro o de carga rodada, que llevan, principalmente, vehículos; buques frigoríficos, de gases licuados, petroleros, químicos… ¡Hay incluso barcos especializados para llevar ganado!

Sin embargo, de una forma u otra, todo esto termina llegando a los consumidores en última instancia en forma de productos sean cuales sean las transformaciones por las que han pasado, y este es, precisamente, el reto que estoy tratando de mostrar aquí.

No es solo que sea un tremendo lío organizar la última milla, sino que el hecho de que participen en ella tantas personas eleva muchísimo los costos.

Solucionar estos problemas pasa indefectiblemente por innovar e invertir. Están surgiendo nuevas empresas y modelos de negocio que, precisamente, se vuelcan en resolver los problemas surgidos en la última milla. Sus propuestas, aunque quizá no parezcan muy novedosas para algunas personas, plantean retos técnicos cuya resolución, para mí, demuestra de forma magistral el potencial del ingenio humano.

Nuro es una empresa tecnológica fundada por dos exempleados de Google en 2016 que ha desarrollado vehículos autónomos de entrega, llamados R1 y R2. Son vehículos cuyo estilo me gusta llamar retrofuturista, cuadriculados y de aspecto simpático. No necesitan conductor (de hecho, ni siquiera tienen asientos), son eléctricos y están diseñados específicamente para el transporte autónomo de mercancías en la última milla. Sus compartimentos de carga tienen acceso desde los dos lados del vehículo, de tal forma que la carga y la descarga de los productos que contiene se puede realizar con total comodidad.

Y lo mejor es que ya está funcionando.

La conducción autónoma de Nuro se basa en sensores, cámaras, radar, lidar (sistema de teledetección que mide la distancia con un objetivo lanzando un láser y midiendo el reflejo con un sensor óptico) y todo tipo de algoritmos de inteligencia artificial para poder circular de forma segura. El objetivo no es solo respetar las señalizaciones, sino circular sin riesgo de atropellar a jóvenes que circulan en patinete como si las calles fuesen solo suyas. Y esto no es nada fácil.

Sin embargo, no es la única empresa que está trabajando en esta línea: muchas están destinando recursos a la creación de este tipo de vehículos que permitirán ir entregando paquetes sin usar motores de combustión (reduciendo así la huella de carbono, siempre y cuando la fuente de energía original sea sostenible, como la solar) y sin conductores (reduciendo drásticamente los costos).

Una división de Amazon llamada Amazon Prime Air, tras más de una década de investigación, innovación y, sí, burocracia y regulación, ha tomado el vuelo. Su objetivo: enviar paquetes a nuestras casas empleando drones que vayan sobrevolando la ciudad.

El proyecto es conocido por todo el mundo desde hace muchos años. ¿Quién no ha escuchado que Amazon quiere repartir paquetes con drones sobrevolando nuestras cabezas? Llevan años trabajando en este proyecto, pero han tenido muchos problemas. Tantos que explicarlos aquí resulta arduo e innecesario. Lo relevante ahora es que, al fin, consiguieron darle alas al asunto en una pequeña ciudad de California llamada Lockeford.

La cosa funciona de la siguiente manera: compras en Amazon y al cabo de poco (horas, minutos) te llega un dron a casa que aterriza en tu patio trasero, deja el paquete y se marcha por donde ha venido.

Los drones de Amazon (creados después de más de dos docenas de prototipos) disponen de numerosos sistemas, incluyendo detección de obstáculos, para no chocar ni con paredes ni con cables, ni con personas o mascotas.

El desafío, desde luego, es mayúsculo. Y lo es, en parte, por la responsabilidad implícita: cualquier dron podría fallar, caer en medio de la autopista encima de un parabrisas y armar un jaleo de proporciones épicas. Hay que andar –volar– sobre seguro, lo que justifica los retrasos y problemas que han marcado este proyecto, incluyendo pruebas desastrosas, despidos y momentos de aparente incertidumbre que parecían que dejaban en jaque el proyecto.

Pero ¿por qué drones? ¿Por qué invertir tanto en algo que durante tantos años no parecía funcionar? Pues lo cierto es que hay muchísimas razones. Son rápidos, sobrevuelan las calles a veinte metros de altitud, por lo que evitan el denso tráfico, y pueden ir del punto A al punto B siguiendo una línea recta, que será siempre la distancia más corta entre el almacén y la dirección de entrega. Además, funcionan solos, lo que hace que, si bien se requiere una primera inversión, la propuesta termina siendo irresistible para cualquier empresa especializada en la última milla que quiera ahorrar costos y reducir sus niveles de contaminación.

De hecho, la mayoría de estas compañías grandes tienen proyectos de esta índole; Ups también tiene un proyecto de drones y FedEx ha desarrollado un robot de entrega totalmente autónomo llamado SameDay Bot, que por cierto recuerda un poco al robot Scout, también de Amazon.

SameDay Bot es un chisme curioso y de aspecto gracioso que parece algún tipo de vehículo autónomo lunar. El robot circula incansable por las calles, es eléctrico, pequeño y capaz de moverse a través de los obstáculos e impedimentos típicos de una ciudad (como el borde de la acera o cualquier escalón). Su velocidad de 16 km/h es ideal para los espacios urbanos y para llevar paquetes de envíos urgentes de hoy para hoy.

Los retos de la conducción autónoma son inmensos y están muy ligados a la inteligencia artificial (luego veremos esto con más detalle). Tesla, de hecho, es una de las grandes investigadoras en IA, hasta el punto de estar ya desarrollando un robot antropomorfo llamado Optimus, capaz de realizar un amplio abanico de tareas: desde trabajar en una mina de cobalto hasta ir al súper a por la compra y… sí, también realizar entregas de paquetes durante la última milla.

Más allá de la robótica, la inteligencia artificial para optimizar rutas y la cadena de bloques para garantizar trazabilidad, seguridad, confianza y transparencia a lo largo del proceso (también de la última milla), ¿qué más podemos hacer al respecto?

Dejando de lado la mera innovación tecnológica, no debemos olvidar el gran potencial que los nuevos modelos de negocio pueden tener. Quizá no necesitamos una nueva tecnología, sino simplemente ofrecerla de una forma distinta o explotarla de una forma innovadora. Tal vez, únicamente necesitemos ver las cosas desde un punto de vista diferente.

Los microalmacenes son un buen ejemplo de ello. Pueden ser tan variados como podamos imaginar; desde tiendas que permiten que una parte de sus instalaciones sirvan como almacenes hasta gente registrada en empresas para recibir paquetes de otras personas cuando estas no están en casa (luego, el destinatario lo recoge en casa del receptor temporal). Incluso taquillas, como las del gimnasio de toda la vida. ¿Por qué no poner taquillas algo más sofisticadas en las ciudades para recibir allí los paquetes?

Haberlas las hay. En España hay varias empresas (como Amazon o Correos) que ofrecen este sistema de recogida. Personalmente, conozco emprendedores que están comenzando a llenar las calles de armaritos con multitud de ventajas si se comparan con las de Amazon y Correos (como, por ejemplo, poder dejar cargando el teléfono).

Si se me pregunta a mí, diré que las calles deberían estar llenas de este tipo de estructuras. Y no solo para recibir paquetes, sino para poder guardar cosas mientras estoy, por ejemplo, paseando por el centro. ¿Soy el único al que le molesta ir cargando una chaqueta que parecía que sí pero que al final no necesito porque ha salido el sol o las bolsas de las compras que haya realizado?

Desde luego, la ubicación de este tipo de almacenes debe estudiarse muy bien. La inteligencia artificial y el análisis de datos ya ofrecen numerosas herramientas en el mercado especializadas en dar a conocer la ubicación ideal para abrir cualquier tipo de negocio en cualquier punto de la ciudad. Y lo hace considerando un buen puñado de variables: tránsito de personas, poder adquisitivo del vecindario, establecimientos cercanos, necesidades no resueltas detectadas y un largo etcétera de otras cuestiones.

Cada vez existen más herramientas, aplicaciones y plataformas de entrega. Hay plataformas digitales, como la que he citado de las personas que reciben paquetes en sus casas cuando los destinatarios legítimos no están en ellas, del tipo *economía colaborativa*. Estas plataformas facilitan enormemente la labor de repartición, la hacen más flexible y capilar y, además, ayudan a gestionar las expectativas de quienes están esperando recibir un paquete. Y no solo eso. Este tipo de infraestructuras fomenta una cuestión clave que parecería, a primera vista, que la tecnología pone en peligro: la sensación de comunidad. Porque la eficiencia no tiene por qué estar reñida con la cohesión social.

Además, seamos francos: a nadie le gusta pasarse el día en casa por miedo a que justo al salir llegue el reparto. Es tedioso y engorroso, pero todavía lo es más el hecho de tener que ir a recoger el producto en Dios sabe qué lugar.

Esta realidad es palpable y conocida por todo el mundo y, sin embargo, muchas empresas de reparto no tienen un sistema que permita conocer en tiempo real el horario estimado de llegada. Esto, hoy en día, se me antoja inadmisible. Y no digo que sea inadmisible porque a mí me lo parezca; digo que es inadmisible porque si la competencia lo ofrece, también estas empresas deberían hacerlo si quieren sobrevivir.

Todo esto ya existe: solo debería integrarse en los procesos para ser más eficientes y tomar mejores decisiones. Una buena gestión de la última milla no solo es atractiva desde un punto de vista de gestión interna de la empresa: también lo es para dar a nuestros clientes un servicio de calidad acorde a sus expectativas.

Devoluciones y productos no entregables

Conozco gente, y no poca, que cuando compra en Amazon y duda acerca de qué producto elegir entre la inmensa y no siempre confiable variedad que existe, opta por adquirir muchos productos, probarlos, decidirse por uno y devolver el resto.

Es un caso extremo, pero he llegado a ver esto adquiriendo dieciséis variedades del mismo producto de una sola compra con la intención de acabar devolviendo quince.

El manejo de las devoluciones y de productos no entregables es un reto importante en la cadena de suministro, vinculado especialmente a la última milla, de la que acabamos de hablar. Merman la eficiencia de los procesos y de las operaciones y aumentan los costos… pero ofrecer la opción de devolución en las compras por internet es ya casi una obligación. Tiene sentido, porque nos encontramos en un escenario en el que se compra algo que no se ha podido ver físicamente y el desengaño puede ser importante.

Es conocido, y hay muchos estudios al respecto, que vender por internet sin garantía de devolución merma la confianza de los consumidores y reduce drásticamente su satisfacción. Si compran, no les gusta lo que reciben y no pueden devolverlo, está claro: no volverán a esa tienda *online* nunca más.

Los problemas de las devoluciones son muy parecidos a los de la última milla, pero con una complejidad logística añadida; si no es lo suficientemente complicado gestionar el envío de tantos paquetes al día puerta por puerta, añádele el tenerlos que recoger y realizar el procedimiento inverso (de las casas o puntos de recogida hasta las instalaciones). Por supuesto es un problema resoluble, pero hay que agregar mayores recursos, planificación, capacidad de carga y personal.

Por no hablar del hecho de que un producto devuelto debe ser reintroducido en el circuito del inventario. Seguramente se habrá abierto mal la caja, estropeado su vinilo al retirar la cinta adhesiva, abierto la funda de plástico protectora rompiéndola… y un producto en estas condiciones no puede ser entregado a otra tienda.

Sería inaudito, aunque a veces sucede que recibes un paquete de alguna tienda *online* y tienes la extraña sensación de que ya ha pasado por otras manos que no eran las tuyas. Esto es algo que genera cierta incomodidad y desconfianza porque hace que uno dude acerca de los motivos por los que alguien quiso devolver el producto: ¿tiene defectos?, ¿está roto?, ¿su calidad es pésima? ¿O, simplemente, por qué no cumplía con alguna condición específica que otra persona sí valoró?

Además, no nos engañemos: queda muy cutre recibir un paquete en casa y que sea evidente que no solo ha sido manoseado por otra persona, sino que la empresa ni siquiera se ha tomado la molestia de disimularlo.

Las empresas tratan de evitar este tipo de debates internos cuando sus clientes compran productos, así que deben cerciorarse de que un producto abierto y devuelto vuelve al circuito sin que nadie pudiese deducir de forma alguna los viajecitos de ida y vuelta que se haya podido marcar.

La movilidad está cambiando

No es una forma de hablar. Es cierto que todo está cambiando, pero lo que se está cociendo en el terreno de la movilidad no tiene nada que ver con lo que hemos estado viviendo hasta ahora.

Cambios muy profundos están gestándose en el seno de las grandes empresas automovilísticas del mundo, motivadas más por los cambios en la sociedad que por sus propios intereses empresariales, y esto es ya una prueba de que algo está funcionando de forma distinta.

En el pasado, una compañía fabricante de coches innovaba con el motor, la seguridad y las líneas de sus automóviles. Pero ahora, a todo esto, se le suma la digitalización, la movilidad autónoma, la movilidad eléctrica o nuevas maneras de adquirir un vehículo. Las marcas, incluso, se están viendo hasta cierto punto forzadas a cambiar su propio modelo de negocio, algo que ya han visto que es más una oportunidad que una perdición. Eventualmente, más pronto que tarde, el *hardware,* el hierro, será lo de menos, dando paso a la edad de oro del *software* en los vehículos.

Las empresas de logística deben prepararse para el nuevo escenario al que nos dirigimos. No valen medias tintas. Los progresos tecnológicos que se están dando en el sector pueden representar un salto cualitativo tan grande que cualquier competidor a la vanguardia estará en una posición tremendamente ventajosa respecto al resto de las empresas del sector.

Vamos a poner algunos ejemplos, comenzando por Uber, que, aunque no es una empresa de logística (o no lo era en sus inicios, hasta que comenzó a hacer entregas a domicilio con Uber Eats o transporte de mercancías con Uber Freight), si de algo sí sabe es de movilidad y de los cambios que se avecinan.

El modelo de negocio principal de Uber es fácil de entender: flotas de vehículos que actúan como taxis. ¿Es Uber una amenaza para los taxis? Desde luego, y más viendo cómo se toman los profesionales del taxi la irrupción de los VTC. Pero, en cualquier caso, ¿es Uber una empresa de transporte y de taxis? No.

Uber es una empresa tecnológica. Y lo es por varias razones: emplea una plataforma de intermediación que permite conectar conductores disponibles con usuarios que necesitan ir de un sitio a otro.

No tiene coches, aunque bajo el paraguas de Uber se cobija una de las mayores flotas del mundo y, a diferencia de los taxis en la gran mayoría de ciudades, Uber emplea la tecnología para mejorar su negocio. Usa todo tipo de algoritmos que definen dinámicamente los precios (en función de la distancia a recorrer, el número de conductores disponibles, la demanda del momento…), que emparejan conductores con usuarios en función de varios criterios y que ofrecen el costo del trayecto antes incluso de que se contrate el servicio. Y, como es evidente, gana dinero cobrando una comisión por cada viaje realizado a través de su plataforma. Y, evidentemente, dicha comisión también varía en función de varios aspectos.

Pero a mí me gusta ver a Uber como una empresa tecnológica, por encima de todo, por sus inversiones en el vehículo autónomo. Ha invertido cientos de millones en I+D+i, y aunque terminó vendiendo su división dedicada al desarrollo de vehículos autónomos por razones financieras y de rentabilidad (Uber Advanced Technologies Group, o ATC), su apuesta sigue firme. Tan firme, como que en 2017 anunció la compra de 24.000 coches a Volvo para crear su flota de vehículos autónomos.

Uber sabe que su principal gasto son los conductores; solo les cobra un 20-30 % de comisión por cada trayecto (el resto es para el conductor), y Uber tiene problemas de rentabilidad que le han acumulado una deuda de varios miles de millones de dólares.

Pero si no necesitase conductores, Uber sería una fábrica de hacer dinero. Lo saben, saben también cuáles son sus prioridades y, por encima de todo, saben que la tecnología es la mejor forma de alcanzarlas.

Uber es solo un ejemplo de tantos otros. Los años venideros serán años de una gran incertidumbre en muchos sectores. Quienes conducen taxis, camiones, furgonetas de reparto, autobuses y autocares, motocicletas de reparto y, desde luego, los Uber tienen, profesionalmente hablando en sus respectivos sectores, los años contados si se sigue con el ritmo de desarrollo tecnológico actual.

Mercedes, en diciembre de 2022, pasó por delante a Tesla en el desarrollo del vehículo autónomo, siendo la primera marca en conseguir un nivel 4 de conducción autónoma. Y como veremos a continuación, esto no es poco. Lo sorprendente es que comenzó a invertir en este tipo de tecnologías durante los años dos mil, y en 2013 presentó un vehículo con funciones semiautónomas. Dicho paquete de asistencia, llamado Intelligent Drive, es capaz de mantener el vehículo dentro del carril y cuenta con ajustes automáticos de velocidad. Claro está, hoy casi todas las marcas tienen este tipo de tecnología integrada en sus nuevos modelos. Todo el sector está avanzando hacia esta dirección.

Obviamente, conseguir el nivel 4 no ha sido una tarea solitaria; Mercedes se ha apoyado en multitud de proveedores y de grandes tecnológicas; una prueba más de que, en la colaboración, reside el auténtico poder.

Pero ¿qué significa un nivel 4 de conducción autónoma? Un nombre más comercial y comprensible es *alta automatización de la conducción*. En esencia, significa que el coche, en entornos «controlados», puede ir completamente solo sin que ningún conductor deba actuar ni siquiera ante imprevistos tales como niños cruzando la calle sin mirar corriendo detrás de una pelota.

El último nivel, el 5, permite que un coche circule de manera autónoma en cualquier lugar del mundo sin que tenga que haber un conductor dentro.

Este es el objetivo de Uber y de tantas otras empresas: desarrollar sistemas de visionado y modelos de inteligencia artificial capaces de alcanzar este hito. Y ahí tenemos incluso a Google metiendo dinero.

Si bien los costos de personal de una empresa de transporte y logística varían enormemente según la estructura de la empresa, su ubicación geográfica, la gestión o la escala de sus operaciones, estos suelen ser uno de los gastos más importantes. No obstante, pueden representar entre el 30 % y el 50 % de los costos operativos de estas empresas, lo cual hace incluso más atractiva la idea de renovar la flota de vehículos por otra de vehículos autónomos.

Si bien es cierto que el papel de la profesión de transportista no se limita al de conducir, a medida que el vehículo autónomo se vaya asentando y estandarizando se desarrollarán todo tipo de soluciones para solventar problemas que puedan ir surgiendo. Por ejemplo, si el camión va solo y no hay conductor en su interior, ¿quién presentará la documentación necesaria si nadie abre la ventanilla y entrega los papeles?

En este sentido, la tecnología para poder realizar todos estos trámites con plenas garantías ya existe y, de hecho, la hemos visto en este libro muchas veces. Ante la necesidad de ofrecer transparencia, trazabilidad y seguridad absoluta, nada mejor que la *blockchain;* bastará con introducir qué carga lleva cada vehículo en la cadena de bloques, las rutas previstas, los camiones que participarán, etc. Así, cada vez que el camión vaya de un sitio a otro se realizarán lecturas (como cuando se paga autopista con un sistema de telepeaje) que irán actualizando la información acerca del vehículo y el estado de sus servicios.

Habrá que desarrollar y distribuir este tipo de máquinas, así como robots para llenar y vaciar los transportes. Ya existen prototipos plenamente funcionales de robots capaces de vaciar un camión igual o más eficientemente que un ser humano. Y sus precios son muy dispares, pero si nos fijamos en el robot Optimus de Tesla, presentado en el Tesla AI Day 2022, la máquina tendrá un precio inferior a los 20.000 dólares. En otras palabras: con el costo de empresa de un solo trabajador se podrían comprar varios de estos robots.

Por otro lado, hay empresas que están desarrollando soluciones de vehículo autónomo que no requieren un vehículo nuevo y costoso; se trata de módulos (tanto de *hardware* como de *software)* que hacen posible que el automóvil vea lo que sucede a su alrededor y actúe de forma independiente; desde asistencia a la conducción hasta plena autonomía conduciendo.

El vehículo autónomo, o los múltiples sistemas de asistencia a la conducción en su defecto, también tienen otra ventaja. Según datos de la Dirección General de Tráfico en España (DGT), en vías interurbanas los camiones están involucrados (aproximadamente) en un 8 % de los accidentes con víctimas, y las furgonetas en un 12 %. En vías urbanas, por otro lado, los camiones representan el 3 % de los accidentes con víctimas y las furgonetas el 10 %.

Evidentemente los datos varían cada año, pero sin grandes cambios. Sea como sea, y dejando a un lado el drama que conlleva un accidente con víctimas, que un vehículo de transporte o de reparto sufra un accidente puede tener graves consecuencias, como retrasos imperdonables en las entregas o pérdidas de la carga, entre otras.

Si bien es cierto que hay entidades especializadas en asegurar los vehículos de transporte y sus cargas, no es menos cierto tampoco que en cualquier caso estos accidentes constituyen un problema para todo el mundo, comenzando por la propia empresa de transporte.

Cuánto más margen dejemos para que la tecnología tome las riendas de los volantes y de los pedales, menos margen para el error humano dejaremos. En lo personal me encanta conducir; es una sensación que me transmite mucha tranquilidad, especialmente cuando hago largas rutas de noche y hay poco tráfico. Pero, por más que me guste, sé que esta sensación de libertad que asocio con el hecho de tener un volante entre las manos terminará tarde o temprano: nunca podré ser más eficiente, rápido de reflejos o anticiparme a cosas que ni siquiera son evidentes mejor que una máquina.

Ni yo ni ningún ser humano. Es una mera cuestión de tiempo.

Cuando la tecnología esté lo suficientemente madura, habrá un período de tiempo (años) de adaptación, fundamentalmente retrasado por culpa de la indómita y exasperante agilidad de la administración pública y de los gobiernos para regular cualquier cosa ligada a la tecnología. Lo más probable es que en cuanto salga una novedosa y avanzada legislación al respecto, esta quede obsoleta al poco tiempo.

Y, luego, y esto es una opinión personal, terminarán por ilegalizar que los seres humanos conduzcamos un vehículo en beneficio de la seguridad vial (a menos que la recaptación que consiguen los estados gracias a las multas de tráfico les haga reconsiderar este planteamiento). Pero, hasta que esto llegue, cada empresa podrá adaptarse a las innovaciones tecnológicas al ritmo que considere más oportuno, lo que generará diferencias entre competidores que hasta entonces se miraban como iguales.

El vehículo autónomo tiene otra importante ventaja, aunque es algo que tardaremos más en ver debido a que es necesario que no haya humanos conduciendo: no habrá apenas atascos.

Existe una rama de las matemáticas conocida como *teoría de colas*. Es una disciplina en sí misma que estudia los procesos en los que hay que esperar para asignar unos recursos limitados. Y sus aplicaciones se utilizan en la logística y el transporte, la ingeniería industrial o la informática.

Y no hay dudas al respecto. Al comunicarse entre ellos, los vehículos autónomos son mucho más eficientes conduciendo que los humanos (arrancando y frenando casi simultáneamente, por ejemplo), haciendo que el flujo vehicular aumente drásticamente. No habrá errores humanos, ni fatiga, ni distracciones ni tampoco la variabilidad en los estilos de conducción humanos. Siendo todo más predecible y uniforme, el cálculo de las rutas será también más preciso logrando, a su vez, un menor uso de la infraestructura urbana e interurbana.

Por otro lado, están las emisiones de gases de efecto invernadero asociadas al transporte. Según la Agencia Europea de Medio Ambiente, en Europa en 2022 los camiones pesados fueron los responsables del 27,1 % de las emisiones de CO_2 provenientes del transporte, y los camiones ligeros representaron el 11 %. No es que haya muchos camiones pesados y ligeros: es que están todo el día circulando.

Más adelante dedicaremos un apartado entero a las emisiones de CO_2, así que no ahondaremos más aquí. Sin embargo, están también los costos del combustible, cuyo importe total se vería drásticamente reducido si las empresas de transporte que emplean furgonetas eléctricas las cargasen con paneles solares. ¡Por no hablar del ahorro en los costos de mantenimiento de los vehículos!

Por supuesto, es necesaria una inversión inicial que se tarda años en compensar. Un ejemplo de ello es FlixBus, una empresa alemana de autobuses interurbanos que comenzó a hacer rutas eléctricas de larga distancia en 2018 en el centro de Europa. Desde entonces, las ha ampliado en distintos puntos de Europa y Estados Unidos.

El impacto en sus costos ha sido mixto a pesar del evidente ahorro en combustible. FlixBus tuvo que afrontar importantes inversiones renovando su flota e infraestructura de carga en sus instalaciones. Sin embargo, sus vehículos eléctricos tienen costos operativos más bajos y un mantenimiento muy inferior.

Pero hay más: FlixBus ha sabido aprovechar el momento y ha visto que el cambio climático y la transición energética pueden ser una muy buena oportunidad tanto para ahorrar como para mejorar su imagen de marca. Ha sabido alinearse con los valores de la sostenibilidad y sacar una ventaja extra del hecho de haber reducido su huella de carbono con un buen *marketing*. Y, a medio y largo plazo, rentabilizar esta inversión.

Hay tantas tecnologías involucradas o que tienen potencial para involucrarse en el transporte y la logística que podrían escribirse varios libros acerca de ello.

Una empresa de logística puede sacar un gran rendimiento, por ejemplo, de los gemelos digitales en multitud de aspectos cotidianos. En primer lugar, deberían conectar los vehículos de sus flotas con tecnologías de IoT. Dicha digitalización le proporcionaría datos relativos a la ubicación, estado del vehículo, averías, la carga que transporta y demás datos relevantes.

Aunando estos datos con datos en tiempo real del estado de las carreteras, junto con una buena base de datos histórica de envíos, cargas y demás información que la empresa vaya almacenando, se pueden simular todo tipo de escenarios de entrega distintos considerando todo tipo de eventualidades (como cambios de ruta, horarios, la congestión de tráfico, etc.).

Las condiciones climáticas pueden también tenerse en cuenta en este análisis. Hemos comentado un ejemplo parecido cuando hablábamos de la IA, y es que lo mejor que podemos hacer es disponer de gemelos digitales y de inteligencias artificiales bien entrenadas para abordar todo tipo de circunstancias y problemas y encontrar la mejor forma de resolverlos.

Mediante los gemelos digitales podemos simular las rutas que menos combustible consuman sin que sea necesario realizar trayectos reales para poderlo determinar.

En lo relativo a la logística y la gestión de almacenes, por otro lado, los gemelos digitales han hecho ya grandes aportaciones. Desde DHL en colaboración con la tecnológica Cisco hasta Maersk con IBM; en ambos casos se desarrollaron gemelos digitales para mejorar sus operaciones de transporte y cadena de suministro. En el caso de Maersk, incluso, se incorporó la tecnología de cadena de bloques para crear un gemelo digital de la cadena de suministro capaz de compartir información con sus colaboradores en tiempo real.

La sostenibilidad

Vaya por delante que no pretendo ser alarmista, pero hay una cosa que está clara: nos estamos cargando el planeta. Y llegados a este punto, ser sostenibles no es una opción: es un deber. Creo firmemente que las empresas deben aportar todo lo que esté en sus manos para contribuir a la protección del medio ambiente. Y si no lo hacen por una cuestión de conciencia ambiental, ruego consideren otro punto de vista: si nos cargamos el medio ambiente no habrá nadie que pueda contratar sus servicios o comprar sus productos. Puro pragmatismo.

La ansiedad climática es algo que personalmente estoy sufriendo desde hace algún tiempo, coincidiendo (y no es casualidad) con mi creciente interés en la materia: cuanto más leo acerca del tema, más me asusto, y me aterra pensar en todo lo que todavía ignoro al respecto.

En este apartado, ahondaremos en la necesidad de llevar a cabo una actividad empresarial sostenible, que toque dos pájaros de un tiro. En primer lugar, que ponga su granito de arena para que el mundo sea un lugar un poco más habitable. En segundo lugar, para optimizar procesos y materiales en cualquier sector y, por ende, aumentar las ganancias de nuestras empresas.

El cambio climático

Siempre hay y habrá negacionistas, pero creo que una gran mayoría de la población, por suerte, ya hace tiempo que se ha dado cuenta. El cambio climático es una verdadera crisis. Y lamentablemente, cada año superamos algún que otro récord; máximas temperaturas nunca registradas aquí, deshielos masivos por allí, tormentas inauditas por más allá. Cada año alcanzamos nuevos hitos, y parece que no hay fin para este proceso aparentemente implacable. En los últimos veintidós años, veinte han tenido récords de temperaturas.

La ciencia sabe desde hace décadas que el cambio climático está estrechamente ligado con las emisiones de gases de efecto invernadero, principalmente CO_2, el maldito dióxido de carbono, que la actividad humana provoca. Somos realmente buenos en esto de calentar un planeta.

Es algo que sabemos, y conocemos muy bien cuál es el final de este camino. Y, sin embargo, las emisiones de CO_2 no dejan de aumentar año tras año ininterrumpidamente. Pasamos de emitir en el 2000 casi 25.000 millones de toneladas de CO_2 a 37.000 millones en 2019, antes del coronavirus, lo que supone un aumento del 50 % en menos de veinte años. Esto es algo muy difícil de combatir en tanto que cada vez hay más gente en el mundo y cada vez hay más personas capaces de comprar más cosas; a más riqueza –que, aunque esté mal repartida, nos ha llevado a las cifras de pobreza global más bajas– y más población mundial, más CO_2 emitido.

No obstante, cuando se habla de gases de efecto invernadero hablamos de *gases,* no de *gas;* si sumamos otros gases como el metano (CH_4), el óxido nitroso (N_2O) o los gases fluorados, la suma total es de 51.000 millones de toneladas emitidas cada año. No está nada mal.

Hay muchos impedimentos para reducir estas cifras. El crecimiento económico está ligado al aumento en las emisiones, y ningún país está dispuesto a renunciar al crecimiento con tal de frenarlas. Y lo peor es que no se ha alcanzado el pico y que estas emisiones seguirán aumentando durante años. Es triste porque lo sabemos y seguimos conduciendo un automóvil, acelerándolo cada vez más, que se dirige hacia un acantilado.

La gran pregunta es si estaremos a tiempo de frenar antes de caer.

Es complicado. Para empezar, parece que ningún país está dispuesto a asumir su responsabilidad. Si observamos las emisiones de CO_2, el 53 % proviene de Asia, el 18 % de América del Norte, el 17 % de Europa, el 8 % de África,

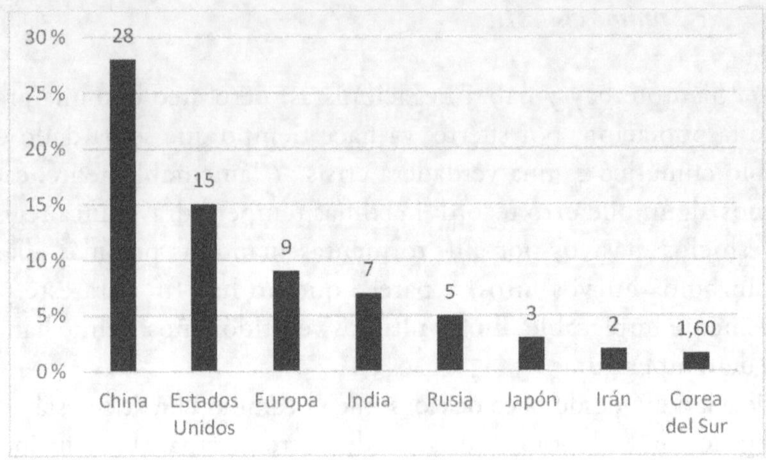

Figura 6. Porcentaje de emisiones de CO_2 sobre el total global.

América Latina y Oceanía y el restante 4 % de «vehículos internacionales» como aviones o barcos (figura 6).

Solo China, Estados Unidos y Europa emiten el 52 % de las emisiones totales globales, y si añadimos India, Rusia, Japón Irán y Corea del Sur, ese *top* 8 suma más del 70 %.

Pero detengámonos un momento en China. ¡Casi el 30 % de las emisiones globales! ¿A qué se debe esto? Hay varias razones, claro está. Ser el segundo país más poblado del mundo por detrás de la India, con más de 1.400 millones de habitantes, qué duda cabe, ayuda. Pero es que China, además, ha experimentado un crecimiento económico sin precedentes en las últimas décadas, y esto es, por así decirlo, un arma de doble filo. Su crecimiento se ha realizado gracias a la actividad económica (industria, construcción, etc., no exenta de emisiones) y, además, ha permitido sacar de la pobreza a millones de personas que, al aumentar su poder adquisitivo, han aumentado su consumo y, por tanto, su huella de carbono.

La relación entre riqueza y emisiones es incuestionable: la mitad más rica del mundo (4.000 millones de personas) genera más del 85 % de las emisiones globales, y el 1 % más rico del mundo emite más del doble de toneladas de CO_2 que el resto de la población, según un informe de 2020 de Oxfam y el Stockholm Environment Institute.

Pero volvamos a China. Su industrialización, por otro lado, es absolutamente apabullante. Es el mayor productor mundial de cemento (60 % de la producción global), acero (57 %), aluminio (50 %), carbón, industria química como fertilizantes, plásticos y todo tipo de productos petroquímicos, textil e industria electrónica, solo por citar algunos ejemplos tan demandados como altamente contaminantes.

Hay que destacar y reconocer, no obstante, las ingentes cantidades invertidas en todo tipo de energías renovables por parte de China. Posee un admirable palmarés a sus espaldas a golpe de talonario que no debe desmerecerse en absoluto. Si bien su dependencia del carbón es todavía demasiado alta (representando el 63 % de toda la energía que genera), no es menos cierto que está haciendo grandes avances para cambiar esta realidad.

Posee la mayor producción de energía hidroeléctrica del mundo, con verdaderas obras de ingeniería colosales como la presa de las Tres Gargantas en el río Yangtsé; la mayor producción de energía eólica del mundo; la mayor producción de energía solar del mundo; es la mayor productora de paneles solares del mundo; la mayor inversora en energías renovables del mundo y la mayor compradora de vehículos eléctricos del mundo.

Y, a pesar de todo ello, China genera el 28 % de las emisiones globales de CO_2. Entendido. Pero, llegados a este punto, ¿es justo culpar al gigante asiático del cambio climático?

Depende de quién lance la crítica, pero desde luego si la hace un estadounidense o un europeo, no está especialmente legitimado para criticar nada. Y es que tanto Europa como Estados Unidos desarrollaron durante 150 años una industrialización que no tuvo ningún reparo en emitir cuántos gases fuesen necesarios sin ningún pudor. Luego, por suerte, la ciencia sensibilizó acerca de los riesgos de esta irresponsabilidad a la par que se trasladaba la industria a los países en vías de desarrollo a medida que Occidente pasaba a priorizar una economía basada en los servicios.

Y ahora que los países en vías de desarrollo están industrializándose y tratando de crecer económicamente para salir de la pobreza, Occidente está criticando exactamente lo mismo que hizo en su momento; crecer de la única forma que la humanidad ha sabido hacer hasta ahora: contaminando.

Si nos detenemos en las emisiones históricas en la figura 7, Estados Unidos lidera el *ranking* con el 26 % (y 400.000 millones de toneladas de CO_2 emitidas); luego tenemos la Unión Europea (23 %) y es en la tercera posición que está China (13 %).

Un análisis más pormenorizado de los datos de la Unión Europea demuestra que, si bien muchos de los países integrantes representan muy poco en las cifras

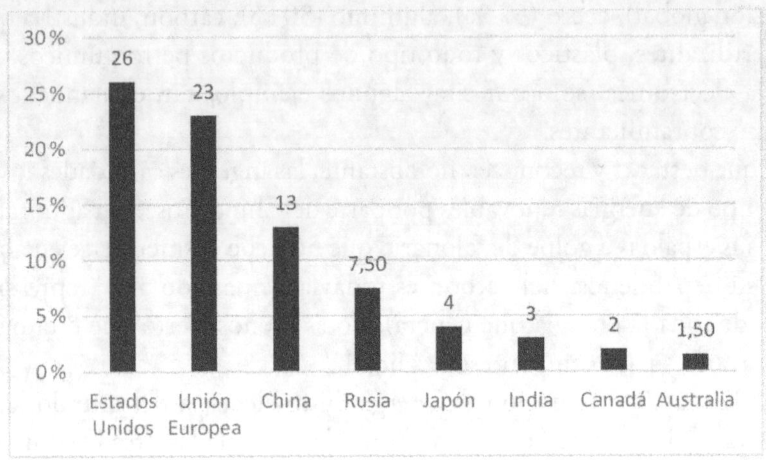

Figura 7. Porcentaje del total de emisiones de CO_2 históricas sobre el global.

de emisiones totales, su contribución a las emisiones de CO_2 a lo largo de la historia es más que destacable. Alemania, por ejemplo, tiene una contribución muy menor actualmente, pero sus emisiones históricas superan a las de África y América Latina, enteras y juntas.

Atribuir responsabilidades en el debate del cambio climático no es algo que debamos hacer a la ligera. Los países en desarrollo están haciendo exactamente lo mismo que han hecho los países que se industrializaron en el pasado, e incluso en la actualidad China es la que está haciendo los mayores esfuerzos por cambiar su papel en el panorama climático.

Llegados a este punto podríamos maldecir a China por el hecho de querer desarrollarse como lo han hecho Europa y Estados Unidos, pero estaríamos siendo injustos por una razón más: China tiene casi el doble de habitantes que la Unión Europea y Estados Unidos juntos, y más población significa, por regla general, más emisiones.

Es interesante fijarse, entonces, en las emisiones globales per cápita (figura 8), con un panorama muy distinto. El promedio mundial es de unas cinco toneladas de CO_2 emitidas por persona al año, pero como sucede con toda estadística, quedarnos solo con la media puede ofrecer una imagen irreal de lo que está pasando en el mundo realmente.

Por debajo del *top* 8 de las emisiones per cápita, si volvemos la vista a China, tiene el 18,5 % de la población mundial y sus emisiones representan el 27 %, con un promedio de 7,5 toneladas de CO_2 anuales per cápita; muy por debajo

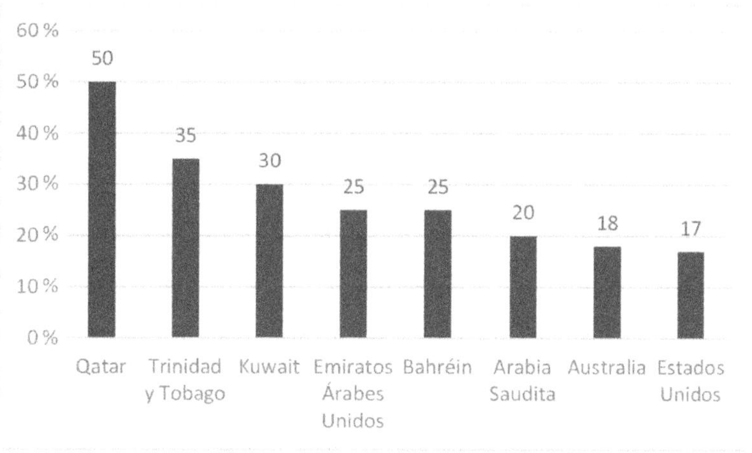

Figura 8. *Ranking* con los ocho países con más emisiones de CO_2 per cápita (en porcentaje).

de Estados Unidos y más o menos igualado con la Unión Europea. Por su parte, América Latina y el Caribe, en conjunto, son el 8,4 % de la población mundial y, según el Banco Mundial, sus emisiones anuales representan el 8,3 % del global.

Cabe destacar, además, que China es la fábrica del mundo, de tal forma que, aunque las emisiones generadas se le atribuyan a ese país, una parte de ellas se genera, precisamente, para satisfacer demandas o necesidades del mundo entero. No importa si miramos iPhones, triciclos cutres de plástico inyectado o falsificaciones de casi cualquier producto imaginable; sea una baratija o un producto de lujo, el 33 % de los que se produce en China está destinado a la exportación a Estados Unidos (17 %) y la Unión Europa (16 %).

Entonces, ¿quién es el responsable de la crisis climática?

Es difícil dar una respuesta a esta pregunta. Alguien diría, quizá con razón, que la culpa es de Estados Unidos y Europa. Pero las cosas no son tan simples. Nadie quiere renunciar al progreso y a las comodidades de la vida moderna, aunque, seguro, todos estaríamos encantados de ahorrarnos los problemas que nos ha generado, como la ansiedad, la depresión o Facebook.

No obstante, si cambiamos la pregunta por «quién sufrirá más las consecuencias», la respuesta está bastante clara: los mismos que han aportado menos toneladas de CO_2 en el mundo. Los países situados cerca del ecuador. Y esto es así por los problemas climáticos generados, la incapacidad para gestionar las catástrofes que surgirán, los refugiados climáticos que se movilizarán por millones y por problemas gravísimos y cronificados de acceso a recursos alimentarios básicos.

¿Entonces?

Personalmente, pienso que los países que más han contaminado durante la historia y que siguen contaminando a día de hoy, tienen una deuda insaldable con aquellas zonas que están en riesgo por el cambio climático. Su industrialización temeraria, sin atender a las consecuencias ambientales, la están pagando regiones geográficas que no merecen esos impactos porque no han hecho nada al respecto. Por ello, países como Estados Unidos, Europa o China, tienen la obligación moral de priorizar la investigación y su desarrollo tecnológico hacia la innovación en materia energética y en todas las áreas posibles para reducir el daño global hecho.

Y estas tecnologías deben ser transferidas a todo el mundo para que los países en vías de desarrollo tengan la oportunidad de aumentar su calidad de vida sin repetir los errores cometidos por Occidente.

Hay que democratizar la energía sostenible y las buenas prácticas (como las ayudas para los vehículos eléctricos o los sellos de eficiencia energética en los electrodomésticos), y hay que hacerlo cuanto antes.

Así pues, como decíamos, estamos acelerando en un automóvil que se dirige hacia un abismo.

¿Habrá tiempo para frenar? Tal vez. En las últimas décadas, la conciencia social y ambiental está ejerciendo una creciente presión en las empresas, lo que con suerte derivará eventualmente en más acciones que palabras. Esta presión ha conseguido que la sostenibilidad pase de ser percibida como algo de gente excéntrica y catastrofista a ser uno de los valores más defendidos por la mayoría de las empresas del mundo.

Pero, exactamente, ¿qué es la sostenibilidad? A grandes rasgos, ser sostenibles consiste en poder satisfacer las necesidades del hoy sin imposibilitar que las generaciones futuras puedan llegar a satisfacer las suyas. Lo que comúnmente se conoce como «no hipotecar las vidas de las próximas generaciones».

Pero, francamente, ser sostenibles hoy en día no es tan fácil. Hemos desarrollado un modelo de crecimiento y de desarrollo que, paradójicamente, hace que cuanto mejor estemos nosotros, peor estará la biosfera y la Tierra en general. Todo lo que hacemos, incluso producir comida, contamina. Podemos criticar las emisiones de los aviones (1,9 % del total global), pero quizá deberíamos plantearnos las emisiones que conlleva el cultivo de arroz (1,3 % del total global). En un caso estamos produciendo comida y en el otro no, es verdad, pero para el cambio climático la finalidad de las emisiones es irrelevante. Son emisiones y punto.

Lo que debemos conseguir no es «contaminar menos». Los objetivos modestos ya no nos sirven. Vamos demasiado tarde para esto. Estamos en la recta final del curso y tenemos una nota media tan lamentable que aprobar con un 5 no nos salvará la asignatura: debemos ir a por nota, y no podemos bajar del 10. Esto, en términos medioambientales, significa conseguir unas emisiones netas = 0. Y con emisiones *netas* quiero decir que la suma de las emisiones que generemos (porque es imposible no generarlas) y emisiones que capturamos a través de la tecnología sea = 0.

Porque, en efecto, podemos extraer CO_2 de la atmósfera. De hecho, para ir bien, lo suyo sería que las emisiones netas fuesen negativas; si podemos comenzar a sacar más CO_2 del que hemos generado a lo largo de la historia, mejor.

La sostenibilidad es una pieza importante si queremos salir del embrollo del cambio climático; personalmente no me gusta el verano y soy mucho más de invierno, así que la idea de que el mundo se vaya calentando no me gusta ni desde un punto de vista ecologista ni desde un punto de vista personal. Y hay que tener conciencia de que de nada sirve ser sostenibles si solo lo somos en ciertos aspectos.

Podemos renunciar a los automóviles de combustión y pasarnos al eléctrico, pero si las fuentes de energía que alimentan las baterías no son sostenibles no estamos siendo sostenibles: ¡es una contradicción! Y, como digo, la sostenibilidad debe ser global y afectar a todas las áreas; de nada sirve hacer vehículos eléctricos si seguimos haciendo carreteras como hasta ahora. Porque, para dar un dato, fabricar un automóvil contamina lo mismo que pavimentar solamente dos metros de asfalto.

Debemos cambiar la forma de hacer prácticamente todo lo que, como sociedad, como civilización, hacemos. Desde comer hasta movernos, desde fabricar hasta relacionarnos. Si la producción mundial de carne «convencional» (para distinguirla de la impresa en 3D) representa el 57 % de las emisiones totales generadas, pero solo entrega el 18 % de las calorías disponibles, quizá deberíamos plantearnos hacer algo al respecto.

Y ojo, no querría confundiros: soy de los que le ponen delante un entrecot a la piedra muy poco hecho y pierde los papeles encima de la mesa. Me vuelve loco la carne, pero comemos demasiada y producirla contamina excesivamente, así que, o bien aceleramos y aumentamos la producción de carne artificial (lo cual, personalmente, me hará muy feliz) o bien deberíamos irnos mentalizando de las consecuencias de nuestras decisiones.

Esto son solo pequeños ejemplos para ilustrar cuán titánica puede resultar la tarea de reducir las emisiones de gases de efecto invernadero. Es un reto inmenso que, solo de pensarlo, puede dar una pereza infinita porque nos obliga a salir de nuestra zona de confort para pensar y desarrollar soluciones alternativas para cosas que, *a priori,* diríamos que están bien. La realidad, no obstante, es que no lo están en absoluto.

Hacer este cambio es imperativo, pues la única alternativa viable es afrontar la existencia en un planeta con un clima caótico, desconocido e imprevisible para nosotros. Creo que no todos somos conscientes de lo que significaría realmente esto.

Este cambio de paradigma global hacia una mayor sostenibilidad altera de forma punzante la cadena de suministro. Afecta y afectará a casi todas sus áreas; desde la extracción responsable de las materias primas hasta la reducción al mínimo posible del impacto medioambiental del tratamiento de estas. Luego, por cierto, veremos un apartado dedicado a la sobreexplotación de los recursos de la Tierra y otro acerca de la gestión de residuos, pero ahora es momento de hablar de las emisiones de gases de efecto invernadero, principales causantes del cambio climático.

Para luchar contra el inmenso inconveniente de ir calentando el único planeta que tenemos, debemos focalizar nuestros esfuerzos en distintos puntos.

En primer lugar, hay que reducir la huella de carbono, que es un concepto muy popular e interesante referido a la cantidad de emisiones de gases de efecto invernadero que se generan. Cada persona tiene una huella de carbono única, cada país, profesión o empresa la tienen.

Ilustrando la idea de que el crecimiento económico aumenta las emisiones está el hecho de que un solo ejecutivo estadounidense tiene la misma huella de carbono que setenta agricultores en Malawi.

Pero ¿cómo se distribuyen las emisiones de gases de efecto invernadero en la cadena de suministro?

De acuerdo con varias fuentes, como el Banco Mundial, el Grupo Intergubernamental de Expertos sobre el Cambio Climático (IPCC) o la Agencia Internacional de Energía, la extracción de recursos minerales es la responsable del 4 % de las emisiones globales de gases de efecto invernadero. La extracción de recursos energéticos, como el petróleo o el gas, representa el 15 %; el sector industrial el 37 % y el transporte de mercancías (y especialmente el transporte por carretera) el 24 %.

Con esto ya tenemos alrededor del 80 % de las emisiones.

Luego tenemos la producción de comida, con un impacto medioambiental mayúsculo que no se limita a la agricultura. La producción de carne, según la Organización de las Naciones Unidas para la Alimentación y la agricultura (FAO), genera el 14,5 % de las emisiones globales de gases de efecto invernadero; desde la generación de estiércol y la fermentación entérica de los animales (5 %) hasta la producción de piensos para los animales (9,5 %), que requiere la deforestación y la quema de combustibles fósiles. De hecho, para sustentar la industria cárnica a escala global, se destina una cantidad de hectáreas equivalente a todo el continente americano.

Para detener las terribles consecuencias que trae consigo el cambio climático debemos dejar de emitir estos gases o, por lo menos, hacer que nuestras emisiones netas sean negativas; es decir, que seamos capaces de capturar más CO_2 de la atmósfera del que emitimos. No será fácil y el camino es incierto y lleno de problemas.

Se trata, es evidente, de un conjunto de retos complejos que no se pueden resolver de un día para otro, pero hay que comenzar a hacer los deberes cuanto antes.

Ante la crisis climática y el impacto que las actividades del ser humano tienen sobre el medio ambiente hay muchos posicionamientos.

Existen, entre la variedad de posturas al respecto, algunas que adquieren matices negacionistas, cuando no admiten abiertamente que son contrarios a creer que el cambio climático sea algo real.

Ponen muchos argumentos sobre la mesa, y aunque no es objeto de este libro tratar de rebatir ninguno (ya lo ha hecho, lo hace y lo hará la ciencia mejor que nadie), sí que hay algo que suelen comentar y con lo que estoy de acuerdo: «El cambio climático es un negocio».

Sin embargo, diferimos en las razones por las que *es* un negocio. Las personas negacionistas afirman que el calentamiento global acelerado es una mentira que nos han colado con el objetivo de ponernos impuestos, aumentar precios y mantenernos ocupados pensando y preocupados por cuestiones «irrelevantes» en lugar de abrir los ojos y revelarnos ante el poder en la sombra que…

Bueno, en fin. La patraña que sea.

Para mí, el cambio climático es un negocio porque es una oportunidad. Una oportunidad para reducir costos o para ganar más haciendo algo bueno, algo positivo: cuidar el planeta, el único que tenemos (es trivial, pero a veces hay que recordarlo) y sin el cual tendríamos un problemón de proporciones apocalípticas. Nunca mejor dicho.

¿Cómo puede un escenario tan negativo como el que se nos está viniendo medioambientalmente encima ser una buena oportunidad para las empresas? Las crisis, como suelo decir, nos cambian. Nos hacen evolucionar y, bien canalizadas, son capaces de llevarnos a una mejor versión de nosotros mismos.

Hemos visto antes el ejemplo de John Deere con la agricultura. Vamos a ver otro ejemplo del mismo sector.

La cuestión del desperdicio de alimentos es una prueba, a mi parecer, de que cómo civilización deberíamos avergonzarnos de varias de las cosas que permitimos que sucedan. Vivimos en un mundo que permite que cada cuatro segundos una persona muera de hambre.

Según Unicef, 828 millones de personas sufren hambre en el mundo (9,7 % de la población mundial), unos 2.300 millones de seres humanos se encuentran en situación de inseguridad alimentaria moderada o grave (casi el 30 % de la población mundial) y casi 3.100 millones de personas no pueden permitirse una dieta saludable.

Un total de 45 millones de niños menores de cinco años sufre desnutrición aguda, lo que aumenta el riesgo de mortalidad de una forma absolutamente terrible y 149 millones de niños sufren retrasos en su crecimiento debido a la falta crónica de nutrientes.

El problema no es solo que haya estas cifras. Si faltase comida podríamos sentirnos mal, pero al final todo se reduciría a una mera cuestión de «o comen mis hijos o comen los suyos». Pero no es el caso; el problema vergonzoso es que *sobra* comida en el mundo.

Según la FAO, un tercio de los alimentos producidos en el mundo para consumo humano se pierden o se desperdician todos los años.

¡Un tercio!

Son 1.300 millones de toneladas de comida que acaban de una forma u otra en la basura y que servirían para alimentar hasta que dijesen basta a más de 800 millones de personas cada año.

Toda esa comida que no llega a la gente que sufre hambre, además, tiene un impacto medioambiental negativo porque para producirla se han destinado recursos energéticos, hídricos, nitratos, terrenales y horas de mano de obra. Y luego, la comida que acaba en vertederos, al pudrirse, genera gases como el metano, también de efecto invernadero.

Según la ONU Medio Ambiente, el desperdicio de comida representa alrededor del 8 % de las emisiones de gases de efecto invernadero de mundo. Sólo en Estados Unidos, las emisiones de la comida desperdiciada equivalen a las que generan 43 millones de automóviles circulando.

Es evidente que hay que hacer algo al respecto, así que IBM se propuso cambiar un poco las cosas creando un sistema llamado IBM Food Trust, basado en *big data* y cadena de bloques, que permite rastrear el movimiento de los alimentos en su cadena de suministro. Es decir, desde que la manzana está colgando del árbol hasta que llega al frutero de nuestras casas.

Se trata de una plataforma que permite que todas las empresas que participan en la cadena de suministro (productoras, distribuidoras, minoristas e incluso el consumidor final) puedan disponer de toda la información relativa a la «historia» de cada alimento.

Se democratiza y se comparte el acceso a información como el origen, la calidad y los procesos de seguridad por los que ha pasado cada alimento, lo que tiene importantes beneficios, también, para el consumidor final, pues las empresas, al estar más expuestas, harán mayores esfuerzos por ofrecer productos de la mejor calidad y con las mayores garantías sanitarias.

Además, emplear esta tecnología de IBM ha permitido mejorar la eficiencia de la cadena de suministro, reducir el apabullante e indecente desperdicio de alimentos y, con ello, reducir el impacto medioambiental y las emisiones de gases de efecto invernadero innecesarias.

El sistema de IBM recopila datos a lo largo de toda la cadena de suministro y monitoriza una gran cantidad de parámetros. Cuando un lote de comida no supera un control de calidad se puede identificar más rápido que nunca, retirarlo y, al conocer su origen, procedencia y, en general, todo su historial, se pueden tomar medidas para evitar errores parecidos en el futuro. Se emplea también el *big data* y se optimiza todo el proceso de tal manera que el impacto es incuestionable: el desperdicio de alimentos se reduce, en su cadena de suministro, un 35 %, minimizando de paso los costos operativos de las distintas organizaciones implicadas a lo largo de la cadena.

En este ejemplo, el uso de la tecnología de cadena de bloques permite que exista esta trazabilidad y la plena garantía y transparencia para todas las partes implicadas.

Otro ejemplo que nos puede ayudar a ver cómo una empresa puede crecer, ganar más dinero y ser medioambientalmente más sostenible lo podemos encontrar en Ikea.

En 2019, Ikea lanzó un anuncio sorprendente: habiendo aumentado su producción un 60 %, sus emisiones de gases de efecto invernadero se habían reducido en un 70 % durante el mismo período (2009-2019).

Al leer estos datos es fácil decir: claro, pero ¿y el impacto económico? Pues fue positivo: el margen de beneficio aumentó un 9 % y el valor de mercado lo hizo en un 20 %.

Además, una buena campaña de *marketing* que permita asociar una marca con una organización sostenible y comprometida con el medio ambiente es una inversión segura.

¿Cómo lo había conseguido?

Varios ejes vertebraron este éxito: el uso de energías renovables (en 2020, el 98 % del consumo energético de la compañía provenía de fuentes renovables como la solar o la geotérmica), optimizaron las rutas de transporte (mediante varias estrategias, como la consolidación de la carga agrupando envíos de distintos proveedores en un mismo camión y trazando rutas mediante inteligencia artificial) e implementaron prácticas sostenibles en fábricas y tiendas. Emplearon IoT para una mayor eficiencia energética, impulsaron programas de gestión de residuos en todas sus tiendas y fábricas y adquirieron el hábito de reusar, reutilizar y reciclar todo lo que les fuese posible. Por si esto fuese poco, usaron materiales sostenibles e incluso desarrollaron nuevos materiales alternativos más responsables. Y, por el camino, consiguieron todas las certificaciones y estándares sostenibles trabajando codo con codo con algunas organizaciones internacionales como el Consejo de Administración Forestal (FSC) y el Consejo de Administración de Pesca Marina (MSC).

Hoy, Ikea es una de las empresas más sostenibles del mundo. Ha realizado grandes inversiones al respecto y ha innovado tecnológicamente para tal fin. Y el impacto ha sido a todas luces positivo, cosechando una mejor reputación, mayores ahorros y aumentos en su valoración y facturación.

Hemos visto cómo IBM sacaba una herramienta para reducir el desperdicio de comida y como Ikea conseguía ser una de las empresas más sostenibles y las ventajas que ello le reportó. Vamos a ver un último ejemplo.

Ecoalf es una empresa de moda sostenible que ha conseguido crear una cadena de suministro extraordinariamente sostenible en la fabricación de sus productos.

En 2020, la empresa empleó 350 toneladas de materiales reciclados para fabricar sus productos de moda, lo que ahorró al planeta casi un millón de toneladas de CO_2. Además, a lo largo de la cadena de suministro, redujo ese mismo año un 23 % sus emisiones (otras 1.120 toneladas de CO_2 ahorradas) e invirtió en fuentes de energía renovable, como paneles solares en sus fábricas, que le generaron 270.000 kWh de energía limpia. Tal labor le hizo merecer multitud de certificaciones y estándares sostenibles de organizaciones como la Global Recycled Standard (GRS).

¿Ha invertido y se ha arriesgado? Claro que sí. Y le ha dado un retorno más que generoso; desde tecnologías avanzadas de reciclaje que convierten botellas de plástico en camisetas, pasando por IoT para optimizar la calidad, producción y logística de todos los procesos.

Por otro lado, la nanotecnología puede realizar importantes contribuciones en la cadena de suministro con el objetivo de mitigar los efectos del cambio climático y, además, aumentar la rentabilidad de las operaciones de las empresas. En la segunda parte, hemos visto algunas aplicaciones (como NanoPack o Thinfilm Electronics), pero vamos a concretar un poco más.

No solamente puede mejorar la calidad de los productos haciéndolos más resistentes y duraderos, sino crear nuevos materiales que ofrezcan una mayor variedad de funciones o prestaciones.

Sin embargo, como hemos visto, no es suficiente con reducir las emisiones que generamos. Nunca serán nulas, así que debemos encontrar formas de capturar CO_2 de la atmósfera y, luego, reaprovecharlo para hacer otras cosas. A este proceso se le conoce como *captura directa de aire* o DAC (por sus siglas en inglés).

Hay varias compañías dedicadas a esta labor. Veamos algunos ejemplos.

La empresa Climeworks, por ejemplo, de origen suizo, dispone de una tecnología basada en filtros para capturar CO_2 de la atmósfera. Una vez capturado lo purifica y lo emplea para la producción de combustibles sintéticos, para la agricultura o para fabricar bebidas carbonatadas como podría ser la Coca-Cola.

Global Thermostat, por su lado, emplea una tecnología de adsorción basada en resinas de amida para el mismo fin (capturar CO_2 del aire) y luego reintroducirlo en una lógica de economía circular para la producción de plásticos, entre otros.

Y Carbon Engineering, mediante una solución líquida, captura también CO_2 del aire, especializándose en la producción de todo tipo de combustibles sintéticos con una baja huella de carbono para aviones.

Existen muchas tecnologías y empresas distintas que permiten «quitar» CO_2 del aire y reaprovecharlo o, por lo menos, almacenarlo de forma segura. Sin embargo, no las estamos aprovechando todo lo que se debería. ¿Por qué?

Casi da vergüenza admitirlo, pero la razón es la misma de siempre: sus costos. Capturar el CO_2 de la atmósfera es un proceso todavía demasiado caro, y su implementación masiva requeriría inversiones de más de 10 billones de dólares a escala global (billones, es decir, mil veces mil millones; la mitad del PIB de Estados Unidos). Además, en términos energéticos, su consumo es estratosférico, y tampoco vamos sobrados de energía (menos aún de fuentes renovables, y lo que no haríamos sería emitir CO_2 para generar energía con el fin de hacer funcionar máquinas que sirven para capturar CO_2).

Si se forzase a la industria a implementar este tipo de tecnologías para ser más sostenibles y estas cargaran el sobrecosto aumentando el precio de sus productos (sean los que sean), estos se incrementarían de tal forma que las consecuencias afectarían de maneras insospechadas a toda la cadena de suministro y a los consumos globales.

Es cierto que, como hemos visto, estas tecnologías (como todas) serán poco a poco más baratas a medida que se innove más, se escale su producción o cuando la presión por implementarlas masivamente sea tan grande que se encuentren opciones creativas para reducir sus costos.

Esto es algo que puede acelerarse si existe una creciente presión pública y gubernamental para su implementación en cada industria. Tristemente, todo esto es demasiado desconocido y la desinformación tiene un papel muy importante, así que la gente se limita a pedir que se reduzcan las emisiones, exigir que se cierren centrales nucleares y protestar cuando se decide poner un parque eólico marino a varios kilómetros frente a una playa bonita cuyas vistas y paisaje se estropearían. La realidad es que estamos ante un problema grave por la falta de conciencia y por las incertidumbres sobre qué acciones son prioritarias.

Deberíamos comenzar a ponernos las pilas, pero lamentablemente, y por increíble que parezca, no nos percibimos todavía en este escenario de emergencia. Y eso es un problema. Seguimos subvencionando industrias altamente contaminantes (en lugar de destinarlas enteramente a las renovables y, sí, también a la nuclear) y retroalimentando un circuito vicioso que sigue generando millones de toneladas de CO_2. Y no hay, ni ha habido, ningún gobierno verdaderamente implicado en hacer que lo que acontece dentro de sus propias fronteras sea estrictamente sostenible, porque esto implica tener un coraje que no tienen para tomar decisiones que, muy probablemente, les harían perder las próximas elecciones.

Es imperativo que se realicen esfuerzos por cambiar esta situación. Hundir las empresas con impuestos y forzándolas a implementar soluciones que pueden arruinarlas no es un camino viable. Tampoco lo es imponer medidas draconianas y sin sentido solo para fingir que se está haciendo algo al respecto. Este problema exige la mayor planificación, organización, investigación e implicación de la historia de la humanidad.

No ha habido ni existe ningún reto tan grande y, sin embargo, no hay ningún precedente cuyos riesgos y peligros se le puedan comparar.

Vamos muy tarde buscando fórmulas para conseguir un desarrollo económico que nos permita tener una vida digna y cómoda sin llenar el aire de CO_2. ¿Es posible lograrlo? Claro que sí, pero habrá que hacer concesiones, deberemos hacer «sacrificios» —como renunciar a comer tanta carne, lo que nuestro cuerpo también agradecerá—, pero ya no hay manera de seguir negando la existencia del problema. Nos hemos quedado sin opciones y seguimos teniendo un elefante dentro de la habitación.

Encontrar un equilibrio, por supuesto, no resulta nada fácil. Implementar cambios a golpe de ley sin mucha lógica y sin una perspectiva amplia persiguiendo únicamente los titulares y ser tendencia en Twitter tampoco es una buena forma de proceder.

En ocasiones hemos visto normativas y leyes instauradas, aparentemente valientes, pero poco estudiadas. Para las empresas, toda obligación legal en materia de sostenibilidad puede generar cierto escozor en algunas ocasiones, pues suele tener asociado un costo. Escueza o no, tenemos solo dos opciones: realizar inversiones para cumplir con las normativas o afrontar multas por parte de la administración.

El cumplimiento no siempre es una tarea sencilla, y el tema es polémico. Un ejemplo al respecto, que me parece muy pertinente, lo vimos en febrero de 2023, cuando el Parlamento Europeo ratificó una polémica ley que prohibía vender automóviles con motor de combustión a partir del 2035. Se armó un buen berenjenal.

¿Hay una buena voluntad detrás de esta decisión política? Supongo que sí, aunque creo que, más allá de la cuestión medioambiental, hay un ferviente deseo de reducir la dependencia y los costos desorbitados de importar combustibles fósiles de otros países (de varios cientos de miles de millones de euros anuales). Fuese como fuese, es bueno reducir las emisiones que provienen de los automóviles. No obstante, la medida no estaba bien estudiada. Sucedió que, en menos de un mes, varios países, como Alemania e Italia (fabricantes tradicionales de vehículos) dijeron que de eso nada: alguien, supongo, les debió decir que por buenas intenciones que tenga la ley, los cambios que ello conlleva son inasumibles: obtener más y más recursos relativamente escasos para abastecer la fabricación de baterías, cambios en los materiales empleados, transformar todos los procesos productivos, modificar los modelos de negocio… sin contar el problemón que conlleva el tener que abastecer de energía de la red eléctrica a millones de vehículos que, por ahora, son de combustión interna en un contexto de escasez energética. Además, la industria del automóvil da trabajo a millones de personas, y con el vehículo eléctrico una buena parte de estas personas pasarían a ser prescindibles.

¿Hay que hacer la transición al vehículo eléctrico? Sí.

¿Hay que hacerla estudiando bien las consecuencias de una decisión mal tomada? También.

Veremos cómo termina esta ley, pero desde luego, para la cadena de suministro global y para las empresas fabricantes de vehículos, el cumplimiento de esta normativa, de mantenerse, constituiría uno de los mayores desafíos en la historia de su sector.

Cambiar la cadena de distribución global es un proceso muy lento que se demorará años o décadas que no tenemos, así que cuánto antes nos pongamos a trabajar en ello (empresas, gobiernos y personas), tanto mejor. Cuánto menos CO_2 emitamos hoy, más tiempo tendremos mañana para encontrar soluciones técnicas y sociales para el problema del calentamiento global.

Y solo la innovación nos llevará hacia soluciones verdaderamente útiles, realistas, aplicables y sostenibles, tanto para mejorar la eficiencia en lo que hacemos, reducir las emisiones e instaurar un sistema de producción energético lo más sostenible posible. Si la innovación puede salvar una empresa de la quiebra, deberá ser también capaz de salvar a la humanidad de la ruina sin dejar a nadie atrás.

Quizá, cuando las personas refugiadas climáticas se cuenten por cientos de millones, falte agua, falte comida y haya guerras entre países para competir por los escasos recursos disponibles, se den las condiciones necesarias para que todos, y me incluyo, abramos los ojos.

Creciente demanda de recursos naturales

En sus albores, la humanidad estaba formada por pequeños grupos nómadas que iban de un sitio a otro. Las comunidades, formadas por pocas decenas de miembros, fueron desarrollándose poco a poco, aumentando también lentamente la población mundial. Nos llevó cerca de 200.000 años en llegar a ser mil millones de humanos sobre la Tierra, hito que alcanzamos a principios del siglo xix. Y luego, la población se disparó.

Menos de 150 años después llegamos a los 2.000 millones; 30 años después, 3.000 millones; 15 años después, 4.000 millones. Y así hasta que en 2023 alcanzamos los 8.000 millones de habitantes, unos once años después de haber sumado 7.000 millones.

Cada vez hay más gente en el mundo y cada vez requerimos más y más recursos. Parece que la ambición del ser humano no tiene límites, pero algo sí sabemos con seguridad: la Tierra no nos podrá seguir satisfaciendo indefinidamente.

De hecho, ya está dando, más que indicios, muestras, y más que muestras, pruebas, de que no podrá seguir sosteniendo este modelo de crecimiento infinito con una demanda de recursos naturales que se ha disparado a lo largo de las últimas décadas.

Según la Global Footprint Network (GFN), la humanidad tiene una tremenda deuda en términos de recursos con el planeta. Esta organización realiza anualmente un estudio que parte de la idea de que la Tierra tiene algo así como unos «presupuestos anuales» de recursos naturales que puede ofrecer para ser consumidos o utilizados por los humanos. Lo lógico, lo ecológico, sería actuar de tal forma que todos estos recursos se consumiesen a lo largo de un año; y si puede sobrar algo y tener ciertos «ahorros», mejor que mejor.

Sin embargo, la humanidad siempre agota todo este presupuesto antes de fin de año. Este momento, conocido como Día de la Sobrecapacidad de la Tierra, en 2022 llegó el 28 de julio.

Desde ese día hasta fin de año estamos consumiendo por encima de lo que deberíamos consumir, por encima de lo que la Tierra puede realmente ofrecer considerando el ritmo de su regeneración.

No es una fecha estática. Cada año se realiza el estudio y esta lamentable fecha cae más temprano en el calendario, habiendo retrocedido la friolera de tres meses en los últimos veinte años.

Dese luego, la fecha definida cada año es producto de una media global, teniendo cada país un ritmo de consumo y, por tanto, un Día de la Sobrecapacidad distinto. España, por ejemplo, en 2022, los agotó el 28 de mayo; ni cinco meses enteros antes de pedir prestado de más al planeta. Países como Argentina, México o Colombia alcanzan su particular Día de la Sobrecapacidad los días 24 de junio, 31 de agosto y 8 de noviembre, respectivamente.

Claro está, hay casos peores; mantener el consumo de Estados Unidos requeriría cinco planetas como la Tierra (con la fecha de sobrecapacidad situada el 15 de marzo). ¡Pero es que Catar y Luxemburgo alcanzaron su sobrecapacidad el 10 y el 14 de febrero, respectivamente!

El global, el promedio, es que necesitamos 1,75 Tierras para mantener la demanda global actual. Pero si seguimos creciendo a este ritmo, ¿qué pasará cuando la demanda siga creciendo (al haber más población y más riqueza) y necesitemos dos Tierras? ¿O cuatro? ¿O cinco?

Resulta evidente. No podemos usar una cantidad de planetas Tierra que no tenemos. Igual que no podemos estar gastando 1,75 veces nuestro salario anual porque más pronto que tarde terminaremos arruinados.

La Tierra es más benevolente que un banco al que no se le devuelva el crédito, pero también es más inflexible. No habrá castigos, pero tampoco dará su brazo a torcer. Y esto significa una cosa solamente: deberemos ajustarnos a los recursos de la Tierra queramos o no, y en nuestra mano está el hecho de ajustarnos por las buenas o por las malas.

Las consecuencias no son algo que podamos decidir nosotros. Si no quedan árboles que talar porque nos los hemos cargado todos para hacer muebles, simplemente no habrá más árboles que talar y no podremos hacer más muebles. El ejemplo es simplón, pero ilustra un hecho a la perfección: estamos condicionados por los tempos que marca el planeta, y cada vez que los vulneramos estamos provocando un daño inmenso y devastador a la naturaleza, a nuestra civilización y al futuro de la humanidad.

Toda deuda debe ser devuelta.

Cada vez es más difícil encontrar y extraer recursos de la Tierra, sean del tipo que sean. Habrá quien se pregunte cómo es posible que se estén agotando los recursos naturales si cada vez hay más de todo en todas partes y para todo el mundo, como si no fuese posible ni siquiera la mera noción de «escasez». Simplemente porque somos más eficientes extrayendo cualquier tipo de recurso, pero desde luego no es porque abunden la mayoría de ellos. Ahí es donde entra la deuda y el hecho de consumir por encima de lo que la Tierra puede dar.

Veamos algunas cifras.

En el mundo, solamente el 5,8 % de las poblaciones de peces tiene potencial de seguir creciendo. El resto, o se está pescando por encima de su capacidad de regeneración o está justo en el límite. Para 2048, el 90 % de las poblaciones de pesca podría haber colapsado. Y hablamos de cualquier especie; desde tiburones hasta ballenas pasando por el atún rojo del Atlántico, cuya población se ha reducido, desde la década de 1970, un 97 % debido a la pesca comercial.

La pesca de arrastre es una técnica que usa grandes redes que se arrastran desde el fondo del océano para capturar todo lo que se encuentre en medio. Este tipo de pesca resulta muy eficaz tanto para encontrar peces que consumimos, pescar especies que no nos interesan y destruir, cada año, 20.000 km² de suelo marino (más o menos el tamaño de Eslovenia). Este tipo de pesca genera muchos descartes (es decir, peces y otros seres vivos que son capturados por accidente), y de estos, el 30 % no sobrevive cuando es devuelto al mar, lo que se traduce en 10 millones de toneladas de vida marina exterminada gratuitamente cada año.

Y todo esto sin contar la pesca ilegal, cuyo porcentaje oscila entre el 11 % y el 26 % de las capturas globales.

¿El resultado final? En cincuenta años los océanos se han vaciado un 50 %, con cifras muy sonadas como la del bacalao del Atlántico, cuya población se redujo un 99 % en tan solo diez años. Sonadas, sí, pero desconocidas por el público general.

El daño que genera vaciar los océanos va más allá del hecho de que la pesca sea cada vez más cara y compleja o de que eventualmente tengamos que dejar de comer pescado. La pérdida de la biodiversidad, y de ecosistemas marinos enteros o el impacto económico que supondría en términos de capital y empleo el colapso de la pesca no es nada si se considera el impacto que tendría para el cambio climático. Los peces tienen un papel clave transportando carbono desde la superficie del mar hasta las profundidades, y también para la generación de oxígeno en el planeta. Sí, el oxígeno que respiramos.

Aunque solemos creer que es a las plantas a las que les debemos dar las gracias por la producción de oxígeno, lo cierto es que entre el 50 % y el 85 % del oxígeno de la Tierra es producido por organismos marinos como el fitoplancton, cuyo crecimiento y desarrollo necesita la recirculación de nutrientes que generan los peces.

Y, si bien es cierto que los ecosistemas marinos son muy complejos y se nos escapan muchas relaciones y detalles, hay algo que está claro: que los océanos se vacíen es un problema para la economía mundial, para el abastecimiento de comida y para la proliferación del fitoplancton. Viendo el oxígeno que produce, no hace falta añadir mucho más acerca las complicaciones que genera la sobrepesca.

La sobreexplotación de recursos naturales se manifiesta en muchas otras áreas, como en el acceso al agua dulce.

Agua hay mucha, pero agua dulce no tanto, y es precisamente esta la que nos interesa más. Solo el 2,5 % del agua del mundo es dulce, y se distribuye de la siguiente manera:

- Un 68 % en forma de hielo, principalmente en la Antártida y en Groenlandia, pero es de difícil acceso para ser empleada por el ser humano.
- Un 30 % en acuíferos subterráneos, de los cuales alrededor del 20 % están en riesgo de desaparecer.
- Un 1 % en ríos, lagos y demás cuerpos de agua en la superficie, muchos de ellos sobreexplotados de tal forma y alterados por el cambio climático que es ya un motivo de preocupación para la comunidad científica.

No es necesario ahondar demasiado en los problemas que genera y que generará la falta de agua dulce en el mundo. Que haya escasez de este preciado (el más preciado) recurso implica que la producción agrícola se resienta enormemente, siendo como es la principal consumidora de agua dulce del mundo, haciendo que falte comida y que la que esté disponible aumente sus precios de forma descontrolada. Para producir un kilogramo de azúcar son necesarios alrededor de 1.500 litros de agua y para un kilogramo de arroz entre 2.500 y 5.000 litros, por poner solo dos ejemplos.

Además, muchos procesos industriales necesitan agua para poder ejecutarse. A continuación, unos ejemplos aproximados y orientativos para que nos podamos hacer una idea de los consumos de agua que se están manejando para poder fabricar cualquier cosa:

- Unos *jeans:* 7.600 litros de agua.
- Una tableta de chocolate: 17.000 litros de agua.
- Un *smartphone:* 12.000 litros de agua.
- Un automóvil: 400.000 litros de agua.
- Una tonelada de acero: 62.000 litros de agua.
- Una tonelada de cemento: 1.600 litros de agua.
- Una hoja de papel: 10 litros de agua.
- Un litro de gasolina: 1.300 litros de agua.

La pregunta a la que quiero llegar es: ¿qué pasaría con la producción mundial de casi cualquier objeto, con la cadena de suministro global, con las economías, con el empleo, con nuestra sociedad, si hacemos colapsar los ecosistemas que proporcionan agua dulce?

Porque sí, el agua dulce se va regenerando, pero estamos en las mismas que antes: se regenera a un ritmo mucho menor que el del consumo. Estamos entrando en una peligrosa zona al ir agotando progresivamente las reservas disponibles y accesibles.

No obstante, no es solo que estemos gastando ingentes cantidades de agua; lo peor es el hecho de saber que también la estamos desperdiciando a raudales. Alrededor del 20 % del agua de las ciudades se pierde como consecuencia de fugas en sus canalizaciones o por un uso ineficiente por parte de sus habitantes.

También estamos sobreexplotando los minerales y metales del planeta. Aunque la Tierra sea una bola de hierro fundido de casi seis millones de toneladas métricas, la cantidad de recursos minerales que podemos obtener de ella son mucho más limitados.

Se estima que, por ejemplo, las reservas de cobre (esencial para la industria electrónica y energética) podrían agotarse en durante la década de 2060 si continuamos extrayéndolo como hasta ahora. El problema es que cada vez se necesita extraer más y más y que cada vez es más complicado encontrarlo, de modo que un recurso clave como este verá encarecidos sus precios progresivamente. Lo mismo sucede con el platino, empleado para catalizadores y equipos médicos (que al ritmo que vamos, se agotará en 2070), con la plata, empleada para la electrónica (agotada en 2055), el fosfato, esencial para la producción de fertilizantes y, por tanto, para la producción agrícola en el mundo (2070) o el litio, fundamental para las baterías que se fabrican actualmente, como las de los vehículos eléctricos o de cualquier dispositivo electrónico (2120).

En una línea parecida tenemos las tierras raras; un grupo de 17 elementos de la tabla periódica que son fundamentales para crear dispositivos electrónicos y todo tipo de tecnología verde. Aunque abundantes en la Tierra, la cantidad de este tipo de recursos accesible para el ser humano es mucho más escasa.

El 80 % de las reservas de tierras raras se encuentran en un puñado de países, siendo China el gigante que controla su extracción, producción y exportación. Tal concentración de un conjunto de recursos tan extremadamente valiosos para la cadena de suministro global, por cierto, conlleva un enorme riesgo en tanto que cualquier decisión política podría afectar a la disponibilidad de tierras raras en todo el mundo.

Por no hablar de la deforestación. En treinta años (1990-2020) se perdieron 178 millones de hectáreas de bosques (es decir, dos veces del territorio de Venezuela).

En 2022, la deforestación de la Amazonía alcanzó cotas récord, con 430 km^2 talados en un solo mes (multiplicando por cinco el ritmo del año anterior). Insisto, en un solo mes. Esto es lo mismo que dos veces el tamaño de Buenos Aires, casi 130 veces Central Park, dos veces París o el tamaño de Andorra.

Indonesia, como consecuencia de la expansión de las plantaciones de aceite de palma y la tala descontrolada de madera, perdió entre 2001 y 2021 tantas hectáreas de bosque como el tamaño de Dinamarca.

Y toda esta tala *no* sale *gratis:* la deforestación es la responsable de alrededor el 10 % de las emisiones de gases de efecto invernadero, además de poner en riesgo más del 80 % de las especies terrestres del mundo y dejar a más del 30 % de los mamíferos, aves y anfibios que pueblan la Tierra en peligro de extinción.

Tenemos un grave problema con la creciente demanda de recursos de la Tierra, sean del tipo que sean. Y ojo, que solo nos hemos centrado en la sobreexplotación, no en la contaminación o en la gestión de residuos, que se aborda en el próximo apartado.

Lo más probable es que, a estas alturas, cualquier persona medianamente concienciada se esté preguntando cómo es posible que estemos yendo directos hacia el abismo y no se esté haciendo nada al respecto.

Pero lo cierto es que sí se está haciendo, y mucho. El problema es que estamos yendo demasiado lentos y que, en algunos casos, el margen de maniobra es muy justo. Hay inercias y realidades contra las que es difícil luchar, pero se está tratando de innovar empleando todo el ingenio, el ímpetu y la ambición del ser humano.

Volvamos a la pesca. Se están desarrollando tecnologías y enfoques para cambiar el paradigma del sector pesquero sin que necesariamente tengamos que renunciar a las croquetas de bacalao.

La acuicultura sostenible, por ejemplo, consiste en la cría de peces y de todo tipo de fauna marina en entornos controlados. Se emplean múltiples tecnologías para garantizar la recirculación del agua o seleccionar de forma precisa qué especies introducir en esta nueva forma de «crianza». Todo está muy estudiado. Así, se podría conseguir satisfacer parte o gran parte de la demanda de pescado mundial sin ejercer ningún tipo de presión sobre los ecosistemas marinos. Aunque, sin lugar a dudas, abre todo un debate moral sobre la idoneidad de criar animales con el único fin de consumirlos.

Sea como fuere, la acuicultura permitiría poder renunciar a la infame pesca de arrastre, y aunque no será a corto plazo, mientras este momento no llegue se están adoptando nuevos y modernos tipos de redes de pesca selectivas que permiten reducir la cantidad de capturas de especies que no interesen.

Por otro lado, existen ya varias tecnologías de seguimiento y de vigilancia satelital capaces de identificar actividades pesqueras y discernir entre las legales de las ilegales, las no declaradas y las no reglamentadas (INDNR). Esto puede representar un auténtico cambio en las reglas del juego si las administraciones públicas son valientes, adoptan estas tecnologías y persiguen la pesca ilegal sin ningún tipo de contemplación.

Sin embargo, debemos aceptar la realidad: consumimos, a escala global, más carne y más pescado del que realmente necesitamos, y no es ningún secreto que deberíamos reducir su ingesta. No obstante, para aquellos que sientan la necesidad de comer barritas de merluza varias veces a la semana siempre podrán recurrir a la impresión de alimentos mediante impresoras 3D.

Desde luego esto no es algo nuevo; hace ya unos años que se hace, y cada vez más resulta casi imposible de distinguir un filete real de uno impreso. Y no hablamos de carne vegana hecha a partir de soja, tofu y seitán, sino de carne y pescado cultivados en laboratorios a partir de células animales que acaban formando tejidos musculares biológicamente indistinguibles de los de los animales. Carne y pescado biológicamente real sin haber dañado a un solo animal y sin haber hecho absolutamente nada perjudicial para los ecosistemas marinos.

Hemos hablado también del agua dulce, y antes he omitido deliberadamente una realidad: existen formas para desalinizar el agua salada de los mares. ¿Soluciona esto nuestro problema?

Respuesta corta: no.

Respuesta larga, depende. La desalinización consiste en eliminar la sal y otros minerales disueltos en el agua de mar para obtener como resultado agua dulce. Disponemos de dos enfoques distintos. En primer lugar, tenemos la ósmosis inversa, que es un proceso a través del cual se filtra el agua de mar a presión con membranas semipermeables, con resultados bastante satisfactorios. Pero, por si fuera poco, también disponemos de la *destilación térmica,* que consiste en calentar agua salada hasta que se evapore, dejando atrás todas las sales minerales, y recoger el vapor para luego condensarlo. Este último caso es, por así decirlo, como simular el ciclo del agua con las lluvias.

Entonces, si tenemos estas soluciones, ¿dónde está el problema? Pues hay varias complicaciones, en realidad; desde el impacto medioambiental hasta los costos tremendos creando y manteniendo la infraestructura de las plantas desalinizadoras.

Sin embargo, hay uno que es clave: consumen mucha energía, incluso el proceso de la ósmosis inversa, que es el más eficiente.

Veamos algunos datos. Generar 1 m³ de agua dulce mediante este proceso consume entre 2 y 4 kWh; es decir, lo equivalente a cargar unos 1.500 *smartphones,* tener 400 bombillas LED de 10 vatios encendidas durante una hora o tener ochenta ordenadores portátiles funcionando durante una hora. Puede parecer poco, pero es que un solo metro cúbico de agua tampoco es tanto (más o menos, equivale a todas las necesidades de agua domésticas de una sola persona durante dos o tres días en Estados Unidos).

Seguramente es por este alto costo que solo el 1 % del agua dulce que se consume en el mundo es producto de la desalinización, y eso que hay más de 20.000 plantas desalinizadoras funcionando.

Sin embargo, se puede reducir la sobreexplotación de los recursos hídricos mediante un buen tratamiento y reutilización de las aguas residuales. En este caso, tecnologías como la oxidación o la electrodiálisis pueden purificar aguas residuales para poderlas emplear en la agricultura o en la industria para fabricar unos bonitos *jeans* sin ejercer más presión sobre los acuíferos.

Sea como sea, resulta ante todo fundamental conseguir una mayor eficiencia tanto en la agricultura y la ganadería como en la industria (responsables las tres del 80 % del consumo de agua dulce mundial).

Y hay prácticas realmente sorprendentes e innovadoras en este aspecto. Veamos por ejemplo la agricultura vertical, que consiste, esencialmente, en trasladar la agricultura del campo a grandes edificios. Dichos edificios, que pueden parecer un invernadero o una nave industrial, consisten en grandes entornos con condiciones ambientales controladas (temperatura, luz, humedad, etc.) y están caracterizadas por un uso extremadamente preciso de los recursos hídricos, fertilizantes y de cualquier otra índole.

Por supuesto, estos edificios cuentan con muchas de las tecnologías que ya hemos citado, desde IoT hasta *big data;* y todo aliñado con algoritmos de inteligencia artificial. El resultado son instalaciones extremadamente eficientes, con una huella de carbono bajísima, y capaces de producir cualquier alimento en cualquier época del año y en cualquier lugar del mundo.

¡Y además reducen la necesidad de deforestar bosques para ganar terreno para la agricultura!

Por otro lado, en lo referente a los minerales y los metales, no basta solamente con reciclar y fomentar lógicas de economía circular, aunque, claro está, es algo que debemos impulsar sin demora.

Es imprescindible instaurar diseños y métodos de producción más sostenibles para reducir en la medida de lo posible los materiales necesarios y los desperdicios generados. La impresión 3D, como ya hemos avanzado, constituye un aliado clave en esta batalla, aunque algunas de sus limitaciones (como su lentitud si se compara con métodos tradicionales de producción, como la inyección) deberán ser resueltas antes de que pueda constituir un verdadero reemplazo para la industria global.

Por último, mediante la nanotecnología podemos crear nuevos materiales a partir de elementos tan comunes como el carbono. Y estos nuevos elementos pueden ser mejores incluso que los materiales que llevamos décadas empleando. Basta con recordar las prestaciones que hemos visto que ofrecen los nanotubos de carbono en comparación con las del cobre. Las soluciones están ahí fuera; solo tenemos que encontrarlas y utilizarlas.

Y aunque en una primera instancia, estas soluciones puedan parecer un dolor de cabeza o un agujero en las arcas de cualquier organización, el desafío lo vale. Porque no solo está en juego el futuro de las empresas, sino que también lo está el futuro del todo el planeta.

Gestión de residuos

A nadie le gusta vivir con basura a su alrededor. Es desagradable a la vista, huele mal y da una imagen de dejadez con la que nadie se siente cómodo. Esto es un común denominador para todo el mundo, o para casi todo el mundo al menos.

Y, aun así, estamos convirtiendo el planeta en un inmenso vertedero. Eso sí, lejos de las ciudades donde consumimos los productos que luego se tornan residuos.

Ojos que no ven, corazón que no siente.

Cada vez hay más gente que vive más concentrada en mayores ciudades y cuyo consumo aumenta en todas sus facetas. Como hemos visto ya, le exigimos demasiado a la Tierra sobreexplotando sus recursos, y luego le devolvemos el favor en forma de residuos que se amontonan en inmensas montañas o islas en varios puntos del planeta.

Acumulamos tanta basura que, literalmente, estamos comenzando a tener problemas para saber qué hacer con ella. Según el Banco Mundial, en 2018, la cantidad de residuos sólidos urbanos generados en todo el mundo fue de 5,5 millones de toneladas métricas cada día. Puede ser difícil digerir esta cifra así, en frío, pero para hacernos una idea de lo que representa tal cantidad, baste con decir que, con los residuos que se generan cada día, se podrían llenar más de 2.250 piscinas olímpicas de basura y su peso es comparable al de 38.000 enormes Boeing 747. Y esto, repito, sucede cada día. Con el agravante, además, de que un 33 % de estos residuos no se gestiona de ninguna forma para minimizar el impacto medioambiental.

Se hace imprescindible, pues, reducir estas cifras impulsando políticas empresariales que fomenten las 3R: *reusar, reutilizar, reciclar.* Dicho esto, lo cierto es que se espera que, lamentablemente, la producción de residuos aumente un 70 % en las próximas décadas, en parte, por el aumento de la densidad demográfica y su concentración en grandes ciudades.

En 2016 se generaban, cada año, más de 2.000 millones de toneladas de residuos urbanos sólidos, con estimaciones que elevan esa cifra hasta los 3.400 millones en 2050 si no hacemos algo al respecto.

Cuesta imaginar cuánta basura representan 2.000 millones de toneladas, así que intentaré ponerlo fácil; si tomamos el valor aceptado entre los expertos en la materia, los residuos urbanos sólidos tienen una densidad promedio de 500 kg/m^3. Aceptando esta cifra, estamos hablando de 4.020 millones de metros cúbicos de basura al año, así que necesitaríamos 4.020 estadios con capacidad para 100.000 personas, llenos hasta rebosar de papeles, cartones, vidrios, restos de comida, metales, textiles y cualquier otra cosa que se nos pueda pasar por la cabeza para poder poner toda la basura generada cada año en las ciudades del mundo.

Uno de los elementos más críticos del problema de los residuos son los plásticos. El plástico está hecho de polímeros, que son moléculas bastante grandes formadas por largas sucesiones encadenadas de grupos de monómeros. Esto no es algo que hayamos, por así decirlo, «inventado» los humanos: los polímeros están en todas partes en la naturaleza; en la celulosa de las plantas, en las proteínas, en la quitina de los cuerpos de las arañas y los insectos, en el colágeno o en el almidón… e incluso en el ADN.

Pero hace poco más de cien años, la humanidad logró crearlos «artificialmente» descomponiendo (por simplificarlo un poco) las moléculas del petróleo y reorganizándolas para crear nuevos tipos de polímeros sintéticos. El proceso más empleado, por cierto, se llama polimerización. E igual que hemos visto con la nanotecnología, los mismos elementos reorganizando sus átomos y moléculas crean nuevos materiales.

Y, fuese quien fuese quien lo inventase, triunfó. Fue un éxito rotundo. Los polímeros sintéticos son algo maravilloso: duran muchísimo, son altamente resistentes al desgaste, a la corrosión, a muchas reacciones y sustancias químicas, muy ligeros, muy resistentes, aislantes, adaptables (se han creado muchísimos tipos distintos con propiedades muy dispares), versátiles y baratos. Muy baratos.

Podemos fabricar cosas con plástico con la forma y las propiedades que deseemos. Y posteriormente, añadirle aditivos para modificar, reducir, ampliar o hacer cualquier cosa con cualquier propiedad que tenga, y fabricar objetos con una facilidad y rapidez inusitadas.

Tenemos plástico, literalmente, en casi todo lo que hacemos. Solo hace falta mirar a nuestro alrededor; lo que se convirtió en una revolución ha pasado a ser algo mundano, demasiado visto y muy poco *sexy*. Y aunque lo empleamos para hacer desde sillas hasta casas y vehículos, ya hace décadas que se comenzó a usar para hacer, simplemente, cualquier nimiedad destinada a ser basura.

Incluso ponemos plástico en situaciones que claramente no lo requieren. ¿Realmente necesitamos embalajes de plástico para los plátanos, los pepinos o las naranjas?

¿Es que nos hemos vuelto locos?

Este asunto se nos ha ido completamente de las manos y no nos hemos ni siquiera dado cuenta de ello. Vemos el plástico y luego no lo vemos, como si se hubiese volatilizado, como si hubiese desaparecido. Pero no nos engañemos; desapareceremos nosotros mucho antes de que cualquier bolsa de plástico del supermercado haya dicho su última palabra.

El plástico tarda mucho, mucho tiempo en descomponerse. Tanto como entre 500 y 1.000 años, lo cual hace que me pregunte en qué momento creíamos que sería una buena idea hacer cosas de usar y tirar con un material tan duradero como el plástico.

Hoy tenemos un desafío ambiental extraordinariamente complejo y un muy mal hábito adquirido al emplear el 40 % del plástico que fabricamos cada año solo para embalajes y *packaging*. Esto son más de 150 millones de toneladas de plástico destinadas a fabricar objetos cuya vida útil es de pocos minutos y cuya última parada ya sabemos cuál será: el vertedero o el mar.

Desde 1950 se han producido más de 8.300 millones de toneladas métricas de plástico alrededor del mundo, de las cuales 6.300 millones se han convertido en residuos, habiendo reciclado solo el 9 % e incinerado un 12 %. El resto (casi 5.000 millones de toneladas métricas) se amontona por aquí y por allí en forma de desechos.

El problema es que lanzamos muchos residuos plásticos en los océanos. Tanto como 8 millones de toneladas cada año, o lo que es lo mismo; un camión de basura llenos hasta los topes descargando su desagradable contenido cada minuto.

La principal vía de entrada del plástico a los océanos son los ríos, y de estos, el 90 % proviene únicamente de diez ríos de Asia y África. Por el Yangtsé, en China, circulan flotando más de 1,5 millones de toneladas de plástico cada año.

La humanidad puede presumir de ser muy eficiente y de haber superado a la naturaleza en muchas cosas. Si continuamos así, tendremos el dudoso honor de haber conseguido otro hito: que en 2050 el peso del plástico que hay en el mar supere al peso de todos los peces.

Y, en este sentido, parece que estamos haciendo todo lo posible por conseguir esta lamentable hazaña. De hecho, debido a las corrientes marinas, el plástico flotante (entre otros residuos) tiende a agruparse en grandes formaciones conocidas como *sopas de plástico.* Hay varias de ellas pululando por los océanos del mundo; montones de plásticos flotantes agrupados en inmensas islas cuyo fin la vista no logra alcanzar. Y estoy hablando de forma muy literal, pues la mayor de estas sopas de plástico (el Gran Parche de Basura del Pacífico o la Isla de Basura del Pacífico) cubre un área de 1,6 millones de km^2; unas tres veces el tamaño de Francia.

El plástico en el mar afecta y amenaza a más de 700 especies animales. El 90 % de las aves marinas ha comido plástico y estamos hartos de ver imágenes de animales con plástico en la boca o en el estómago. De hecho, en 2018, un cachalote llegó muerto a las costas de Murcia, en España, con 29 kg de plástico en su interior en forma de redes, bolsas y cuerdas. Incluso encontraron en su interior un bidón. Pero los plásticos son también un problema para los seres humanos, lo cual no deja de ser una de esas ironías crueles que la existencia ofrece.

El plástico es lento en degradarse, pero mientras lo hace genera lo que se conoce como *microplásticos;* fragmentos diminutos de menos de 5 milímetros que a menudo son confundidos con comida por los peces. Es normal: se estima que en los océanos hay más de 51 billones de estos pedacitos flotando y transitando apaciblemente bajo el agua. Luego este pez que ha ingerido microplásticos es comido por otro, que ha comido otros tantos, y el resultado final es que muchos de estos microplásticos pueden acabar acumulándose dentro de organismos de niveles tróficos superiores. Y, entonces, llegamos los seres humanos, pescamos los peces o los crustáceos y nos los comemos.

Ingerimos también microplásticos cuando estos contaminan el agua potable que bebemos, cuando nos tomamos una cerveza o cuando comemos miel, sal, azúcar, frutas o verduras. Ingerimos microplásticos cuando respiramos al desprenderse de nuestras ropas, de los neumáticos de los vehículos y del desgaste diario de tantas cosas fabricadas con plástico.

Y así es como llegan a nuestros organismos un promedio de 21 gramos de plástico al mes. O lo que es lo mismo: ingerimos el equivalente de una tarjeta de crédito enterita cada semana.

Hay gente que se ha hecho famosa por comerse una bicicleta, y hay incluso un tipo que presume de haberse comido una avioneta. Desconozco las circunstancias de estos casos extremos, pero lo que está bastante claro es que comerse una tarjeta a la semana durante toda la vida no puede ser bueno para nuestra salud. Sus consecuencias son algo que todavía se está estudiando con mucha atención. No obstante, entre las principales preocupaciones están el hecho de que esto pueda provocar toxicidades químicas que deriven en trastornos reproductivos, endocrinos o neurológicos, entre otros, daños físicos incluso a nivel celular o alterar el macrobioma que habita (y que debe seguir habitando por nuestro bien) en el interior de nuestro organismo.

No es un asunto para hacer broma. Empleamos productos químicos como el bisfenol A (BPA) para hacer que las botellas sean transparentes, y sabemos que afecta a nuestro sistema hormonal. Los ftalatos hacen que plásticos como el PVC sean más flexibles, pero tienen el inconveniente de provocar cáncer y estar relacionados con problemas reproductivos y el desarrollo anormal en la infancia. Los retardantes de llama bromados (BFR), empleados para reducir la inflamabilidad de los plásticos, se han asociado ya con todo tipo de efectos adversos en el sistema inmunológico y con trastornos del neurodesarrollo, entre otros.

Y así muchos más. Lo problemático es que tanto estos como muchos otros se han detectado en sangre, orina y tejidos humanos. De hecho, ocho de cada diez bebés y casi todos los adultos del mundo tienen cantidades lo suficientemente grandes como para ser medidas de todo tipo de plásticos y aditivos de plásticos en sus cuerpos. ¡El BPA está presente en la orina del 93 % de las personas en el mundo!

Y lo peor de todo: no estamos seguros de todos los efectos que la presencia de microplásticos puede tener en nuestros cuerpos. Ni siquiera estamos seguros de los riesgos reales o de la magnitud del problema.

Llegados a este punto, uno diría: ¡tenemos que detener esta locura! Sí y no. Es decir, sí deberíamos, pero no es tan fácil. Si hemos empleado tanto el plástico es por muchas buenas razones, y encontrar alternativas no resulta tan sencillo. Algunas veces porque, simplemente, no tenemos ninguna otra opción, otras porque la alternativa resulta inviable por distintas razones, y otras porque la alternativa resulta menos sostenible que seguir tirando de plástico.

Por ejemplo, las bolsas de plástico de usar y tirar típicas de los supermercados tienen un proceso productivo tan absolutamente simple que el impacto medioambiental de fabricarla (energía gastada y emisiones de CO_2, principalmente) es irrisorio. En cambio, el impacto medioambiental asociado a la creación de una bolsa de algodón o cualquier otra alternativa es mucho mayor. Tanto es así, que solo podremos decir que una bolsa reusable de algodón es más sostenible que una de plástico de usar y tirar si la empleamos más de 7.000 veces (cosa que, probablemente, nunca ocurrirá).

Vayamos un poco más allá de los plásticos. El 40 % de los residuos urbanos sólidos a escala mundial acaban en vertederos. Y no: aunque estén allí colocaditos y concentrados, los residuos siguen teniendo un impacto medioambiental devastador; emisiones de gases de efecto invernadero (como ya hemos comentado con el metano y la comida putrefacta), contaminaciones del suelo al filtrarse muchos de sus productos químicos, contaminaciones de aguas subterráneas y superficiales, contaminación del aire, hervideros de enfermedades...

El vertedero de Dandora, en Nairobi, Kenia, es uno de los más grandes de África y cada día recibe con los brazos abiertos miles de toneladas de basura.

Además del tremendo impacto medioambiental que ha generado, los niños que viven en las cercanías han experimentado todo tipo de problemas de salud, como enfermedades respiratorias, infecciones cutáneas y trastornos gastrointestinales.

Tenemos todo tipo de vertederos en el mundo; para desechos en general o, por ejemplo, para desechos electrónicos (cada año generamos más de 50 millones de toneladas de desechos electrónicos como ordenadores, lavadoras y cargadores de teléfonos, y solamente se recicla el 20 %). Y hay miles de personas que trabajan en vertederos en unas condiciones absolutamente lamentables, e incluso gente que vive en ellos y cuya esperanza de vida, por razones más que evidentes, sea significativamente más corta.

Otra forma de hacer frente a la acumulación de residuos pasa por la incineración, que representa el destino final del 11-12 % del total. «Incineración» suena a algo problemático, pero ¿es necesariamente algo malo? Depende de cómo se haga.

Si se hace como en la mayoría de los países en vías de desarrollo, donde se queman residuos sin ningún tipo de control (como el cementerio de neumáticos que se quemaba en *Los Simpson),* desde luego, medioambientalmente, es una mala idea.

Si se hace como en Suecia y Dinamarca, la cosa cambia. Ambos países son líderes en la incineración sostenible de residuos que permite, además, que la energía liberada se recupere. Este proceso, conocido como *waste-to-energy* (WTE), consiste en quemar residuos y generar electricidad a partir del calor que desprende la ignición. Con esto se reduce la cantidad de basura que llega a los mares y a los vertederos y, además, se genera energía que se usa para las calefacciones de las casas.

Por otro lado, mediante tecnologías avanzadas, tanto Suecia como Dinamarca han conseguido reducir drásticamente las emisiones de gases de efecto invernadero y de todo tipo de partículas nocivas producidas durante las incineraciones.

Más allá de esto, la nanotecnología es una aliada inmensa para gestionar los residuos. Siendo buena como puede ser logrando que no falte ni sobre nada en ningún proceso productivo (llevado al extremo último, con «el margen de error de un átomo»), puede hacer grandes contribuciones en el campo de la gestión de residuos.

Por ejemplo, el tratamiento de aguas residuales, que es un buen embrollo, puede verse enormemente mejorado mediante nanopartículas de óxido metálico y nanotubos de carbono, que permiten eliminar metales pesados, productos químicos y patógenos del agua.

Por no hablar del reciclaje. Existen empresas dedicadas a desarrollar soluciones para optimizar el reciclaje, como la japonesa Toda Kogyo Corp. Esta empresa emplea nanopartículas magnéticas para extraer y recuperar metales preciosos (oro, paladio, plata…) de los desechos electrónicos. Si tenemos en cuenta la escasez de estos recursos y, en no pocas ocasiones, la complejidad de su extracción, conseguir reintroducir materiales de esta índole en el sistema productivo constituirá un importante ahorro en términos económicos, energéticos y medioambientales.

Además, su uso tiene el potencial de aumentar la eficiencia de procedimientos como los que aplican Suecia y Dinamarca para convertir los residuos en energía. Por ejemplo, la incineración de los residuos para generar calor y, así, energía, puede verse optimizada empleando nanopartículas metálicas usadas como catalizadores para mejorar la combustión, reducir las emisiones y aumentar la eficiencia generando energía en un 15 %.

Otro procedimiento para convertir residuos, esta vez orgánicos, en energía, es mediante la *digestión anaeróbica.* En este proceso, multitud de microorganismos descomponen la materia orgánica en entornos carentes de oxígeno, generando, de esta forma, biogás. El biogás, mezcla de metano y de CO_2, puede emplearse luego para generar electricidad. Sin embargo, la nanotecnología puede optimizar este proceso empleando nanomateriales que aceleren la descomposición de la materia orgánica aumentando, de esta forma, la generación de biogás. Para hacernos una idea, las nanopartículas de óxido de hierro y óxido de titanio, empleados también como catalizadores, pueden ayudar a producir metano un 30 % más rápido.

No obstante, a medida que la nanotecnología se vaya desarrollando más y más, la emergencia de los nanobots permitirá una gestión casi perfecta de los residuos. A escala nanométrica, estos pequeños artefactos podrán descomponer residuos orgánicos en todo tipo de compuestos básicos (como agua, nutrientes y demás) para reaprovecharlos como recursos *a posteriori.*

Bien diseñados, cosa que, hasta el momento, no se ha logrado, los nanobots podrían ir desmantelando de todo, clasificando y organizando los elementos que la compongan a nivel molecular. Se podría separar, a una escala infinitésimamente pequeña, vidrios, distintos tipos de plástico, metales y cualquier otro material.

Estos nanobots se podrán configurar y programar para que detecten de forma autónoma químicos o materiales que queremos evitar que, por ejemplo, se filtren en la tierra o lleguen al mar, como los microplásticos. La descontaminación, a este nivel de precisión, será absoluta, y la reintroducción de cualquier material al circuito productivo, total.

Sin embargo, una cosa es cierta. De nada servirán todas estas medidas y esta tecnología si no se realiza de forma global. Si los países occidentales son los que implementan estas medidas, pero son también los que menos residuos lanzan al mar a través de los ríos, estaremos haciendo el idiota.

La innovación, por el contrario, tiene que ser global, lo que requiere un amplio consenso entre todos los países para cofinanciar las inversiones necesarias para poder hacer frente a este y otros problemas resolubles mediante la tecnología.

No tengo pruebas, pero tampoco dudas, de que estos nanobots no serán nada baratos cuando salgan. Pero no estamos, ni estaremos por supuesto, en condiciones de podernos permitir el lujo de esperar a que los precios bajen para exprimir su potencial.

Llevando la cuestión a un terreno más mundano y próximo, las empresas pueden hacer grandes cosas para gestionar debidamente los residuos que su actividad genere. Por ejemplo, pueden realizar un *análisis de ciclo de vida* (ACV), que es una metodología que permite evaluar el impacto ambiental de un producto, proceso o servicio a lo largo de toda su vida útil y a lo largo de toda la cadena de suministro.

Por regla general, un ACV consta de varios pasos. Vamos a verlo desde la perspectiva de una empresa de la cadena de suministro.

Primero deberemos seleccionar los procesos o productos más relevantes dentro de nuestra propia cadena de distribución. Para poder determinar qué es «relevante», en realidad, podemos emplear el criterio que consideremos más oportuno, ya sea su impacto medioambiental, su importancia dentro de nuestra facturación o la cantidad de residuos que genera.

Luego habrá que definir qué queremos conseguir con este análisis y qué es aquello que analizaremos. Tras esta definición de objetivos comenzaremos a recopilar datos y más datos acerca de cada producto o proceso que estemos analizando. Toda información, por absurda que pueda parecer, es útil almacenarla.

Con todos estos datos, conseguidos seguramente mediante IoT, emplearemos tecnologías de *big data* e inteligencia artificial para detectar patrones. Existen, por otro lado, herramientas tecnológicas especializadas en ACV diseñadas específicamente para medir y evaluar el impacto ambiental (emisiones, consumos de energía y agua, residuos generados, etc.) de los productos o procesos que estemos analizando. Así que, en lugar de reinventar la rueda, lo mejor será contratar alguna empresa que disponga de estas herramientas.

Una vez tengamos claro qué está mal o qué estamos haciendo mal, deberemos ver de qué forma podemos solucionarlo: cambiar materiales, tecnología, procesos, diseño… cambiar casi cualquier cosa, en realidad. ¡Hay margen de mejora casi en todas partes!

Y, finalmente, monitorizar el impacto de las mejoras e ir iterando para conseguir los resultados deseados. El impacto conseguido, por regla general, va más allá del «mero» hecho de ser sostenibles: la inversión trae consigo reducciones de costos para la empresa, además del hecho de que, bien gestionadas y promocionadas, estas acciones dan un buen *marketing*. Recordemos el caso de Ikea.

Además de todo esto, es esencial que las empresas entren en la lógica de la economía circular integrando enfoques amigables con la sostenibilidad a lo largo de la cadena de suministro. Hay que diseñar los objetos teniendo en cuenta que su fabricación sea simple, su reciclaje fácil, su reutilización viable y su reparación económica.

Y si se considera un diseño, además, teniendo en mente la posibilidad de reparar cualquier posible rotura mediante impresoras 3D en lugar de tener que reemplazar el objeto entero, tanto mejor. Cada objeto al que se le puede alargar la vida es un residuo menos que tendremos que gestionar.

Es importante inculcar una cultura de sostenibilidad en todos los departamentos de la empresa; sin el apoyo de todo el equipo será muy difícil conseguir un avance significativo en este sentido. ¿Por qué no fomentar programas de incentivo que premien la sostenibilidad y la reducción de residuos? ¿Por qué no premiar los diseños más responsables con el medio ambiente? ¿Por qué no premiar las innovaciones productivas que tengan como objetivo reducir la huella de carbono de la empresa?

Conclusiones

El viaje a lo largo de este libro nos ha llevado a través de la vastedad y complejidad de la evolución tecnológica. Sin duda, se trata de un paisaje altamente dinámico que opera en un ritmo y escala exponenciales. Este ritmo acelerado del cambio, impulsado por la tecnología y la innovación, nos está llevando hacia un futuro que a menudo es difícil de prever y aún más desafiante para prepararse. Y eso puede generar un cierto vértigo. Porque a medida que avanzamos hacia este futuro tan incierto como potencialmente prometedor, queda claro que nunca estaremos suficientemente preparados. Que nunca sabremos bastante. Porque el ritmo de cambio es tan frenético que las habilidades y conocimientos de hoy pueden volverse obsoletos mañana. Asusta un poco. Porque tenemos que confiar en un futuro que ni siquiera podemos imaginar. Pero ahí es donde hay que sacar a relucir el coraje, y entender que la ignorancia no es una flaqueza, sino que puede ser un disparador de curiosidad. Y de acuerdo. La curiosidad mató al gato. Pero también es la que nos ha permitido el desarrollo médico, técnico y económico del que hoy gozamos. Nuestra capacidad de adaptarnos, aprender y reinventarnos será crucial para prosperar en el mundo emergente.

El concepto de la singularidad tecnológica, un horizonte que se acerca con rapidez en el tiempo donde las máquinas superarán a la inteligencia humana, ha sido un tema recurrente a lo largo del libro; a veces de forma explícita, otras de forma implícita, más sutil, pero igualmente presente. Aunque contraintuitivo, el hecho de que los superordenadores más potentes del mundo todavía no hayan alcanzado la potencia total del cerebro humano resulta inspirador si reflexionamos acerca del tremendo potencial de nuestras propias mentes. La singularidad es un momento crítico que cambiará radicalmente nuestras vidas y la sociedad en su conjunto, mucho, muchísimo más, incluso, de lo que lo está haciendo, y la perspectiva de este cambio monumental es emocionante, pero también plantea serias preguntas sobre las implicaciones éticas y existenciales de una inteligencia artificial superinteligente. A medida que avanzamos hacia este umbral, debemos reflexionar cuidadosamente sobre cómo guiar este desarrollo para el beneficio de la humanidad. Es imperativo abrir un diálogo serio sobre las implicaciones éticas de la IA y la automatización, haciendo sendos esfuerzos en desarrollar responsablemente este tipo de tecnologías considerando las consecuencias sociales de un mundo en el que casi todos los trabajos, sino todos, puedan verse reemplazados eventualmente por máquinas. ¿Cómo podemos asegurarnos de que los beneficios (y no me refiero a los económicos) de la tecnología se distribuyan de manera equitativa? ¿Cómo creamos oportunidades en un mundo donde el trabajo tal como lo conocemos puede dar un vuelco casi imposible de revertir?

El mundo ha cambiado de una forma extraordinaria desde finales de 2022. La emergencia de la IA, capitaneada por ChatGPT, ha puesto de manifiesto hasta qué punto la tecnología avanza y cuál es su verdadero potencial para transformar el mundo. Años atrás hice algunas conferencias en la universidad hablando, precisamente, de la singularidad y de cómo de cerca estábamos de tener inteligencias artificiales capaces de reemplazar a escritores, fotógrafos, programadores, médicos, financieros e incluso, eventualmente, psicólogos y logopedas. Recuerdo muy bien muchas caras de escepticismo en la sala. ¡Cuánta gente creía que yo solo era un fanático de la ciencia ficción que miraba con ojos ilusos el futuro más cercano!

El tiempo nos está dando la razón, a futurólogos y tecnólogos, en este sentido. Es una gran oportunidad, pero también un desafío. El ritmo de cambio social, político y legislativo no puede ni podrá igualar al del desarrollo tecnológico, a menos, claro, que permitamos que la IA se encargue, también, de este tipo de cuestiones.

Desde que ChatGPT se presentó y fascinó al mundo entero han aparecido cientos de inteligencias artificiales distintas e igualmente sorprendentes. Hoy podemos crear vídeos con «personas» generadas por IA que mueven los labios idénticamente a cómo lo haría una persona que está leyendo las líneas que nosotros mismos escribamos en un cuadro de texto. Incluso podemos enlazarlas entre ellas para que sea otra IA la que genere el propio texto. Podemos crear personajes con personalidades e ideologías distintas para que debatan entre ellas. ¡Incluso se está creando un programa de radio y hay canales en Twitch y YouTube donde se ven personas debatiendo, hablando y haciendo bromas sin que ningún humano haya participado en ninguna etapa del proceso creativo!

Más pronto que tarde nos resultará imposible determinar qué es real y qué no lo es. Y esto es un problema. Existe una IA que, con tan solo escuchar una voz tres segundos, es capaz de replicarla para que lea cualquier texto en cualquier idioma. ¿Cuál es el peligro que entraña, por ejemplo, para alguien que se dedique a la política, una herramienta como esta? Lo cierto es que es inmenso; mañana podría salir un audio de WhatsApp publicado en todos los medios de comunicación en el que se escuche a cualquier presidente hablar acerca de sus gustos refinados y exquisitos en relación con la pornografía, la pedofilia o las drogas sintéticas. Y no habrá forma de poder determinar si es real o no, a menos que exista un marco legislativo que obligue de alguna manera (probablemente a través de la cadena de bloques) a que cualquier creación basada en IA sea claramente identificable y rastreable.

Este marco no existe, y el problema es que una vez exista, tardará años en actualizarse, haciéndolo inservible ante cualquier novedad que la tecnología sea capaz de proporcionarnos.

La cuestión del impacto social no se limita a la falsificación de cualquier cosa. ¿Qué pasará cuando no exista un solo trabajo en el mundo que requiera un ser humano? Desde luego, estoy de acuerdo, esto tardará algunas décadas en llegar, pero no me cabe la menor duda de que mis hijos, aún por nacer, se encontrarán con un mercado laboral muy distinto al que tenemos ahora. De lo que sí estoy convencido que veré es un mundo en el que una minoría muy minoritaria podrá trabajar, y debemos comenzar a preguntarnos qué pasará con la abrumadora mayoría que no podrá acceder a ningún empleo.

El capitalismo, en este escenario, carece de sentido. No podemos mantener un modelo que requiere el consumo generalizado y continuo en una sociedad en la que el concepto de *remuneración por la fuerza de trabajo* ya no existe. Hay que replantearlo todo. Y cuando digo todo, me refiero a todo. El capitalismo ha demostrado ser un sistema tremendamente inteligente y útil para muchas cosas, sin obviar las deficiencias que como sistema ha demostrado tener en reiteradas ocasiones. Pero ha servido para impulsar la humanidad hasta cotas inimaginables hace unos siglos, e incluso décadas. ¿Cómo se desarrollará la tecnología cuando el capitalismo caiga, irónicamente, a manos del verdugo que él mismo habrá ayudado a crear? Es una bonita metáfora de lo que le espera a la humanidad si no hacemos algo al respecto; caer en la irrelevancia a manos de su propia creación sintética. Mi opinión, al respecto de la pregunta que acabo de lanzar, es simple: el desarrollo no se detendrá, pero no seremos ni nosotros ni ningún sistema económico que seamos capaces de ingeniar, su principal promotor: será la IA. Y cuando esto llegue, efectivamente, nos podemos convertir en prescindibles e irrelevantes.

Estamos experimentando, como especie, un desarrollo que ha contribuido a sacar a millones de personas de la pobreza, aumentar la esperanza de vida, reducir la mortalidad infantil y de miles de enfermedades, muchas de ellas erradicadas, lanzar cohetes al espacio y plantearnos seriamente el construir una colonia en Marte a lo largo de la década del 2020. Mucha gente se ha acostumbrado a unos estándares de calidad de vida, a unas comodidades y a un entorno amigable, a los que no está dispuesta a renunciar. Por el contrario, queremos más de todo. Dejando a un lado, momentáneamente, el impacto que supone esto para el medio ambiente, lo cierto es que un cambio abrupto y casi espontáneo en el modelo económico y social mundial puede poner en peligro no solo la mejora de la calidad de vida de miles de millones de personas, sino el hacer realidad la posibilidad de que haya un importante retroceso en este sentido.

La automatización que estamos viviendo ahora, como hemos visto, es completamente distinta a las anteriores que ha habido. No genera nuevos puestos de trabajo o, por lo menos, los que crea son, cuantitativamente hablando, muy inferiores a los que destruye. Se está hablando de la necesidad de que las máquinas y las inteligencias artificiales tengan deberes (especialmente tributarios) y derechos, lo que eventualmente abrirá las puertas a que las IA no solamente trabajen para nosotros, sino que tengan la libertad y la capacidad de abrir empresas por sí mismas. Esto nos deja fuera de juego. Un KO en el primer asalto porque no habrá CEO humano en el mundo que pueda igualarse a una IA CEO. Jaque mate, humanidad.

No podemos permitirnos llegar a un punto de no retorno como este sin haber hecho los deberes, así que debemos comenzar a buscar alternativas ingeniosas e innovadoras que nos ayuden a replantear cómo queremos que sean las empresas y las sociedades del mañana.

Esto abre la puerta, con razón, a posturas como el posthumanismo o el transhumanismo, que defienden que, si las capacidades humanas no pueden equipararse a las de las máquinas, la humanidad deberá forzar su carrera evolutiva integrando en su organismo la tecnología. El *Australopithecus,* hace entre cuatro y dos millones de años, tenía un cerebro de alrededor de 400 y 500 cm^3, y hoy en día, el *Homo sapiens sapiens,* tiene un cerebro de alrededor de 1.350 cm^3. Por supuesto, las capacidades de nuestro cerebro no se deben únicamente a su tamaño, siendo la estructura o la optimización elementos claves. Pero en lo relativo al tamaño, esto es, a lo sumo, un poco más del triple en unos cuatro millones de años, una cifra abrumadoramente ridícula si lo comparamos con el crecimiento exponencial de la capacidad computacional de los ordenadores. Pero ¿y si integramos en nuestro cerebro ordenadores? Nuestras capacidades podrían aumentar al mismo ritmo, lo que permitiría que la humanidad evolucionase al mismo ritmo que las máquinas y, por tanto, evitaríamos o ralentizaríamos nuestra caída hacia la irrelevancia.

Sin lugar a dudas, estas cuestiones abren importantes debates éticos y morales, especialmente si nos centramos en el ritmo de adopción y en la democratización de esta tecnología, que generaría, antes de que cualquier persona del mundo tuviese acceso a ella, las mayores brechas y desigualdades que el mundo haya conocido jamás. Ya hoy está habiendo debates alrededor de los problemas que se derivan de las dificultades para acceder a la tecnología; son necesarios e insuficientes, desde mi parecer. Pero si se compara con lo que está por venir, no puedo evitar verlos, comparativamente, como minucias.

Todos estos debates, especialmente los relativos a la IA y la automatización, son más que urgentes, y cuestiones como estas no se están abordando lo suficiente, lo que sin duda alguna me preocupa. Como he señalado, tengo la impresión de que la humanidad va de copiloto en un vehículo que está acelerando hacia un acantilado, sin tener del todo claro si estaremos a tiempo de frenar o no. No es un pensamiento pesimista, sino realista, pues a pesar de las voces críticas y relevantes que claman por una pausa en este tipo de desarrollos, por un freno, por un tiempo de reflexión hasta estar seguros de que no vamos a perder el control de nuestra civilización, parece que nadie está dispuesto a ofrecer ninguna tregua en este sentido. Las grandes empresas saben que pueden ganar mucho dinero si se posicionan bien en esta carrera, pero tienen más presente todo el que pueden llegar a perder si se quedan atrás.

En la vanguardia de esta transformación y desarrollo se encuentran algunas de las empresas tecnológicas más grandes y poderosas del mundo. En este entorno en rápida evolución, la innovación no es solo un lujo, sino una necesidad para mantener la competitividad y sobrevivir. Pero más allá de las *big tech,* toda pyme tiene igualmente el deber de mantenerse en la cúspide en lo relativo a la adopción de todo tipo de innovaciones. Su obligación no es, necesariamente, la de desarrollar nuevas tecnologías, sino el hecho de ser capaces de vislumbrar las oportunidades que brinda su adopción y beneficiarse de las inversiones en I+D+i que otras compañías hayan realizado. Pero no toda la innovación, necesariamente, gira alrededor de la tecnología; los modelos de negocio están cambiando y evolucionando, impulsados a veces por tecnologías disruptivas, otras por distintas formas de organizarse y por los cambiantes patrones de consumo, y todas ellas, de una forma u otra, por el hecho de saber ver los problemas y sus potenciales soluciones desde un punto de vista, desde un prisma, completamente distinto. Pensar fuera de la caja, que se suele decir, empleando el pensamiento lateral. Y en este contexto, las empresas deben estar preparadas para cambiar y adaptarse, explorando constantemente nuevas formas de crear y entregar valor a su clientela.

Las tecnologías emergentes como la cadena de bloques, la inteligencia artificial, los gemelos digitales, las impresoras 3D, los ordenadores cuánticos, el internet de las cosas, la nanotecnología y el *big data,* están a la vanguardia de esta transformación. Son tecnologías que, como hemos visto, conllevan cambios disruptivos en distintas áreas de la sociedad y de las empresas. Cambian la forma de organizarnos, de producir, de crear. Incluso tienen el potencial de cambiar radicalmente el mundo, como es el caso de la inteligencia artificial. A su manera, todas y cada una de estas tecnologías, al alcance de la mayoría de las empresas, está cambiando la forma en que trabajamos, interactuamos y vivimos, ofreciendo nuevas metodologías para resolver problemas antiguos y abriendo nuevas oportunidades para ayudarnos a abordar algunos de los desafíos más urgentes de nuestro tiempo.

Hemos hablado de los tipos de innovación, pero creo que es especialmente relevante plantearse los motivos de esa innovación. Todo bien con ganar dinero. Pero en el futuro al que nos abocamos el dinero quizá no sea una de las cosas más relevantes para la humanidad. Cuestiones como la habitabilidad de la Tierra, el acceso a agua y comida, la privacidad o la dignidad de las personas no deben ser pasadas por alto. En la era de la información, el *big data* puede ayudar a detectar enfermedades como el cáncer antes de que haya cualquier síntoma evidente. Esto es maravilloso, pero la misma tecnología también puede hacer que muchas personas no puedan acceder a un seguro porque las aseguradoras podrán determinar el riesgo de que alguien sufra una enfermedad grave en el futuro casi con absoluta certeza. De no proteger debidamente la privacidad de las personas, podríamos caer en el error de dejar fuera del sistema a cualquiera con riesgos elevados de representar eventualmente pérdidas económicas para las mutuas y aseguradoras. O, si lo llevamos al extremo, si los estados toman prestadas estas lógicas, podríamos llegar a un punto donde la sanidad pública se niegue a atender a ciertos pacientes.

La tecnología es, en este sentido, un arma de doble filo. Y no vale con mirar para otro lado. Los debates que ahora están implícitos en relación con estos temas tienen que ocupar el centro de la actualidad política y mediática. Porque, de acuerdo, ahora mismo el mundo está muy lejos de funcionar a la perfección y la tecnología nos brinda la oportunidad de resolver ciertos problemas. Pero si no se abordan estas cuestiones en profundidad, el peligro de acrecentar las diferencias entre sectores de la población y cronificar las desigualdades está a la vuelta de la esquina.

En la cadena de suministro, estas tecnologías están desempeñando un papel crucial en la solución de desafíos persistentes. El desafío de la «última milla», la necesidad de entregas más rápidas, y la reducción de la burocracia son solo algunos de los problemas que estas tecnologías pueden ayudar a abordar. A través de la optimización y la automatización, las tecnologías disruptivas están reinventando por entero complejas operaciones a escala global y local, haciendo que sean más eficientes, rápidas y rentables.

Pero a medida que avanzamos hacia un mundo cada vez más digital y globalizado, también debemos enfrentar los desafíos que surgen de esta nueva realidad. El aumento de la demanda, la mejora de la calidad de vida, la innovación tecnológica y un sinfín más de variables han traído consigo consecuencias que, aunque previsibles, han sido ignoradas durante décadas; desde la emisión descontrolada y desenfrenada de gases de efecto invernadero, pasando por la sobreexplotación de los recursos de la Tierra hasta una indecente y pésima gestión de los residuos. Estamos viviendo una era en la que, por primera vez, tenemos al alcance de nuestra mano el dudoso honor de conseguir que este planeta sea inhabitable para nosotros. Con suerte, haciendo esfuerzos titánicos y con el apoyo de la tecnología, terminaremos este siglo, casi con total certeza, con un mundo muy distinto al que conocemos, dejando a nuestros hijos e hijas una perspectiva, cuánto menos, incierta. Nuestras decisiones, como individuos y como empresas, tienen ahora, más que nunca, un impacto sin precedentes que afectan al conjunto de la humanidad. Sin embargo, al igual que con otros desafíos, la tecnología tiene el potencial de ofrecernos soluciones prometedoras que solamente podremos vislumbrar si empleamos todo nuestro empeño y nuestro ingenio en aplicarlas como es debido.

La tecnología no es ni buena ni mala. No tiene moral, no tiene principios. Todas estas cuestiones son meramente humanas, producto de constructos sociales que nos ayudan a determinar qué es deseable y qué no lo es. La tecnología es, en este sentido, ajena a cualquier tipo de juicio en este sentido. Es un instrumento cuyo futuro es brillante y lleno de posibilidades, planteando a su vez desafíos significativos. A medida que continuamos explorando y aplicando estas tecnologías, debemos hacerlo con un sentido de responsabilidad y una consideración cuidadosa de su impacto en la sociedad y el medio ambiente. Temo que no estamos haciendo suficiente hincapié, en no pocas ocasiones, en ninguna de las dos cosas.

En última instancia, por tanto, el futuro será definido no solo por la tecnología en sí, sino por cómo la usamos. Las decisiones que tomamos hoy, desde cómo desarrollamos y aplicamos la tecnología hasta cómo abordamos los desafíos de la globalización y la sostenibilidad, darán forma a nuestro mundo para las generaciones futuras, si es que tales generaciones tienen algún día el placer de disfrutar de un mundo, medioambientalmente hablando, tal y como lo conocemos. El tiempo y nuestros propios actos dirán.

El desafío, entonces, es utilizar la tecnología de manera que promueva la prosperidad, la equidad y la sostenibilidad. Porque es verdad que la moral y los principios son construcciones sociales. Pero eso no puede implicar, bajo ningún concepto, que las tengamos que dejar de lado en nombre de cualquier tecnología. Por ello, es necesaria la cooperación entre la innovación tecnológica, la adaptabilidad empresarial y las políticas públicas efectivas. Seguro que no tiene nada de fácil, pero si podemos navegar con éxito por este camino, tenemos la oportunidad de crear un futuro en el que la tecnología sirva como una fuerza para el bien, siendo palanca que promueva la mejora de la calidad de vida de las personas y protegiendo nuestro preciado y, por el momento, único planeta.

En este sentido, las empresas también deben adoptar un enfoque más holístico para hacer negocios, uno que tenga en cuenta no solo las ganancias, sino también el impacto social y ambiental. En lugar de un enfoque de crecimiento a toda costa, necesitamos un modelo de negocio que valore la sostenibilidad y la equidad y, claro que sí, el querer ganar dinero, que por esto mismo las personas emprendedoras se lanzan a crear nuevos negocios a pesar del inmenso riesgo que entraña. Desde aquí, mi reconocimiento a los valientes que han desafiado a sus sueños y sus anhelos, mirándolos a los ojos de tú a tú, y se han atrevido a abrir una empresa con una perspectiva más amplia que la mera y legítima voluntad de querer engordar la cartera.

Los valientes, por encima de todo, tratan de hacer las cosas de manera distinta, arriesgándose e intentando dar soluciones y respuestas de formas creativas. Los valientes, en pocas palabras, innovan, por lo que el futuro, en última instancia, les pertenece.

¡El futuro es de los valientes!

Lean Six Sigma. Sistema de gestión para liderar empresas

Luis Socconini, Carlo Reato

Lean Company. Más allá de la manufactura

Luis Socconini

Lean Six Sigma Green Belt, paso a paso

Luis Socconini, Eduardo Escobedo

Lean Energy 4.0. Guía de Implementación

Luis Socconini, Juan Pablo Martín

Lean Manufacturing. Paso a paso

Luis Socconini

Lean Six Sigma White Belt. Manual de certificación

Luis Socconini

Lean Six Sigma Yellow Belt. Manual de certificación

Luis Socconini

Lean Six Sigma Green Belt. Manual de certificación

Luis Socconini

Lean Six Sigma Black Belt. Manual de certificación

Luis Socconini